全国铁道交通运营管理专业高职高专规划教材

Tielu Xingche Guizhang
铁路行车规章

申金国　操　杰　主　编
郑学良　李森林　兰云飞　副主编
沈岐智[哈尔滨铁路局调度所]　主　审

人民交通出版社股份有限公司
China Communications Press Co.,Ltd.

内 容 提 要

本书为全国铁道交通运营管理专业高职高专规划教材。全书共分三大部分，即铁路货车统计规则运用、铁路技术管理规程运用和铁路运输调度规则运用。铁路货车统计规则运用包括8个项目，即分界站货车出入统计、现在车统计、装卸车统计、货车停留时间统计、货车运用效率统计、货物列车正点统计、货车运用工作量统计和货车检修统计。铁路技术管理规程运用包括7个项目，即行车组织基本规章制度、掌握编组列车原则、掌握调车工作有关规定、掌握行车闭塞法的相关规定、掌握列车运行的相关规定、掌握信号显示相关规定、铁路技术设备运用和管理。铁路运输调度规则运用包括9个项目，即铁路调度基本工作，车流调整，调度系统日（班）计划与日常运输组织工作，调度安全工作，调度基础、分析和设备工作及图表绘制识别，车站作业计划与考核工作，客运调度工作，调度命令的编制与下达，高速铁路调度工作。

本书为高职、中职院校铁道交通运营管理专业教材，可作为铁路行业从业人员培训教材，也可供铁路相关行业人员参考。

＊为方便教学，本书配有教学课件，读者可在人民交通出版社股份有限公司网站下载。

图书在版编目（CIP）数据

铁路行车规章／申金国，操杰主编． —北京：人民交通出版社股份有限公司，2015.3
全国铁道交通运营管理专业高职高专规划教材
ISBN 978-7-114-11562-2

Ⅰ．①铁… Ⅱ．①申…②操… Ⅲ．①铁路行车—规章制度—教材 Ⅳ．①U292.11

中国版本图书馆 CIP 数据核字（2014）第168241号

全国铁道交通运营管理专业高职高专规划教材

书　　名：	**铁路行车规章**
著 作 者：	申金国　操　杰
责任编辑：	袁　方
出版发行：	人民交通出版社股份有限公司
地　　址：	（100011）北京市朝阳区安定门外外馆斜街3号
网　　址：	http://www.ccpcl.com.cn
销售电话：	(010)59757973
总 经 销：	人民交通出版社股份有限公司发行部
经　　销：	各地新华书店
印　　刷：	北京虎彩文化传播有限公司
开　　本：	787×1092　1/16
印　　张：	16.75
字　　数：	417千
版　　次：	2015年3月　第1版
印　　次：	2023年12月　第5次印刷
书　　号：	ISBN 978-7-114-11562-2
定　　价：	40.00元

（有印刷、装订质量问题的图书，由本公司负责调换）

全国铁道交通运营管理专业高职高专规划教材
编 委 会

委 员：（按姓氏笔画排序）

    王 琛 王 越 石 瑛 申金国

    吉增红 刘 奇 刘柱军 李玉学

    李慧玲 杨 亚 张 玮 张敬文

    张 燕 孟祥虎 夏 栋 蔡登飞

秘 书： 袁 方

序 言

铁路作为国民经济的大动脉、国家重要基础设施和大众化交通工具,在国民经济社会发展中具有重要作用。经过近几年的建设和发展,我国铁路运输能力得到进一步扩充,技术装备现代化水平有了显著提高。目前,我国铁路的旅客周转量、货物发送量、货运密度和换算周转量均为世界第一。预计到2020年,全国铁路营业里程将达到12万km以上。

在大交通格局形成以及铁路快速发展的背景下,我国铁路职业院校招生、就业形势较好,培养的铁路从业人员素质也得到了普遍提高。我们为满足各职业院校对教材建设差异化的需求,针对目前职业教育"校企合作、工学结合"的教学改革形势,组织湖北、辽宁、陕西、天津、黑龙江、四川等铁路职业院校,编写了铁道交通运营管理专业高职高专规划教材,于2013年后陆续推出以下教材:

《铁道概论》
《铁路客运组织》
《铁路货运组织》
《铁路车站工作组织》
《铁路行车规章》
《铁路客运服务礼仪》
《铁路线路及站场》
《铁路运输安全管理》
《铁路运输法律法规》
《铁路客运组织习题集》
《铁路货运组织习题集》

本套教材具有以下特点:

1. 体现了工学结合的优势。教材编写过程中努力做到校企结合,聘请各地一线铁道运营管理人员参与进来,丰富了教材内容。

2. 突出了职业教育的特色。教材内容的组织围绕职业能力的形成,侧重于实际工作岗位操作技能的培养。

3. 遵循了形式服务于内容的原则。教材对理论的阐述以应用为目的,以够用为尺度。语言简洁明了,通俗易懂;版式生动活泼、图文并茂。

4. 整套教材配有教学课件,读者可于人民交通出版社股份有限公司网站免费下载;课后附有复习思考题和实践训练,方便教学使用。

希望该套教材的出版对职业院校铁道交通运营管理专业教材改革有所裨益。

全国铁道交通运营管理专业高职高专规划教材
编委会
2013年7月

前　言

进入新世纪以来,中国铁路正以前所未有的速度发展着,中国高速铁路总营业里程达到1万多公里,在建高铁规模亦达1万多公里,成为世界上高速铁路投产运营里程最长、在建规模最大的国家,同时普速铁路的规模也在不断的扩大。路网规模的扩大,衍生了对高素质管理人才的需求,为铁路高等职业教育提供了一个快速发展的契机,因此,铁路高等职业教育步入了快速、有序的发展阶段。

为适应铁路快速发展的新趋势,编者根据铁道交通运营管理专业人才培养目标和全国铁道专业指导委员会对课程改革的基本要求,结合铁路运输一线的新技术,突出高等职业教育对人才职业能力的要求,改变以往以知识传授为特征的传统学科教学模式,对《铁路货车统计规则》、《铁路技术管理规程》、《铁路运输调度规则》等铁路日常行车工作中的基本规章进行整合及项目化处理,编写出了适用于教学与实践需要的《铁路行车规章》教材。

本教材由黑龙江交通职业技术学院申金国、武汉铁路职业技术学院操杰担任主编,黑龙江交通职业技术学院郑学良、成都工业职业技术学院李森林、黑龙江交通职业技术学院兰云飞担任副主编,哈尔滨铁路局调度所沈岐智担任主审,全书由申金国统稿。宁波纺织职业技术学院李怀志、哈尔滨铁路调度所朱光宇、杨志超参与了本书的审定。本教材第一部分由郑学良编写;第二部分项目一至项目五由操杰编写;第二部分项目六、项目七和第三部分由申金国、兰云飞编写。黑龙江交通职业技术学院李红卫、宋磊负责照片摄影,兰云飞、申金国负责图片绘制;参加编写与素材搜集整理的还有黑龙江交通职业技术学院韩晶书。

本教材在编写过程中,参考了部分铁路运输的规章与文献,在此向这些资料的作者致以衷心的感谢! 鉴于规章的时效性,本书只作为教学和运输一线技术人员和职工学习参考使用,不能作为行车的依据。

为配合本教材的使用,编者为每个项目、任务缩写了计划单、实施反馈单、评价表,采用课件的形式供读者下载使用。

由于编者水平有限,编写时间仓促,本教材难免有谬误之处,敬请读者批评指正。

编　者
2014 年 12 月

目 录

第一部分 铁路货车统计规则运用

项目一 分界站货车出入统计 ················· 2
  任务 填制分界站货车出入统计报表 ············· 2
项目二 现在车统计 ·························· 5
  任务一 填制现在车报表 ······················· 5
  任务二 18点现在重车去向统计 ················ 10
  任务三 专业运输公司租用货车统计 ············· 11
  任务四 现在车车辆日统计 ···················· 13
项目三 装卸车统计 ························· 15
  任务 使用车数、装卸车数统计 ················· 15
项目四 货车停留时间统计 ··················· 22
  任务一 掌握货车停留时间的分类及计算方法 ····· 22
  任务二 掌握货车停留时间统计方法 ············· 24
  任务三 掌握货车停留时间报表的填计方法 ······· 28
项目五 货车运用效率统计 ··················· 30
  任务 货车运用成绩报表的填制 ················· 30
项目六 货物列车正点统计 ··················· 35
  任务 货物列车正晚点报表的填制 ··············· 35
项目七 货车运用工作量统计 ················· 39
  任务 货车运用工作量统计报表的填制 ··········· 39
项目八 货车检修统计 ······················· 43
  任务 货车检修成绩报表的填制 ················· 43
思考题 ···································· 47

第二部分 铁路技术管理规程运用

项目一 行车组织基本规章制度 ··············· 49
  任务 行车组织工作基本要求 ··················· 49
项目二 掌握编组列车原则 ··················· 52
  任务 编组列车基本原则 ······················· 52
项目三 掌握调车工作有关规定 ··············· 61
  任务 调车工作有关规定 ······················· 61
项目四 掌握行车闭塞法的相关规定 ··········· 76
  任务 行车凭证的使用条件 ····················· 76
项目五 掌握列车运行的相关规定 ············· 85
  任务 列车运行工作 ··························· 85

项目六　掌握信号显示相关规定 ·· 109
　　任务一　信号显示基本要求 ··· 109
　　任务二　固定信号的运用 ·· 111
　　任务三　移动信号及手信号的运用 ···································· 119
　　任务四　掌握信号表示器及标志的使用规范 ····················· 129
　　任务五　听觉信号的使用规范 ··· 143
项目七　铁路技术设备运用和管理 ··· 146
　　任务一　认知铁路技术设备 ··· 146
　　任务二　认知铁路线路设备 ··· 150
　　任务三　掌握信号、通信设备的运用及管理要求 ··············· 156
　　任务四　运用及管理车站站场、客运、货运设备 ··············· 161
　　任务五　掌握机车车辆设备的运用及管理要求 ·················· 164
思考题 ·· 171

第三部分　铁路运输调度规则运用

项目一　铁路调度基本工作 ··· 173
　　任务　铁路调度组织机构和工作制度及内容 ····················· 173
项目二　车流调整 ··· 179
　　任务　根据铁路运输实际情况进行车流调整 ····················· 179
项目三　调度系统日（班）计划与日常运输组织工作 ············ 182
　　任务　调度日常运输生产工作组织 ·································· 182
项目四　调度安全工作 ·· 192
　　任务　调度安全管理工作 ·· 192
项目五　调度基础、分析和设备工作及图表绘制识别 ············ 198
　　任务一　调度员的基本要求 ··· 198
　　任务二　调度员作业设备运用和列车运行线识别及绘制 ···· 201
　　任务三　列车运行及运行整理符号识别与绘制 ·················· 203
项目六　车站作业计划与考核工作 ··· 208
　　任务　车站作业计划与考核工作 ······································ 208
项目七　客运调度工作 ·· 214
　　任务　客运调度工作 ··· 214
项目八　调度命令的编制与下达 ··· 219
　　任务　调度命令的编制与下达 ··· 219
项目九　高速铁路调度工作 ··· 232
　　任务一　高速铁路调度基本工作 ······································ 232
　　任务二　高速铁路调度日常工作 ······································ 240
　　任务三　高速铁路调度的人员要求与安全工作 ·················· 244
　　任务四　高铁调度命令的编制与下达 ································ 250
思考题 ·· 256

参考文献 ·· 257

第一部分 铁路货车统计规则运用

《铁路货车统计规则》在日常工作中简称为《统规》，它是铁路行车工作所要遵循的基本规章之一，它根据《统计法》、《统计法实施细则》、《铁路行业统计管理规定》及有关法规制定。它为全国铁路货车统计的范围、指标口径、指标含义、计算方法、报告制度和统计资料提供了统一标准；它还具体规定了编制、上报铁路货车统计报表，提供统计资料，开展统计调查、统计分析、统计咨询和统计业务培训，实行统计监督的原则。

本教材所依据的《铁路货车统计规则》是2013年8月出版印刷的，本版《铁路货车统计规则》共包含了16章、15个附件。各章的内容分别是：总则、基本规定、分界站货车出入统计、现在车统计、货车停留时间统计、货车运用效率统计、货物列车正点统计、装卸车统计、区间装卸作业统计、货车运用工作量统计、货车检修统计、原始记录、统计调查和咨询、统计监督与监察、统计资料的管理、附则等；附件的内容分别是：机车车辆种类重量及长度表、客车分类及代号、综合统计大表、车辆检修通知单、车辆装备单、车辆破损技术记录、检修车回送单、检修车辆竣工验收移交记录、罐车洗刷交接记录单、特殊货车及运送用具回送清单、货车报废记录单、新造车辆竣工验收移交记录、车辆资产移交记录、装卸车清单、集装箱技术参数表等。

本教材依据上述内容在编写时择取了日常工作中常用的部分，整合为8个项目，即分界站货车出入统计、现在车统计、装卸车统计、货车停留时间统计、货车运用效率统计、货物列车正点统计、货车运用工作量统计、货车检修统计。

项目一　分界站货车出入统计

分界站是指由中国铁路总公司批准承认的货车运用管理区域间(以下以"铁路局"为简称)的分界车站及国境分界车站。包括设在国家铁路、合资及地方铁路线上的分界车站,不包括各种交接站。

分界站货车出入统计反映铁路局间、国内与国外铁路间的列车、货车出入情况,作为统计铁路局货车现有数、考核列车、货车交接计划完成情况及运输财务清算的依据。国家铁路运输企业与未设分界站的合资、地方铁路间货车出入统计可根据需要比照办理。

任务　填制分界站货车出入统计报表

 任务单

任务名称	填制分界站货车出入统计报表
知识目标	(1)熟悉国家铁路、合资铁路、地方铁路的含义; (2)熟悉分界站货车出入统计的基本要求
能力目标	学会在实际工作中运用收集的基础资料完成对分界站货车出入统计报表中各项点分析统计,并准确完成对报表的填写
任务描述	2013年12月21日 A、B两铁路局分界站甲站收集了当日的"运统1"、"运统2、3"、"运统4"和"运统8"资料,完成了当日的"分界站货车出入统计报表"的填制工作
任务要求	(1)分析分界站货车出入统计工作的工作岗位名称及工作职责; (2)分析分界站货车出入统计工作的基本要求; (3)分析当日收集的"运统1~运统8"等相关资料并进行运用车与非运用车、重车与空车及车种别的统计; (4)完成"分界站货车出入报表"的填制

 相关知识

一、基本概念

国家铁路是指国务院直属的中国铁路总公司独立投资或以中国铁路总公司为主投资建设和管理的铁路。国家铁路运输企业指中国铁路总公司以及所属铁路局,涉及专业运输公司作特别指明。

合资铁路是指中国铁路总公司与其他部委、地方政府、企业或其他投资者合资建设和经营的铁路,分为国家铁路控股合资铁路和非国家铁路控股合资铁路。国家铁路控股合资铁路按国家铁路统计。

地方铁路是指地方人民政府投资建设和管理的铁路。

统计区段是指按中国铁路总公司统一划分原则确定的,满足铁路各项统计需要的线路统计区段。由各铁路局根据中国铁路总公司确定的原则编制，报中国铁路总公司核备。

二、分界站统计的基本要求

分界站必须有专人负责完成各项统计工作任务。

分界站货车出入时分以列车实际出入时分为准。列车出入按列车通过分界站外侧车号自动识别系统AEI(地面识别设备)的时分计算，列车通过AEI后，因故退回再次出(入)时，则按最后出(入)的时分计算。分界站统计要核对车站值班员或车号自动识别系统确定的列车出入时分，如发现采点不准，应提出纠正。如车站值班员不予纠正时，统计人员有权按实际统计，并做出记录备查。

分界站统计必须严格执行"列车编组顺序表(运统1)"(含确报，下同)与现车或"车号自动识别系统"校核制度，确保货车出入数据准确无误。如发现问题，应及时向铁路局上报，以便采取措施纠正。

铁路局要明确责任部门，加强分界站车号自动识别系统、确报系统和统计复示系统管理和维护，必须保证分界站货车出入统计依据"列车编组顺序表(运统1)"的齐全、正确。

统计报告制度的有关规定：

(1)本项目中各种报表，均以北京时间为标准，采用18点结算制，即自昨日18:00(不含)起至本日18:00止24h为统计报告日。各种报表应通过网络传输，逐级上报。

(2)本项目中各种统计报表按中国铁路总公司划定的货车运用管理区域为单位统计并报告；各铁路运输企业可根据需要按照《铁路货车统计规则》规定自行统计、编制、留存相关统计报表。

三、分界站货车出入报表

为了准确掌握各铁路局货车的数量，分界站货车出入统计对中国铁路总公司属货车和企业自备车分别进行。统计报表分别为部属车出入报表：部运报-1(BYB-1)、企业自备车出入报表：企运报-1(QYB-1)和综合(YB-1)报表，格式同运报-1。

(一)报表格式

分界站货车出入报表(运报-1)为日、旬、月、季、年报。由分界站每日上报双方铁路局，铁路局按规定向中国铁路总公司报送。其格式如表1-1所示。

(二)报表编制依据

(1)列车编组顺序表(运统1)，提供列车的编组内容；

(2)行车日志(运统2、3)，提供列车出入分界站的到、发时分；

(3)货车出入登记簿(运统4)或号码制货车停留时间登记簿(运统8)，其中前者用于分界站编组站、区段站以及大量装卸站登记货车出入，依据列车编组顺序表、新造车辆竣工移交记录、货车报废记录单、车辆资产移交记录、企业自备车"过轨运输许可站"、"车辆检修合格证明"、"检修车辆竣工验收移交记录"等原始资料填制。而后者车号自动识别系统安装在车站的进站和出站咽喉，用以自动读取进站或出站列车的编组顺序，以便由系统自动检查列车的编成是否与列车编组顺序一致。

(三)报表填制说明

(1)列车列数：为实际出入分界站的货物列车(小运转列车除外)列数。根据列车车次分别部属列车和企业自备车列车统计。行包专列列数单独统计，不包括在货物列车列数内。

分界站货车出入报表

表 1-1

表　　名：运报-1(YB-1)
制表单位：中国铁路总公司统计中心
批准机关：中国铁路总公司
批准文号：铁统计[2008]113号
统一编号：0172

局名或月日	入																													
	列车列数	货车合计	运用车																					非运用车					
			合计	重车													空车							合计	其中				
				计	棚车	敞车	普通平车	两用平车	轻油罐车	黏油罐车	其他罐车	冷藏车	集装箱车	矿石车	长大货物车	毒品车	家畜车	散装水泥车	散装粮食车	特种车	其他	计	棚车	敞车	普通平车	特种车	其他		检修车	代客货车	路用车	租出空车	军方特殊用途空车
1	2	3	4	5	6	7	8	9	10	11	12	13	14	15	16	17	18	19	20	21	22	23	24	25	…	38	39	40	41	42	43	44	45

出																					入	出
列车列数	货车合计	运用车																	非运用车		行包专列列数	行包专用货车数	行包专列列数	行包专用货车数
		合计	重车											空车				合计	其中					
			计	棚车	敞车	普通平车	两用平车	轻油罐车	黏油罐车	其他罐车	冷藏车	集装箱车	矿石车	长大货物车	毒品车	特种车	其他	计	棚车	…	特种车	其他		检修车	代客货车	路用车	租出空车	军方特殊用途空车
46	47	48	49	50	51	52	53	54	55	56	57	58	59	60	61	…	65	66	67	68	…	83	84	85	86	87	88	89	90	91	92	93	94

编报单位：　　　　　　　　　　　　　　　　单位领导：
（盖章）　　　　编报人：　　　　　　（签章）　　　　　　　上报日期：　年　月　日

注：行包专列指快速货物班列。

(2)货车出入数：为出入分界站的所有列车（包括旅客列车、行邮行包专列、单机和路用列车）上所挂货车以及在货车上装载的回送部属检修车。行包专用货车出入数单独统计，不论重车、空车均在行包专用货车数栏内填报，不包括在货车出入车数内。

(3)出入货车按运用车、非运用车分别统计。

(4)对出入的整车装运铁路货车用具（篷布、空集装箱及军用备品等）的货车，按重车统计。

(5)分界站、铁路局对在国境外和设有分界站的地方铁路、合资铁路内的货车现有数按日逐级上报。

(6)对国际联运的外国铁路货车出入，在分界站企业自备货车出入报表（QYB-1）中按运用车列报。

(7)合资、地方铁路分界站，要完善通信、网络传输设施，按要求核对出入现车和线内结存货车数。

(8)分界站上报双方铁路局货车出入报表的数字必须核对一致。报出后如发现错误，需双方协商确认，由分界站订正当日统计数字或在次日报告中调整。未经双方同意，不准单方修改，必须以分界站上报数字为准。

项目二 现在车统计

现在车是指某一具体时刻(铁路货车统计中为 18:00),处于车站或铁路局管辖范围内的货车。现在车统计是反映车站、铁路局管内以及合资铁路、地方铁路内每日 18 点货车现有数及运用情况,为铁路运输调度部门掌握现在车分布,进行运用车保有量日常调整和编制铁路运输工作计划提供依据。

任务一 填制现在车报表

 任务单

任务名称	填制现在车报表
知识目标	(1)掌握现在车的含义及种类; (2)熟悉现在车统计要求及方法
能力目标	学会在实际工作中能够准确进行现在车统计并完成报表填制
任务描述	2013 年 12 月 21 日 A 铁路局收集当日"运报-1"、"运报-2"、"运统 11"和"18 点在途列车确报"资料完成当日"现在车报表"的统计
任务要求	(1)分析现在车统计工作的工作岗位及岗位职责; (2)分析现在车统计工作的基本要求; (3)分析当日收集的资料统计运用车与非运用车数、运用重车与空车数及其车种别数量、非运用车中的备用车、检修车及其他类别车数及其车种别数; (4)完成该铁路局当日"现在车报表"的统计工作

 相关知识

一、现在车分类

(一)按车种分类

铁路货车按用途分为通用货车、专用货车和特种车辆。

通用货车包括棚车、敞车及平车,适用装载货物种类较多。专用货车包括罐车、冷藏车、集装箱车、矿石车、长大货物车、毒品车、家畜车、散装水泥车、散装粮食车等,分别适用于装载不同的特定货物。特种车辆包括检衡车、救援车、发电车、除雪车。

各类铁路货车基本车种分类及基本记号,如表 1-2 所示。

(二)按产权所属分类

现在车按产权所属分为部属铁路货车、企业自备车、内用货车和外国铁路货车。

(1)部属铁路货车:指凡属中国铁路总公司资产,涂有铁路路徽,按中国铁路总公司统一规定涂打车型标记、编号的货车。

铁路货车基本车种分类及基本记号　　　　　　表1-2

主要类型	基本记号	主要类型	基本记号
棚车	P	长大货物车	D
敞车	C	毒品车	W
平车	N	家畜车	J
罐车	G	散装水泥车	U
冷藏车	B	散装粮食车	L
集装箱车	X	特种车	T
矿石车	K	其他	QT

(2)企业自备货车：指凡属企业（包括国家铁路运输企业、合资铁路、地方铁路及其下属企业）资产并取得"企业自备货车经国家铁路过轨运输许可证"（以下简称"过轨运输许可证"）和一次性过轨的货车。其确定方法：取得过轨运输许可证的货车为车号左起第一位为"0"、第二位非"0"，车体标明"×××自备车"、到站"×××站"、没有铁路路徽的货车；一次性过轨的货车为车号左起第一、二位为"00"，没有铁路路徽的货车。军方特殊用途货车（车体标明客车基本记号者除外）比照企业自备车办理。

(3)内用货车：指属企业（包括合资、地方铁路及其下属企业）资产但未取得"过轨运输许可证"，仅在本企业内承担社会运输任务的货车。内用货车比照企业自备货车进行统计。

(4)外国铁路货车：指凡属于国外资产的货车。

(三)按运用状况分类

货车按运用状况分为运用车和非运用车两大类。

1.运用车

运用车是指参加铁路营业运输的部属铁路货车、企业自备货车、内用货车、外国铁路货车，企业租用、军方特殊用途重车。运用车分为重车和空车。

(1)运用车中的重车是指：①实际装有货物并具有货票的货车；②卸车作业未完的货车；③倒装作业未卸完的货车；④以"特殊货车及运送用具回送清单"手续装载整车回送铁路货车用具（部属篷布、空集装箱及军用备品等）的货车；⑤填制货票的游车。

(2)运用车中的空车是指：①实际空闲的货车；②装车作业未完的货车；③倒装作业未装完的货车；④运用状态下的机械冷藏车的工作车。

2.非运用车

非运用车是指不参加铁路营业运输的部属货车（包括租出空车）、企业自备内用检修车和在专用线、专用铁路内的已获得"过轨运输许可证"的企业自备货车、在站装卸作业企业自备空车、在本企业内的内用空车、军方特殊用途空车以及部属特种用途车。非运用车只要包括备用车、检修车、代客货车、路用车、防洪备料车、洗罐车、整备罐车、租出空车、在企业内的企业自备货车和军方特殊用途空车十大类。

(1)备用车：指为了保证完成临时紧急任务的需要所储备的技术状态良好的部属空货车。具体规定如下：

①备用车分为特殊备用车、军用备用车、专用货车（包括罐车、冷藏车、集装箱车、矿石车、长大货物车、毒品专用车、家畜车、散装水泥车、散装粮食车、小汽车运输专用车和涂有"专用车"字样的一般货车）备用车和国境、港口站备用车。

②备用车的备用、解除，必须经中国铁路总公司备用车命令批准。

③备用车的备用和解除时间：根据中国铁路总公司、铁路局当日调度命令批准，经备用基地检车员检查后，由车站调度员或值班员填写"运用车转变记录（运统6）"并签字的时分起算。

货车转入备用时分不得早于：车站收到调度命令的时分；作业车卸车完了的时分；到达空车为列车到达技检完了的时分。

备用货车解除时分不得迟于：排空时规定列车开始技检的时分；装车时调入装车地点的时分。

④特殊备用车须备满48h，其他备用车须备满24h，才能解除备用。备用时间不满或无令动用时，自备用时起按运用车统计（因紧急任务需要，经中国铁路总公司批准解除时，不受此项限制）。

⑤备用车必须停放在铁路局批准的备用基地内。港口、国境站备用车必须停放在指定的港口、国境站。凡未停放在指定地点的均不准统计为备用车。

⑥备用车在不同基地间不得转移。根据命令在同一备用基地内转移时，备用时间不连续计算，原存放站及新存放站均需备满规定时间。

⑦不准将重车、租用空车列入备用车。

⑧违反规定动用备用车时，必须调整运用车数和货车停留时间。

(2) 检修车：铁路车辆运用过程中，车辆零部件会逐渐磨耗、腐蚀和损伤，为保证车辆经常处于良好的技术状态，稳定可靠地工作，必须进行有计划的检查和修理。在现在车统计中检修车按非运用车统计。检修车的统计将通过项目八学习。

(3) 代客货车：指根据中国铁路总公司命令用以运送人员、行李及包裹的货车。车站接到命令后，由车站和检车人员在"运用车转变记录（运统6）"上签字时起转入"代客"，使用完了（指卸空，包括备品）时，填制"运用车转变记录（运统6）"转回运用车。代客空车根据调度命令以客运车次回送时，按代客统计；以货运车次回送时，按挂运凭证（回送清单、调度命令等）实际统计，无挂运凭证按运用车统计。"代客货车"装载货物填制货票时，自代客或回送到达时起按运用车统计。行包专列专用货车，不论重、空均按代客货车统计，应单独列示。

(4) 路用车：指为中国铁路总公司批准作为铁路各单位运送非营业运输物资或用于特殊用途的货车。分为特种用途车和其他路用车。特种用途车指因为路内特殊用途需要专门制造不能装运货物的特种用途车（包括试验车、发电车、轨道检查车、检衡车、除雪车等）。上述车辆以外的路用车为其他路用车。

经中国铁路总公司批准的"路用车使用证明书"是统计路用车的依据。使用单位应按规定涂打路用车使用标记。路用车只准在批准的使用期限、区段和用途的范围内使用，对违反使用规定的路用车，按运用车统计。路用车的转变时分自使用单位收到车辆并在"运用车转变记录（运统6）"上签字时起，至使用完了交回车辆并填制"运用车转变记录（运统6）"转回运用车时止按路用车统计。路用车装运货物并填制货票时，在重车状态下按运用车办理。

(5) 防洪备料车：指根据中国铁路总公司（铁路局）命令为汛期防洪抢险指定储备一定数量防洪备料的重车，在重车储备停留状态下按路用车统计，其他状态按运用车统计。

(6) 洗罐车：为进行清洗的良好罐车。由洗罐单位填制"车辆装备单（车统24）"送交车站签字时起计算为洗罐车；洗刷完了，由车站人员在"罐车洗刷交接记录单（车统89）"上签字时起转回运用车;企业自备车发生洗罐时,洗罐单位一律填发"企业自备车装备单(车统24Q)"统计为洗罐车,洗刷完了,填发"企业自备车洗刷交接记录单(车统89Q)"转回运用车。为进行检修而洗罐时,应列入检修车内。由企业自行洗罐不能执行上述办法时,由铁路局规定平均洗罐时间(最长不能超过4h),自货车送入洗罐交接地点至规定时间止按洗罐车统计。

(7)整备罐车:为在指定地点进行技术整备的整列(成组)固定编组石油直达罐车。在到达整备站时,按运用车统计;送入配属段整备线进行技术整备时,根据车辆部门填发的"车辆装备单(车统24)"送交车站签字时起6h内按整备罐车统计。超过6h车辆部门应填发"车辆检修通知单(车统23)"按检修车统计,整备完了由车站在"检修车辆竣工验收移交记录(车统33并车统36)"上签字时起转回运用车。如固定编组石油直达罐车更换车辆时,须由车辆部门及时通知车站。

(8)租出空车:包括企业租用的部属货车空车,新造及由国外购置的货车在交付使用前的试运转空车,部队训练使用的部属货车,出租车及退租车由车站与使用单位在"运用车转变记录(运统6)"上签字时起转入企业租用车或转回运用车。

(9)在企业内的企业自备货车:指在企业专用线、专用铁路内的已取得"过轨运输许可证"的该企业自备货车。包括没有(租用)专用线、专用铁路企业的回到过轨站的自备空车以及在车站进行装卸作业的自备空车。

(10)军方特殊用途空车:指军方用于军事运输等特殊用途的空货车(车体基本记号标明为客车的除外)。

二、现在车报表

(一)报表格式

现在车报表(运报-2)为日、旬、月、季、年报,其格式如表1-3所示。

(二)现在车报表编制依据

1. 车站的依据资料

(1)列车编组顺序表(运统1);

(2)行车日志(运统2或运统3);

(3)货车出入登记簿(运统4);

(4)检修车登记簿(运统5);

(5)运用车转变记录(运统6);

(6)非运用车登记簿(运统7);

(7)部备用货车登记簿(运统7-A);

(8)号码制货车停留时间登记簿(运统8);

(9)非号码制货车停留时间登记簿(运统9);

(10)新造车辆竣工验收移交记录(车统1并车统13);

(11)车辆资产移交记录(车统70);

(12)车辆报废通知等有关资料。

2. 铁路局的依据资料

(1)分界站货车出入报表(运报-1);

(2)车站的现在车报表(运报-2);

现在车报表

表 1-3

表　名:运报-2(YB-2)
批准文号:铁统计[2008]113号
统一编号:0173

局名	年月日	现在车							运用车合计	重车																	空车														
		入			出			现在车合计		计	棚车	敞车	普通平车	两用平车	轻油罐车	黏油罐车	其他罐车	冷藏车	集装箱车	矿石车	长大货物车	毒品车	家畜车	散装水泥车	散装粮食车	特种车	其他	计	棚车	敞车	普通平车	两用平车	轻油罐车	黏油罐车	其他罐车	冷藏车	集装箱车	矿石车	长大货物车	毒品车	家畜车	散装水泥车	散装粮食车	特种车	其他
		上日结存	到达	新购货车	新许可司加入	其他	出发	报废车	退出企业自备车	其他																																				
												P	C	N	NX	GQ	GN	GT	B	X	K	D	W	J	U	L	T		P	C	N	NX	GQ	GN	GT	B	X	K	D	W	J	U	L	T	
		1	2	3	4	5	6	7	8	9	10	11	12	13	14	15	16	17	18	19	20	21	22	23	24	25	26	27	28	29	30	31	32	33	34	35	36	37	38	39	40	41	42	43	44	45	46	47

非运用车合计	计	棚车	敞车	普通平车	两用平车	轻油罐车	黏油罐车	其他罐车	冷藏车	集装箱车	矿石车	长大货物车	毒品车	家畜车	散装水泥车	散装粮食车	特种车	其他	代客货车	行包专用货车	路用货车	洗罐车	整备罐车	租出空车	在企业内货车	军方特殊用空车	封存货车
		P	C	N	NX	GQ	GN	GT	B	X	K	D	W	J	U	L	T										
48	49	50	51	52	53	54	55	56	57	58	59	60	61	62	63	64	65	66	67	68	69	70	71	72	73	74	75
		76	77	78	79	80	81	82	83	84	85	86	87	88	89	90	91	92	93								

编报单位:
(盖章)

编表人:

单位领导:
(鉴章)

上报日期:　　年　　月　　日

(3)18点在途列车确报；

(4)货车动态表(运统11)。

其中铁路局现在车由铁路局汇集的管内各站"现在车报表(运报-2)"提供的18点管内各站现在车数和18点过表列车确报提供的18点管内在途现车数两部分组成。并依据分界站货车出入报表(运报-1)掌握车辆随列车出入的数量，用以核对铁路局现在车总数，并利用货车动态表(运统11)掌握并核对管内各站现在车数。

(三)填制报表的注意事项

(1)现在车报表分别通过部属货车(BYB-2)、企业自备货车(QYB-2)、内用货车(NYB-2)、综合(YB-2)逐级上报，格式同运报-2。其中企业自备货车现在车报表(QYB-2)中的非运用车数只填记检修车、洗罐车、在企业内货车数、军方特殊用途空车栏；内用货车现在车报表(NYB-2)中的非运用车数只填记检修车、在企业内货车栏。

(2)企业租用车的加入和退出，按路企双方签订的租用合同办理。途中发生报废时，在发生站退出，同时通知签订租用合同车站销账。

(3)国家铁路运输企业及其所属企业的自备货车空车填报在QYB-2"租出空车"栏(90栏)。回到过轨站、装卸作业站的企业自备货车空车填报在QYB-2"在企业内货车"栏(91栏)。内用空车填报在NYB-2"在企业内货车"栏(91栏)。

(4)其他部门拨交铁路或铁路拨交其他部门的货车在"其他"栏(5及9栏)填报。

(5)国外货车在交付使用前的试运转空车、由车辆工厂向企业或国外回送的新造及修复的货车(装载在货车上的车辆除外)，在QYB-2第5栏、第9栏中填报。

(6)为确保检修车数的准确，列检与车站、车辆调度及铁路局统计应核对一致上报。

任务二　18点现在重车去向统计

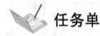

任务单

任务名称	18点现在重车去向统计
知识目标	掌握18点现在重车统计的意义及统计依据
能力目标	学会在实际工作中运用相关信息资料完成"18点现在重车去向报表"的填制
任务描述	哈尔滨铁路局2013年1月3日根据管内各站上报的"运报-3"和18点在途列车确报编制"18点现在重车去向报表"
任务要求	(1)分析18点现在重车去向统计工作的内容及基本要求； (2)分析该项工作的工作岗位及岗位职责； (3)分析哈尔滨铁路局18点现在重车的主要去向及其车种别重车数； (4)完成"18点现在重车去向报表"的填制

相关知识

18点现在重车去向报表(运报-3)反映18点管内重车及移交重车去向，作为铁路局组织卸车及掌握重车车流的依据。

(一)报表格式

18点现在重车去向报表(运报-3)格式，如表1-4所示。

18点现在重车去向报表　　　　　　　　　　表1-4

表　　名：运报-3(YB-3)
批准文号：铁统计[2008]113号
统一编号：0174

局名或月日	自局管内卸车					移交外局车数				合计重车数
	车数	其中				京局	哈局	……	移交重车合计	
		棚车	敞车	平车	罐车					
	1	2	3	4	5	6	7		24	25

编报单位：　　　　　编表人：　　　　　单位领导：　　　　　　　　上报日期：　年　月　日
（盖章）　　　　　　　　　　　　　　　（签章）

（二）18点现在重车去向报表编制依据

1. 车站的编制依据资料

车站在编制18点现在重车去向报表时，根据18点当时运用重车货票、列车编组顺序表或其他货运单据上记载的到站进行编制。

2. 铁路局的编制依据资料

铁路局在编制18点现在重车去向报表时，根据车站报送的"18点现在重车去向报表（运报-3）"及18点在途列车确报进行编制。

（三）填制报表的注意事项

(1)18点现在重车去向报表只有综合报表，且为日报，主要包括管内工作车数和移交外局重车数，无部报和企报之划分。

(2)整车分卸按最终到站统计。

(3)对到达国外、合资、地方铁路的重车按所到达分界站(无分界站时为交接站)所属局统计。

(4)到达本局管内的重车经由邻局运送时，按到达邻局统计。

(5)重车到站不明时，按到达列车运行方向前方编组站径路统计。

(6)本表合计重车应与现在车报表(运报-2)重车数字一致。

任务三　专业运输公司租用货车统计

任务单

任务名称	专业运输公司租用货车统计
知识目标	(1)掌握专业运输公司租用货车的含义及租用时间的统计方法； (2)熟悉专业运输公司租用货车统计的基本要求
能力目标	学会在实际工作中运用相关信息资料完成"专业运输公司租用货车报表"的填制
任务描述	哈尔滨铁路局2013年1月3日根据管内各站上报的"运报-2ZY"和18点在途列车确报编制"专业运输公司租用货车报表"
任务要求	(1)分析专业运输公司租用货车统计工作的内容及基本要求； (2)分析该项工作的工作岗位及岗位职责； (3)分析哈尔滨铁路局专业运输公司租用货车的主要去向及其车种别重车数； (4)完成"专业运输公司租用货车报表"的填制

相关知识

专业运输公司租用货车是指专业运输公司租用的非该专业运输公司所属的部属货车。"专业运输公司租用货车报表(运报-2ZY)"则统计每日18点车站、国家铁路运输企业管内以及合资铁路、地方铁路内专。

专业运输公司租用货车的租用时间统计方法为:有专用货场或线路的自车辆调入装车地点(线)时起,无专用货场或线路的自装车完了时起,统计为专业运输公司租用车;卸车完了时分为解除租用时间。

(一)报表格式(运报-2ZY)

专业运输公司租用货车报表(运报-2ZY)为月、年报。由车站、铁路局按日统计并留存备查,按月逐级审核、汇总,合资和地方铁路单独列示,于次月5日前上报中国铁路总公司统计中心。其格式如表1-5所示。

专业运输公司租用货车报表　　　　　　表1-5

表　　名:运报-2ZY(YB-2ZY)
批准文号:铁统计[2008]113号
统一编号:0532

站名、局名或年月日	集装箱公司租用					特货公司租用					特货公司租用集装箱车	快运公司租用				
	计	其中				合计	其中					计	其中			
		棚车	敞车	平车	其他		棚车	敞车	平车	其他			棚车	敞车	平车	其他
1	2	3	4	5	6	7	8	9	10	11	12	13	14	15	16

编报单位:　　　　编表人:　　　　单位领导:　　　　上报日期:　年　月　日
(盖章)　　　　　　　　　　　(签章)

(二)报表编制依据

1. 车站编制报表依据的资料

(1)列车编组顺序表(运统1);

(2)行车日志(运统2或运统3);

(3)运货七甲、装(卸)车清单(货统2);

(4)货车出入登记簿(运统4)、号码制货车停留时间登记簿(运统8)或车号自动识别系统等有关资料;

(5)专业运输公司租用车登记簿(运统8-A)。

2. 铁路局编制报表依据的资料

(1)车站的专业运输公司租用货车报表(运报-2ZY);

(2)18点在途列车运统1(确报)。

(三)报表填制方法

(1)集装箱公司租用计(第1栏)=第2栏+第3栏+第4栏+第5栏;

(2)特货公司租用计(第6栏)=第7栏+第8栏+第9栏+第10栏;

(3)快运公司租用计(第12栏)=第13栏+第14栏+第15栏+第16栏。

任务四 现在车车辆日统计

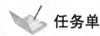
任务单

任务名称	现在车车辆日统计
知识目标	(1)掌握现在车辆日含义及统计方法； (2)掌握现在车辆日统计范围及基本要求
能力目标	学会在实际工作中运用相关信息资料完成铁路局现在车车辆日统计
任务描述	哈尔滨铁路局2013年12月3日18点结存现在车4.5万辆,该局甲站与车辆厂接轨,当日19点车辆厂加入车辆30辆并在"新造车辆竣工验收移交记录(车统1并车统13)",23:00由局间分界口接入15034次列车接入现车55辆;当日3:00由局间分界站15035次交出列车57辆,13:00加入企业过轨自备车30辆,16:00由局间分界站向邻局交出41002次列车挂出货车55辆。请计算该局当日的车辆日
任务要求	(1)分析现在车车辆日的统计范围及计算方法； (2)分析计算当日结存车辆日； (3)分析计算当日接入、加入车辆日； (4)分析计算当日交出、剔出车辆日； (5)进行该局当日现在车车辆日计算

相关知识

各铁路局使用铁路货车进行运输生产,需要向原铁道部清算货车使用费。长期以来,货车使用费的清算一直以每日18点各局现在车数量为依据,这种计算方法不能准确反映铁路局占用货车的实际数量,又造成分界口"抢18点"交车的现象,影响铁路的均衡生产、降低运输效率。为此,原铁道部决定自2005年10月1日起,铁路货车使用费的计算不再以18点现在车数量为依据,改以铁路局实际占用货车时间,即车辆日为依据。并从2005年8月1日起,建立铁路现在车辆日统计制度。注:目前此项工作由中国铁路总公司与各铁路局完成。

现在车辆日指各铁路局每辆现在车货车与每天实际停留时分的乘积之和除以24h。其按实际占用时分计算并反映现在车在铁路局管内(含合资、地方铁路及股份制公司)的停留时间,可以真实反映铁路局实际使用铁路货车的数量。

(一)统计范围

按铁路局、合资铁路公司、地方铁路公司,以及国家铁路股份制改造的公司(大秦铁路公司、广深铁路公司)为单位进行统计。

(二)统计依据

(1)现在车报表(运报-2)；

(2)分界站出入列车编组顺序表(运统1,电子确报)；

(3)行车日志(运统2、3)；

(4)新造车辆竣工验收移交记录(车统1并车统13)；

(5)货车车辆报废通知(车统3)；

(6)货车加入、剔除资料(运统4-1)等。

(三)计算方法

1. 车辆小时计算

现在车车辆小时数 = 昨日18点结存现在车车数 × 24小时 +
∑[接入辆数 × (当日18:00 – 接入时分)] +
∑[加入辆数 × (当日18:00 – 加入时分)] –
∑[交出辆数 × (当日18:00 – 交出时分)] –
∑[剔出辆数 × (当日18:00 – 剔出时分)]

计算结果四舍五入保留一位小数,单位为辆小时。其中的昨日结存现在车数,可依据货车清查数据或运报-2获得。各车辆在铁路局的时间,按分钟折算成小时计算。

2. 车辆日计算

现在车辆日数 = 现在车辆小时数 ÷ 24。计算结果四舍五入取整,单位为辆日。

(四)现在车车辆日统计表

1. 统计表格式

现在车车辆日统计表(运报-2LR)格式,如表1-6所示。

现在车车辆日统计表　　　　　　　　　　　　表1-6

铁路局	合资铁路	车种	车型	车辆日	车数	备注
1	2	3	4	5	6	7

2. 统计表编制说明

(1)本表由中国铁路总公司每日生成,月、季、年汇总,并于次月5日前反馈各铁路局。

(2)车数(第6栏)为铁路局18点现在车数(与计算车辆日数对应的车数),根据各铁路局当日现在车增减变化自动计算,并应与运报-2相关栏一致。如遇货车清查,按清查时点数据进行调整。

(3)分铁路局别、车种别汇总。

3. 货车使用费计算方法

中国铁路总公司按照下式计算各铁路局现在车辆日收取货车使用费:

$$F = \alpha \times (\omega - \gamma - d - p_{65})$$

式中:F——按月计算的铁路局货车使用费;

　　　α——货车使用费单价;

　　　ω——本局该月部属货车车辆日;

　　　γ——本局该月部属货车检修车辆日;

　　　d——本局该月港口被用货车车辆日数;

　　　p_{65}——P_{65}型行包专用货车车辆日数。

注意:对于太原铁路局还要减去大秦铁路公司所属货车辆日数。

项目三　装卸车统计

装卸车统计反映铁路完成的货车装卸作业量和货运量情况,据以考核货运计划的完成情况,为编制运输计划,改进货物运输工作提供统计信息和资料。

任务　使用车数、装卸车数统计

任务单

任务名称	使用车数、装卸车数统计
知识目标	(1)掌握装车数的含义、统计范围及要求; (2)掌握卸车数的含义、统计范围及要求; (3)熟悉装卸车统计的范围及要求
能力目标	学会在实际工作中运用每日收集的装卸车完成情况指标进行车站、铁路局装卸车统计
任务描述	(1)A 铁路局去年完成的货物发送吨数为:粮食 300 万吨,煤 600 万吨,矿石 500 万吨,其他货物 206 万吨,平均每辆货车静载重为 60 吨,即除上述任务外管内还完成大量木材的运输任务,每天固定增加使用车数为 20 辆,计算该局平均每昼夜完成的装车数,并计算使用车数; (2)A 铁路局 1 月 3 日根据当日收集的"货票"、"货统 2"、"货统 3"、"铁运 10"、"铁运 11 甲"、"运货 7 甲"、"国境站货物交接单"等统计资料完成当日的装卸车报表的填制
任务要求	(1)分析货物装车数的含义及计算方法; (2)分析铁路局使用车数的含义及其统计方法; (3)进行铁路局使用车数计算; (4)分析装卸车报表的内容及填制要求; (5)分析铁路局当日承运装车数与交接装车数、增加使用车数及车种别数; (6)分析铁路局当日卸车数和增加卸空车数及车种别数; (7)完成装卸车报表的填制

相关知识

一、与装卸车统计工作相关指标

(一)装车数

凡在铁路货运营业站填制货票并承运,以运用车运送货物的装车,均统计为装车数。区别为整车货物、整装零担货物、集装箱货物和国际铁路运输企业、合资铁路、地方铁路的货物装车数等情况。其具体统计如下:

1. 整车货物

整车货物装车包括以下情况:

(1)由营业站承运的装车;

(2)港口站的装车及不同轨距联轨站换装货物的装车;

(3)填制货票的游车;

(4)填制货票免费回送货主的货车用具和加固材料的整车装车;

(5)按80%核收运费的企业自备车、企业租用车和路用车的装车(按轴公里计费的除外);

(6)填制货票核收运费的站内搬运的装车。

2.整装零担车

在装车站装载的一站直达整零的装车,或在装车站装载自站发送货物占全部货物重量一半及以上的装车。

3.集装箱货物

整车集装箱在装车站装载自站发送集装箱,其换算箱数占全部换算箱数一半及以上的装车。

集装箱换算箱数按折合为国际标准箱20ft集装箱为一个换算箱进行换算,计算单位为TEU。具体换算标准,如表1-7所示。

各箱型集装箱换算系数　　　　　表1-7

集装箱类型	换算系数	集装箱类型	换算系数
20ft	1.00	48ft	2.40
25ft	1.25	50ft	2.50
40ft	2.00		

4.国家铁路运输企业、合资铁路、地方铁路装车数的计算

(1)国家铁路运输企业

在国家铁路运输企业车站自站的装车(包括在国家铁路运输企业分界站、接轨站制票运往合资、地方铁路的装车)统计为承运装车数。由非国家铁路控股合资铁路(以下简称非控股铁路)、地方铁路、国境接入并填制有货票的重车或换装货物的装车(不包括通过合资、地方铁路运输的重车及到达分界站或接轨站卸车的重车)统计为交接装车数。

(2)合资铁路

①管内装车数(包括装往国铁分界站、接轨站卸车的装车)。使用部属铁路货车、企业自备货车在本合资铁路管内自装自卸所产生的装车;使用内用货车,并填制正式货票(国家铁路货票或地方税务部门监制的票据)在本合资铁路管内自装自卸所产生装车,均统计为管内装车数。

②输出装车数。与全路办理一票直通货物运输的合资铁路自管内装往国家铁路或其他合资、地方铁路所产生的装车,均统计为输出装车数。

(3)地方铁路

①管内装车数(包括装往国铁分界站或接轨站卸车的装车)。使用部属铁路货车、企业自备货车在本地方铁路管内自装自卸所产生的装车;使用内用货车,并填制正式货票(国家铁路货票或地方税务部门监制的票据)在本地方铁路管内自装自卸所产生的装车,均统计为管内装车数。

②输出装车数。与全路办理一票直通货物运输的地方铁路自管内装往国家铁路或其他合资、地方铁路所产生的装车,均统计为输出装车数。

③交接装车数。由国家铁路运输企业、合资铁路或其他地方铁路接入或通过并填制货票的重车统计为交接装车数。

（二）卸车数

凡填制货票以运用车运送,到达铁路货运营业站的卸车,均统计为卸车数。

1. 整车货物

整车货物装车包括以下情况：

(1) 到达营业站货物的卸车；

(2) 港口站的卸车及不同轨距联轨站换装货物的卸车；

(3) 填制货票的游车；

(4) 填制货票免费回送货主的货车用具和加固材料的整车卸车；

(5) 按 80% 核收运费的企业自备车、企业租用车和路用车的卸车(按轴公里计费的除外)；

(6) 填制货票核收运费的站内搬运的卸车。

2. 整装零担车

在终到站到达的一站直达整零的卸车,或在终到站到达自站货物占全部货物重量一半及以上的卸车。

3. 集装箱货物

整车集装箱在终到站到达自站集装箱,其换算箱数占全部换算箱数一半及以上的卸车。

4. 国家铁路运输企业、合资铁路、地方铁路卸车数的计算

(1) 国家铁路运输企业

在国家铁路运输企业营业站的卸车,包括由合资、地方铁路接入到达分界站(接轨站)的卸车。

(2) 合资铁路

①管内卸车数(不包括管内装车到达国铁分界站或接轨站的卸车)。使用部属铁路货车、企业自备货车在本合资铁路管内自装自卸所产生的卸车；使用内用货车并填制正式货票(国家铁路货票或地方税务部门监制的票据)在本合资铁路管内自装自卸所产生的卸车,均统计为管内卸车数。

②输入卸车数。由国家铁路运输企业或其他合资铁路、地方铁路与本合资铁路办理一票直通货物运输的重车到达本合资铁路管内的卸车,均统计为输入卸车数。

(3) 地方铁路

①管内卸车(不包括管内装车到达国铁分界站或接轨站的卸车)。使用部属铁路货车、企业自备货车在本地方铁路管内自装自卸所产生的卸车；使用内用货车并填制正式货票(国家铁路货票或地方税务部门监制的票据)在本地方铁路管内自装自卸所产生的卸车,均统计为管内卸车数。

②输入卸车数。由国家铁路运输企业或其他合资、地方铁路与本地方铁路办理一票直通货物运输的重车到达本地方铁路管内的卸车,均统计为输入卸车数。

（三）待卸车数

凡到达铁路营业站的重车在本统计报告日内实际尚未卸完的,均统计为待卸车数。

（四）增加使用车和增加卸空车的计算

增加使用车和增加卸空车指为车站因装卸中转零担货物、铁路货车用具,或货物倒装等而使用或卸空的车辆。除以下情况外,一律不得统计为增加使用车和增加卸空车。

1. 整装零担车

(1) 在装车站装载中转货物超过全部货物重量一半的装车按增加使用车计算；

(2)在终到站到达中转货物超过全部货物重量一半的卸车按增加卸空车计算。

2.集装箱车

(1)在装车站装载中转集装箱,其换算箱数超过全部换算箱数一半的装车按增加使用车计算;

(2)在终到站到达中转集装箱,其换算箱数超过全部换算箱数一半的卸车按增加卸空车计算。

3.铁路货车用具

整车装运铁路货车用具(篷布、空集装箱及军用备品等)的装卸,按增加使用或增加卸空车计算。

4.倒装作业

运用重车在运送途中发生倒装作业(不包括装载整理)的计算。

(1)一车倒装两车时计算增加使用车一辆,两车倒装一车时计算增加卸空车一辆。

(2)当日卸车后不能当日装车时,当日计算增加卸空车一辆,再装车时可再计算增加使用车一辆。

(3)当日一车倒装一车时不计算增加使用和增加卸空车数。

(五)装卸作业次数的计算

装卸作业次数为车站在一定时期内所完成的装车、卸车作业及其他货车作业的总次数。

1.装卸作业次数的统计

(1)凡计算装卸车数的均计算作业次数。

(2)货物倒装车、整车装卸铁路货车用具和按增加使用及增加卸空车计算的整装零担车、整装集装箱,均按实际作业车数计算作业次数。

(3)整车货物倒装全部卸空后,又采用原车装运时,按两次作业计算。

(4)整车分卸的货车在运送途中站进行卸车时,按一次作业计算。

2.不计算装卸车数和作业次数的货车

(1)各种非运用车的装卸(按一般货运手续办理的装车应转为运用车)。

(2)变更到站的重车。

(3)不论是否摘下而进行货物装载整理的货车。

(4)在本企业专用线内或不经过铁路营业线的两个企业间搬运货物的装卸。

(六)货物发送吨数

货物发送吨数为铁路区域或车站在一定时期内承运的全部货物吨数的总和,按下列规定进行统计。

(1)凡车站承运的货物均根据货票统计承运发送吨数。整车货物以装车作业完了并填妥货票时分统计;零担和集装箱货物按"装卸车清单(货统2)"为依据,以装卸车作业完了时分统计。

(2)货物发送吨数根据货票记载的货物实际重量计算,无货物重量按计费重量计算。填制货票的游车不再计算重量。

(七)装卸作业完了时分的确定

1.部属铁路货车装卸作业完了时分的确定

(1)在站线上或按规定以铁路机车取送(或牵引)在专用线内的装车,以装车作业完了填妥货票(整装零担车、整装集装箱车为填制"货车装载清单")的时分为准;卸车以卸车作业完了时分为准。

(2)按规定以企业机车取送在企业专用线内的装车,以装车作业完了将货车送到双方指定交接地点,交接完了并填妥货票时分为准;卸车以卸车作业完了将货车送到交接地点,交接完了的时分为准;双重作业车以装车作业完了送到交接地点填妥货票时作为装卸车完了时分(能确定卸车完了时分的车站,可由铁路局规定采用卸车作业完了时分)为准。

2. 企业自备货车及企业租用车装卸作业完了时分的确定
(1)装车:以装车作业完了并填妥货票时为准,有规定交接地点时须以到达交接地点时分为准。
(2)卸车:以车辆到达规定交接地点(无规定交接地点时为卸车作业完了)时分为准。

3. 按80%核收运费的路用车装卸作业完了时分的确定
比照企业自备货车及企业租用车装卸作业完了时分确定。

4. 在国境分界站不进行倒装的货车
装车以交接完了并填妥货票时分为准;卸车以交出时分为准;倒装货车的装卸,以倒装作业完了时分为准(装车须填妥货票)。

5. 在口岸站、不同轨距联轨站倒装的货车
装车以装车作业完了且填妥货票时分为准,卸车以卸车作业完了时分为准。

二、装卸车报表

装卸车报表(货报-1)统计车站每日车种别装卸车数及装车去向。本表由国际铁路运输企业货运营业站按部属货车(BXB-1)、企业自备货车(QXB-1)、综合(XB-1)分别编制并逐级汇总上报。

(一)报表格式

装卸车报表(货报-1)为日、旬、月、季、年报,其格式如表1-8所示。

装卸车报表　　　　　　　　　　　　　　　表1-8

表　名:货报-1(XB-1)
批准文号:铁统计[2008]113号
统一编号:0179

站、局名或月日	装车数合计	其中		使用车合计	其中增加使用车数	车　种															
		承运装车数	交接装车数			棚车	敞车	普通平车	两用平车	轻油罐车	黏油罐车	其他罐车	冷藏车	集装箱车	矿石车	长大货物车	毒品车	家畜车	散装水泥车	散装粮食车	特种车	其他
1	2	3	4	5	6	7	8	9	10	11	12	13	14	15	16	17	18	19	20	21	22

卸车数合计	待卸车数	卸空车合计	其中增加卸空车数	车　种													装卸作业次数	到达局别使用车				
				棚车	敞车	普通平车	两用平车	轻油罐车	黏油罐车	其他罐车	冷藏车	集装箱车	矿石车	长大货物车	毒品车	家畜车	散装水泥车	散装粮食车	特种车	其他		合计	哈局	沈局	…	武局
23	24	25	26	27	28	29	30	31	32	33	34	35	36	37	38	39	40	41	42	43	44	45	46	47	…	63

编报单位:　　　　编表人:　　　　单位领导:　　　　上报日期:　年　月　日
(盖章)　　　　　　　　　　　　(签章)

(二)报表编制依据

(1)货票。

(2)装(卸)车清单(货统2)、承运簿(铁运10)、卸货簿(铁运11甲)、装卸车作业大表(运货7甲)、运单或其他装卸作业表、单据。

(3)国境站货物交接单、分界(交接)站货物交接记录单(货统3)。

(三)报表填制方法

(1)使用车、卸空车车种分别填记。

(2)装卸作业次数(44栏)按第36条规定填记。

(3)中国铁路总公司指定的由国家铁路运输企业营业站装车通过地方、合资铁路再到达营业站卸车的分流重车,在向地方、合资铁路移交时统计移交重车数,并填报在"装卸车报表(货报-1)"第25栏,以分子表示,不包括在分母内;接入时统计交接重车数,并填报在"装卸车报表(货报-1)"第4栏,以分子表示,不包括在分母内;到达局别使用车数亦以分子单独表示。

(4)表内各栏相互关系可以按下列规定统计:

①使用车合计(4栏)=装车数合计(1栏)+其中增加使用车数(5栏)=6~22栏之和;

装车数合计(1栏)=承运装车数(2栏)+交接装车数(3栏)。

②卸空车合计(25栏)=卸车数合计(23栏)+其中增加卸空车数(26栏)=27~43栏之和。

(5)到达局别使用车数:

①按货票或其他货运票据填记的到站所属局填记;

②整车分卸按最终到站所属局统计;

③对到达国外、合资、地方铁路的货车应按到达所属铁路局统计;

④到站不明的货车按列车运行方向的前方编组站(区段站)所属局统计,军调通知到局的按通知统计。

(6)已装完的货车未发出,由于货主取消托运撤销原货票,又在本站卸车时,不统计装卸车数。如在隔日发生时,应进行订正。装卸作业次数按实际装、卸次数计算。

三、货物分类装车报表(货报-2)

(一)报表格式

货物分类装车报表(XB-2)为日、旬、月、季、年报,其格式如表1-9所示。

货物分类装车报表　　　　　　　　表1-9

表　名:货报-2(XB-2)
批准文号:铁统计[2008]113号
统一编号:0180

局名或月日	装车合计			其中:货物分类									特货公司装车		其中集装箱		扣除专业运输公司货物运输后的装车		
				煤		石油		……		零担货物		集装箱							
	静载重	装车数	货物发送吨数	车	吨	车	吨	车	吨	车	吨	车	吨	车	吨	车	吨	静载重	装车数	货物发送吨数
	1	2	3	4	5	6	7	…	…	56	57	58	59	60	61	62	63	64	65	66

编报单位:　　　编表人:　　　单位领导:　　　　　　上报日期:　年　月　日
　(盖章)　　　　　　　　　　(签章)

(二)报表编制依据

编制依据同货报-1。

(三)报表填制方法

货物分类装车报表由国家铁路运输企业货运营业站按部属货车(BXB-2)、企业自备货车(QXB-2)、内用货车(NXB-2)、综合(XB-2)分别编制并逐级汇总上报。合资、地方铁路营业站按部属货车(BXB-2)的装车合计、管内装车、输出装车分行填记;企业自备货车(QXB-2)的装车合计、管内装车、输出装车分行填记;内用货车(NXB-2)的管内装车,综合(XB-2)的装车合计、管内装车、输出装车(分行填记)分别编制并逐级汇总上报。

整车货物品名分类根据货票所填记的货物名称,按照中国铁路总公司制定的《铁路货物运输品名分类与代码表》的分类统计。一车货物有数种品名时,按其中重量最多的货物品类统计;如只有一个重量时,按第一个品名确定;货票中未列品名的货物,列入"其他"栏内。

报表内各栏填计可以根据下述关系进行统计:

(1)静载重(1栏)=货物发送吨数(3栏)÷装车数(2栏),扣除专业运输公司货物运输后装车的静载重(64栏)=货物发送吨数(66栏)÷装车数(65栏),以吨为单位,保留小数一位,第二位四舍五入。

(2)装车数(2栏)=各品类车数栏之和=(货报-1)第1栏。扣除专业运输公司货物运输后的装车数(65栏)=装车数(2栏)-集装箱装车数(58栏)-特货公司装车数(60栏)+特货公司其中集装箱装车数(62栏)。

(3)货物吨数以吨为单位,吨以下四舍五入。各品类吨数按货票记载的千克数加总后再以吨为单位四舍五入,各品类吨数相加,即为合计吨数(3栏)。

填记此表要注意"货票"、"货物分类装车报表(货报-2)"、"票据整理报告(财收-4)"核对制度,确保数据准确一致。

项目四 货车停留时间统计

货车停留时间统计反映运用车的货物作业和中转停留时间完成情况,它可作为检查、分析、改善车站的运输组织工作,提高货车使用效率的依据。

凡计算车站出入的运用车,由到达、转入或加入时起至发出、转出或退出时止的全部停留时间(不包括其中转入非 运用车的停留时间)均应统计停留时间,但中间站利用列车停站时间进行装卸,装卸完了仍随原列车继续运行时,只计算作业次数不计算停留时间。

任务一 掌握货车停留时间的分类及计算方法

任务单

任务名称	掌握货车停留时间的分类及计算方法
知识目标	(1)掌握货车停留时间的分类; (2)掌握货车停留时间计算方法
能力目标	学会在实际工作中正确计算货车停留时间
任务描述	根据日常统计工作中的实例,区分货物作业停留时间的四个组成部分和中转停留时间的两个组成部分并简单计算上述两种停留时间
任务要求	(1)分析货物作业停留时间的四个组成部分; (2)区分按有调中转和无调中转计算停留时间的不同情况; (3)掌握一次货物作业停留时间的计算方法; (4)掌握中转车平均停留时间的计算方法

 相关知识

一、货车停留时间分类

货车停留时间按作业性质,分为货物作业停留时间和中转停留时间。

(一)货物作业停留时间(日常简称"停时")

货物作业停留时间为运用车在站线、区间及专用线(包括路产专用线,下同)内进行装卸、倒装作业所停留的时间。

货物作业停留时间可以分为一车平均停留时间和一次货物作业停留时间(即停时)。由于部分作业在站进行双重货物作业,因而一次货物作业停留时间小于一车平均停留时间。

对于货物装卸作业量较大的车站,为了便于考核和分析,还应按下列作业过程统计货物作业的停留时间:

(1)入线前停留时间:由货车到达时起至送到装卸地点时止,以及双重作业货车由卸车完了时起至送到另一装车地点时止的时间。

(2)站线作业停留时间:由货车送到装卸地点时起至装卸作业完了时止的时间。

(3)专用线作业停留时间:由货车送到装卸地点时起至装卸作业完了时止的时间,如规定以企业自备机车取送车辆时,以双方将货车送到规定地点的时分计算。

(4)出线后停留时间:由货车装卸作业完了时起至发出时止的时间。

(二)中转停留时间(日常简称"中时")

中转停留时间为货车在车站进行解体、改编、中转技术作业及其他中转作业(包括变更到站、装载整理、专为加冰及洗罐消毒的货车,按规定进行洗罐的罐车除外)所停留的时间。计算中转停留时间的货车应为本站计算出入的货车。

按中转作业性质,中转作业停留时间分为无调中转停留时间和有调中转停留时间两种。中转车平均停留时间为无调中转车与有调中转车停留时间的加权平均值,车站主要统计中转车平均停留时间,即中时。

1. 按无调中转货车计算停留时间的货车

(1)在编组站或区段站原列到开的列车上的货车(摘走的车辆除外)。

(2)在编组站或区段站进行补、减轴调车作业的原中转列车上的货车(补、减轴的车辆除外)。

(3)停运列车上的货车。

(4)在中间站进行拆组或组合的长大重载列车上的货车。

2. 按有调中转货车计算停留时间的货车

凡不符合上述无调中转作业条件的中转货车均按有调中转货车统计。

(三)在中间站产生下列中转作业时必须统计中转停留时间(不论是否有中转停留时间指标计划)

(1)停运列车上的货车;

(2)列车在中间站折返原方向所挂的不属于本站办理装卸作业的货车;

(3)不是本站装卸作业而摘下的货车。

二、货车停留时间的计算方法

(一)一次货物作业平均停留时间($t_{货}$)

$$t_{货} = \frac{\sum N_{t货}}{\sum N_{次}}(h)$$

式中:$\sum N_{t货}$——指当日本站货物作业车总停留车小时;

$\sum N_{次}$——指当日本站货物装、卸作业次数,为当日本站完成的装车数、卸车数、增加使用车数、增加卸空车数和其他货物作业次数之和。

(二)中转车平均停留时间($t_{中}$)

1. 有调中转车平均停留时间($t_{有}$)

$$t_{有} = \frac{\sum N_{t有}}{\sum N_{有}}(h)$$

式中:$\sum N_{t有}$——指当日本站有调中转车总停留车小时;

$\sum N_{有}$——指当日本站办理有调中转车总数。

2. 无调中转车平均停留时间($t_{无}$)

$$t_{无} = \frac{\sum N_{t无}}{\sum N_{无}}(h)$$

式中：$\sum N_{t无}$——指当日本站无调中转车总停留车小时；

$\sum N_无$——指当日本站办理无调中转车总数。

3. 中转车平均停留时间（$t_中$）

$$t_中 = \frac{\sum N_{t有} + \sum N_{t无}}{\sum N_有 + \sum N_无}(h)$$

任务二 掌握货车停留时间统计方法

 任务单

任务名称	掌握货车停留时间统计方法
知识目标	（1）掌握号码制统计方法； （2）掌握非号码制统计方法
能力目标	学会在实际工作中运用号码制、非号码制货车停留时间登记簿进行货车停留时间统计
任务描述	（1）结合"号码制货车停留时间登记簿"完成有调中转车平均停留时间、一次货物作业平均停留时间、货物作业过程别平均停留时间的计算； （2）结合"非号码制货车停留时间登记簿"完成有调中转车平均停留时间、一次货物作业平均停留时间、无调中转车平均停留时间和中转车平均停留时间的计算
任务要求	（1）结合表 1-10 完成有调中转车平均停留时间、一次货物作业平均停留时间、货物作业过程别平均停留时间的计算； （2）结合表 1-12 完成有调中转车平均停留时间、一次货物作业平均停留时间、无调中转车平均停留时间和中转车平均停留时间的计算

 相关知识

计算货车停留时间需要分别统计当日中转货车和本站作业车在站总停留时间、装卸作业次数和中转车数。目前各种货车停留时间的统计方法有号码制和非号码制两种。

一、号码制统计方法

号码制统计货车停留时间的方法是利用"号码制货车停留时间登记簿（运统8）"逐车统计货车停留时间。即登记每一辆货车的车种、车号、到达与发出的车次、时分，并结算当日发出的货车的全部停留车小时、作业次数，作为当日的车数、停留车小时和作业次数进而计算中时、停时。

对于实行号码制统计的车站则以上述统计结果作为编制"货车停留时间报表（运报-4）（见表1-13）"的依据，而利用非号码制进行货车停留时间统计的车站则以上述统计结果作为编制"运报-4"时填记货物作业车作业过程的依据。

号码制货车停留时间登记簿，如表 1-10 所示。

其填制依据与方法如下：

（1）每日初将昨日没有发出的货车用红笔移入当日最前部，当日继续填记。

（2）根据运统1填记1栏——车种、2栏——车号、3栏——列车达到车次、14栏——列车出发车次。

（3）根据"行车日志"填记4栏、5栏——列车到达时间、15栏、16栏——列车发出时间。

（4）根据装卸车清单（货统2）及货车调送单（货统46）或装用线取送车辆记录中的货车调

表1-10
(运统8)

号码制货车停留时间登记簿

2013年1月9日

车种	货车车号	到达车次	到达月日	到达时分	调入站线月日	调入站线时分	站线作业完了月日	站线作业完了时分	调入专用线月日	调入专用线时分	专用线作业完了月日	专用线作业完了时分	发出车次	发出月日	发出时分	作业种类	中转车停留时间	作业车停留时间	入线前时间	货物作业过程别-站线	货物作业过程别-专用线	货物作业过程别-出线	非运用-转入时月日	非运用-转入时时间	非运用-转出时月日时间	非运用-停留时间	记事
1	2	3	4	5	6	7	8	9	10	11	12	13	14	15	16	17	18	19	20	21	22	23	24	25	26	27
C64k	4943114	30501	8/1	12:59	8/1	14:10	8/1	15:10	8/1	18:00	8/1	21:00	30504	9/1	4:15	双		15:16	4.01	1.00	3.00	7.15				
C64k	4639250	30501	8/1	12:59	8/1	17:00 14:10	8/1	21:00 16:00					30504	9/1	4.15	双		15.16	2.11	4.00 1.50		7.15				
P62	3113456	30502	8/1	16:38	8/1	17:50	8/1	19:50					30503	9/1	2:20	卸		9.42	1.12	2.0	—	6.30				
N70	5223141	30502	8/1	16:38	8/1	17:50	8/1	19:50					30503	9/1	2:20	装		9.42	1.12	2.0	—	6.30				
P62	3113345	30503	9/1	1:22	—	2:12	9/1	3:52					30503	9/1	2:20	分卸		—	—	—	—	—				
P64k	4639251	30503	9/1	1:22	9/1	8:00	9/1	10:00	9/1	5:02	9/1	8:52	30501	9/1	13:10	双		11.48	2.00	1.40	3.50	4.18				
G62BK	1453900	30504	9/1	3:40	—	—							30501	9/1	13.10	倒	4.05	2.20	0.20	2.00	—	—	9/1 4:00 9/1 10:00	9/1 8:00 9/1 13:10	7.10	倒装卸后挂走
P70	3805520	30504	9/1	3:40									30502	9/1	7:45	有	4.05									不摘车作业
P62NK	3314151	30504	9/1	3:40									30502	9/1	7:45	有										
C64k	4943110	30501	9/1	12:30	9/1	14:00	9/1	16:30								合计	8.10	61.44	10.36	12.30	6.50	31.48				
																进整	8	62	11	13	7	32				
																调整	8	62	11	13	7	32				
															过程不全货车		2	0	2						

到及装卸完了时分，填记6~13栏各种货物作业过程的起止时间。若在站线卸车后调到另一站线装车，或在专用线卸车后调入另一专用线装车的双重作业车，则在6~9栏或10~13栏内，另以分子填记第二次的起止时分。

（5）根据运用车转变记录（运统6）及非运用车登记簿（运统7）的转变时刻，填记24~26栏。

（6）作业过程不全的货车，需在6~13栏记20~23栏内划一横线。

所谓的作业过程不全的货物作业车是指凡无入线前停留时间或站线（专用线）作业时间或出线后停留时间的货车。如进行不摘车装卸作业的货车，新线、合资、地方铁路分界站交接的货车，在国境分界站不进行换装的货车及在规定交接地点交接的企业自备车等。

（7）第17栏——作业种类栏按简称填记。装车填"装"，卸车填"卸"，双重作业填"双"，货物倒装填"倒"，无调中转填"无"，有调中转填"有"。

二、非号码制统计方法

非号码制统计方法与号码制统计方法不同，它是按一日（一班或一小时）内同一性质所有停留车辆统计总停留车小时。进行货车停留时间统计时，按一日（一班或一小时）开始时结存的车辆和本日（本班或本小时）到达或转入的车辆全部停留至本日（本班或本小时）结束，并按此统计车辆总停留车小时，然后再将本日（本班或本小时）发出或转出的车辆从发出或转出之时起至本日（本班或本小时）结束之时止未停留的总车小时扣除，即可得到各种性质车辆在本日（本班或本小时）的总停留车小时，计算公式如下：

$$\Sigma N_t = N_{结存} t + \Sigma N_{到} t_{到} - \Sigma N_{发} t_{发}$$

式中：ΣN_t——指各种性质停站车辆本日（本班或本小时）总停留车小时；

$N_{结存}$——指本日（本班或本小时）初结存的同一性质的车辆数；

t——一天（一班或一小时）所指的时间间隔；

$N_{到}$——指本日（本班或本小时）内随各次列车到达或转入同一性质的车辆数；

$t_{到}$——指各次列车由到达车站或转入时起，至本日（本班或本小时）结束时止的换算小时；

$N_{发}$——指本日（本班或本小时）内随各次列车由车站出发或转出的同一性质的车辆数；

$t_{发}$——指随各次列车由车站发出或转出之时起，至本日（本班或本小时）结束时止的换算小时。

列车到达、出发或车辆转入、转出的实际时分数需要换算为十进制的小时数，在实际工作中，可直接查用逆算十进位小时换算表，如表1-11所示。

逆算十进位小时换算表　　　　　　　　表1-11

实际分数	58~60	51~57	46~51	40~45	34~39	28~33	22~27	16~21	10~15	4~9	1~3
十进位小时	1.0	0.9	0.8	0.7	0.6	0.5	0.4	0.3	0.2	0.1	0

按非号码制统计货车停留时间时，以各种性质货车当日实际停留的总车小时作为其当日的总停留车小时；当日完成的装卸车数之和为当日的货物作业次数；当日到达与出发中转车数之和的一半为当日的中转车数，即$N_{中}$（小数点后一位四舍五入）。

$$N_{中} = \frac{N_{到}^{中} + N_{发}^{中}}{2}$$

式中：$N_{到}^{中}$、$N_{发}^{中}$——分别指当日到达中转车数和出发中转车数。

非号码制货车停留时间登记簿，如表1-12所示。

非号码编制货车停留时间登记簿（运统 9）

表 1-12

车次	时刻	换算小时	合计		到达									非运用车			车次	时刻	换算小时	合计		出发									非运用车		记事
					货物作业		有调中转			无调中转												货物作业		有调中转			无调中转						
			车数	车小时	车数	转入	车小时	车数	转入	车小时	车数	转入	车小时	车数	转入	车小时				车数	车小时	车数	转入	车小时	车数	转入	车小时	车数	转入	车小时	车数	转入	车小时	
1	2	3	4	5	6	7	8	9	10	11	12	13	14	15	16	17	18	19	20	21	22	23	24	25	26	27	28	29	30	31	32	33	34	35
上班结存			130	3120	25		600	85		2040				10		240																		
40391	18:05	23.9	30	717	2		47.8	23		669.2							10031	21:55	20.1	28	562.8	3		60.3	25		502.5							
31001	21:40	20.3	30	609	1		20.3	29		588.7							12736	0:10	17.8	18	320.4				18		320.4							
12739	0:00	18	25	450	2		36	21		378				2		36	12431	2:12	15.8	30	474	2		31.6	28		442.4							
32015	1:43	16.3	30	489							30		489				74002	4:50	13.2	26	343.2	1		13.2	25		330							
33123	4:30	13.5	29	391.5	2		27	27		364.5							42321	3:52	14.1	30	423							30		423				
12432	18:50	23.2	28	649.6	1		23.2	27		626.4							12431	18:20	23.7	30	711	2		47.4	28		663.6							
74001	20:40	21.3	30	639				30		639							40271	21:10	20.8	30	624	1		20.8	29		603.2							
12701	22:35	19.4	23	446.2	2		38.8	21		407.4							43270	0:52	17.1	25	427.5	2		34.2	23		393.3							
42321	3:02	15	30	450							30		450				32015	2:33	15.5	30	465							30		465				
43271	5:40	12.3	27	332.1	2		24.6	25		307.5							32013	5:55	12.1	28	338.8							26		314.6	2		24.2	
本班合计			282	5173.4	12		217.7	208		3980.7	60		939	2		36				275	4689.7	11		207.5	202		3255.4	86		1202.6	2		24.2	
本班结存			127		26			91						10																				

三、两种统计方法比较

号码制统计方法是按照每一辆货车的实际到发时分结算的,能够比较准确地统计出货车停留车小时,同时,运统8按货物作业车作业过程进行统计,能反映入线前、出线后和站线(专用线)作业停留时间延长或缩短的情况,便于车站进行工作分析;但号码制统计方法仅结算当日发出车辆的停留车小时、作业次数和车数,没有发出的车辆不结算,因此不能准确反映当日工作的实绩,并且逐车登记,逐栏计算,工作烦琐。所以号码制统计方法适用于货车出入少的车站,或者用以统计本站货物作业车的入线前、站线、专用线和出线后的停留时间。

非号码制统计方法因停留车小时和计算车数均有误差,计算结果不够精确,而且不能反映货物作业车各项作业过程及其停留时间。但其比号码制统计方法简捷,能反映当日货车运用效率,又有一定的精度,因此为出入车数较多的车站所普遍采用。

任务三 掌握货车停留时间报表的填计方法

 任务单

任务名称	掌握货车停留时间报表的填计方法
知识目标	(1)掌握货车停留时间报表(运报-4)的格式; (2)掌握报表编制依据; (3)掌握报表编制方法
能力目标	学会在实际工作中进行"货车停留时间报表"的填制
任务描述	请收集某站相关统计资料完成当日"货车停留时间报表"的填制
任务要求	(1)分析货车停留时间报表(运报-4)格式; (2)分析当日"运统8"、"运统9"、"货报-1"、车站管理信息系统、车号自动识别系统、装卸车报表; (3)完成"运报-4"的填制

 相关知识

货车停留时间报表(运报-4)反映车站一次货物作业和中转车停留时间完成情况。对于装卸量较大的车站,为了分析货物作业车各个作业过程的车辆运用情况,还需反映其作业过程别的一车平均停留时间。

(一)报表格式

货车停留时间报表(运报-4)如表1-13所示。该报表按日、旬、月、季、年编制,并逐级汇总上报。

(二)报表编制依据

(1)号码制货车停留时间登记簿(运统8);
(2)车号自动识别系统;
(3)车站管理信息系统;
(4)非号码制货车停留时间登记簿(运统9);
(5)装卸车报表(货报-1)。

货车停留时间报表　　　　　　　　　　　　　　　表 1-13

表　　名：运报-4(YB-4)
批准文号：铁统计[2008]113 号
统一编号：0175

局名或月日	一次货物作业停留时间			中转车停留时间								
	作业次数	车辆小时	一次平均	无调中转			有调中转			合　计		
				车数	车辆小时	一次平均	车数	车辆小时	一次平均	车数	车辆小时	一车平均
	1	2	3	4	5	6	7	8	9	10	11	12

装卸量较大的车站货物作业车作业过程														
作业车数	车辆小时	一次平均	入线前停留时间			站线停留时间			专用线停留时间			出线后停留时间			
			车数	车辆小时	一车平均	车数	车辆小时	一车平均	车数	车辆小时	一车平均	车数	车辆小时	一车平均	
13	14	15	16	17	18	19	20	21	22	23	24	25	26	27	

编报单位：　　　　　　编表人：　　　　　　单位领导：　　　　　　　　上报日期：　　年　　月　　日
（盖章）　　　　　　　　　　　　　　　　　　　（签章）

(三)报表编制方法

号码制货车停留时间登记簿(YB-4)由车站采取号码制编制。未上车站管理信息系统的出入货车较多的车站亦可按非号码制编制。

(1)货车停留时间的统计方法：根据当日发出车辆的实际，按车号逐车统计货车由实际到达时起至发出时止的全部停留时间、作业车数、作业次数及中转车数。

采用非号码制计算停留时间时，按换算小时统计当日货车所停留的时间、作业次数和中转车数。

(2)中转车转为货物作业车或货物作业车转为中转车：由实际到达时起转入。

采用非号码制计算停留时间的车站，当日到达的由到达时起转入；当日以前到达的，则由当日 18：01 起转入。

(3)采用非号码制的车站，作业次数(第 1 栏)根据"装卸车报表(货报-1)"第 44 栏的数字填写。第 13～27 栏一律用号码制编制。

(4)运报-4 报表中的车数、车辆小时栏以整数填记。车辆小时满 30 分钟进为 1 小时，不满 30 分钟舍去；平均停留时间四舍五入保留一位小数。

(5)运报-4 报表中的各项平均停留时间计算方法：

①一次货物作业平均停留时间(3 栏) = 货物作业车辆小时(2 栏) ÷ 货物作业次数(1 栏)。

②无调中转车平均停留时间(6 栏) = 无调车辆小时(5 栏) ÷ 无调车数(4 栏)。

③有调中转车平均停留时间(9 栏) = 有调车辆小时(8 栏) ÷ 有调车数(7 栏)。

④中转车平均停留时间(12 栏) = 中转车辆小时(11 栏) ÷ 中转车数(10 栏)。

⑤货物作业车及其中作业过程的一车平均停留时间 = 车辆小时 ÷ 车数。

项目五 货车运用效率统计

货车运用效率统计反映货车运用效率情况,为考核货车运用计划及分析货车运用效率提供数据,为经营业绩考核提供依据。

任务 货车运用成绩报表的填制

任务单

任务名称	货车运用成绩报表的填制
知识目标	掌握货车运用效率统计各指标的含义及计算方法;
能力目标	(1)学会在实际工作中运用相关资料进行货车运用效率指标统计; (2)学会在实际工作中运用相关指标完成"货车运用成绩报表"的填制
任务描述	2014年12月23日,A铁路局收集当日各站上报的"运报-1、2、4"、"货报-1"、"运统10"等统计资料编制当日A局"货车运用成绩报表"
任务要求	(1)分析货车运用效率统计的相关指标及计算方法; (2)分析货车运用效率统计的工作内容及基本要求; (3)分析进行货车运用效率统计的工作岗位及岗位职责; (4)结合收集资料完成"运报-5"各指标的计算; (5)完成A局当日"运报-5"的填制

相关知识

一、货车运用效率统计指标

(1)列车公里($\sum L_{列}$):为货物列车在各区段内的走行公里之和。

(2)旅行时间($\sum T$):为货物列车在各区段内的运行时间之和(即纯运转时间及中间站停留时间)。

(3)旅行速度($V_{旅}$):为货物列车在区段内平均每小时所走行的公里数。

$$旅行速度 = \frac{列车公里}{旅行时间} = \frac{\sum L_{列}}{\sum T}$$

(4)运用车辆公里:为运用货车总走行公里数,等于运用车数乘各该车辆的走行公里。这里的运用车辆公里统计应包括各种列车和单机所挂的运用货车。

(5)货车全周转距离:为运用货车平均每周转一次走行的公里。

$$货车全周转距离 = \frac{运用车辆公里}{工作量} = \frac{\sum N_S}{u} = \frac{\sum N_{S重} + \sum N_{S空}}{u} = l_重 + l_空$$

式中：$\sum N_S$——局管内全部货车每日在管内的走行公里，车·km/d；

$\sum N_{S重}$——管内每日重车走行公里，车·km/d；

$\sum N_{S空}$——管内每日空车走行公里，车·km/d；

$l_重$——重车周转距离，即货车在一次周转中在重状态下平均走行的距离，km；

$$l_重 = \frac{重车车辆公里}{工作量} = \frac{\sum N_{S重}}{u}$$

$l_空$——货车空周距，即货车在一次周转中在空状态下平均走行的距离，km。

$$l_空 = \frac{空车车辆公里}{工作量} = \frac{\sum N_{S空}}{u}$$

（6）空车走行率：为空车走行公里对重车走行公里的比率。

$$\alpha = \frac{l_空}{l_重} \times 100\%$$

（7）工作量：货车每完成一次周转就称为完成了一个工作量，即为每天的货运工作循环次数。

$$工作量(u) = 使用车数(u_{使用}) + 接运重车数(u_{接入})$$

其中运输企业接运重车数包括企业间分界站（交接站）接运的重车数及跨企业分流接运的重车数，不包括在分界站（交接站）重新起票运输的重车。现在车包括管内合资、地方铁路时，铁路局接运重车数为局间分界站接运的重车数及跨局分流接运的重车数。

（8）货车中转距离：为运用货车平均每中转一次走行的公里。

$$货车中转距离 = \frac{运用车辆公里}{中转车数}$$

（9）管内装卸率：为每一工作量平均装卸作业次数。

（10）运用车辆日：为全日平均每小时运用车数。

$$运用车辆日 = \frac{运用车旅行车辆小时 + 中转车辆小时 + 货物作业车辆小时}{24}$$

注意：运用车旅行车辆小时包括各种列车和单机挂车在内的各走行距离的运用车数乘以对应的旅行时间，为"运统10"6栏×21栏。

（11）运用车车数：当日18点管内的运用车数，同"运报-2"第11栏。

（12）货车周转时间：为货车自第一次装车完了时起至再一次装车完了时止（即运用货车平均每周转一次）所消耗的时间，计算单位为天。从全路看，货车周转时间就是运用货车从第一次装车完了时起，到下一次装车完了时止所花费的全部时间。从铁路局的观点来看，它是指运用货车从第一次装车完了或从临局接入重车之时起，到下一次装车完了或从临局接入重车之时止，在本局管内所花费的全部时间。

货车周转时间的计算方法有如下两种：

①车辆相关法：

$$\theta = \frac{N}{u}(d)$$

式中：N——指铁路局当日占用的车辆日，车日；

u——指铁路局当日完成的工作量，车。

由上式可见，当平均每日工作量（u，一般可理解为装车数）既定时，平均每日运用车数（N）与货车周转时间（θ）成正比，即保有的运用车数越少，货车周转时间越短；或者说，当运用车数一定时，货车周转时间越少，平均每日装车数越大，货车运用效率越高。这个方法的广泛使用，是因为它计算简便，反应迅速，但往往不十分准确。

②时间相关法：是按照货车在一次周转过程中，在途中运行、在技术站中转和在货运站作业停留时间按计算货车周转时间，包括旅行时间、货物作业停留时间、中转停留时间等三部分。

$$\theta = \frac{1}{24}[T_{旅} + T_{中} + T_{货}]$$

$$= \frac{1}{24}[T_{运转} + T_{中停} + T_{有调} + T_{无调} + T_{货}]$$

$$= \frac{1}{24}\left[\frac{L_{全}}{V_{旅}} + \frac{L_{全}}{L_{技}}t_{中} + C_{管}t_{货}\right]$$

式中：$T_{旅}$——一次周转中途中各区段的旅行总时间，$T_{旅} = T_{运转} + T_{中停}$；

$T_{运转}$——一次周转中途中运转总时分；

$T_{中停}$——一次周转中途中中间站停留总时间；

$T_{中}$——一次周转中途中技术站有调中转总时间，$T_{中} = T_{有调} + T_{无调}$；

$T_{有调}$——一次周转中途中中转站有调中转总时间；

$T_{无调}$——一次周转中途中中转站无调中转总时间；

$T_{货}$——一次周转中货物作业站停留总时间；

$L_{全}$——全周距，即货车在空、重状态下的全部行程，$L_{全} = L_{重} + L_{空}$；

$L_{重}$——重周距，即货车每周转一次在重状态下的平均运行公里数；

$L_{空}$——空周距，即货车每次周转空状态下的平均运行公里数；

$L_{技}$——货车中转距离，即货车每在技术站中转一次平均走行的距离；

$V_{旅}$——旅行速度；

$C_{管}$——管内装卸率，系指每一工作量（u）在铁路局管内的平均装卸作业次数，

$$C_{管} = \frac{C_{货}}{u}$$

$T_{货}$——每次货物作业停留时间，$T_{货} = \sum N_{t_{货}}/C_{货}$；

$C_{货}$——货物作业次数。

在一般情况下，车辆相关法与时间相关法求得的货车周转时间值应相接近，如误差较大，应查找原因。

(13)运用货车日产量：为平均每一运用货车每日产生的货物吨公里。

$$运用货车日产量 = \frac{货物周转量}{运用车辆日} = 运用车动载重 \times 货车日车公里$$

注意：　货车日车公里 = 运用货车车辆公里 ÷ 运用车辆日

(14)货物周转量：管内当日完成的货物吨公里数，即 1t 货物运送 1km 完成的货物周转量为 $1t \cdot km$。

(15)货车运用率:为运用货车占现在车的比率。

$$货车运用率 = \frac{运用车辆日}{现在车辆日} \times 100\%$$

(16)现在车:管内18点全部货车数。
(17)中转车数:当日管内各技术站完成中转总次数。

二、货车运用成绩报表

(一)报表格式

货车运用效率统计的报表为"货车运用成绩报表(运报-5)",全面反映铁路货车的运用效率,为考核铁路的经营业绩,改进铁路运营组织提供依据。该报表为日、月、季、年报,由铁路局编制,每日18点逐级汇总上报。其格式如表1-14所示。

货车运用成绩报表 表1-14

表　号:运报-5(YB-5)
批准文号:铁统计[2008]113号
统一编号:0176

局名或月日	货物列车			运用车辆公里(千辆公里)			空车走行率	货车全周转距离(公里)	重车周转距离(公里)	货车周转距离(公里)	管内装卸率	中转车数	装卸作业次数	运用车	工作量	货车周转时间(天)	运用车日产量(万吨公里/辆)	货物周转量(万吨公里)	现在车	货车运用率
	列车公里	旅行时间	旅行速度	合计	重车	空车														
1	2	3	4	5	6	7	8	9	10	11	12	13	14	15	16	17	18	19	20

编报单位:　　　　编表人:　　　　单位领导:　　　　上报日期:　年　月　日
(盖章)　　　　　　　　　　　　　(签章)

(二)编制依据

(1)分界站货车出入报表(运报-1)、现在车报表(运报-2)、货车停留时间报表(运报-4),提供分界站接入重车数、车站中转车和作业车数及停留时间、运用车数和现在车数。

(2)装卸车报表(货报-1),提供使用车数、卸空车数、装卸作业次数。

(3)列车运行分析表(运统10)(见表1-15),按列车运行区段,分上下行方向统计各次列车在区段内的走行公里、编挂的运用重车和空车辆数及出发、运行正晚点情况,为编制"货车运用成绩报表(运报-5)"、"货物列车正晚点报表(运报-6)"和"货物列车公里统计表(运报-10)"提供依据。

(三)报表填制方法与要求

列车公里(1栏)以公里为单位,旅行时间(2栏)以小时为单位,且列车公里(1栏)、旅行时间(2栏)、旅行速度(3栏)分别与货物列车公里报表(运报-10)第5~7栏合计行数对应相等;运用车辆公里(4~6栏)以千辆公里为单位;货物周转量、运用车日产量以万吨公里为单位。

旅行速度、空车走行率、运用货车日产量、货物周转量、货车运用率四舍五入保留一位小

33

数;管内装卸率、货车周转时间四舍五入保留两位小数。

中转车数(12栏)、装卸作业次数(13栏)分别摘自"货车停留时间报表(运报-4)"的中转车数(10栏)、作业次数(1栏),货物周转量采用18点统计每日速报数。

列车运行分析表　　　　　　　　　　　　　　表1-15
年　月　日　　　　　　　　　　　　　　　　（运统10）

区段	车次	列车公里	运用车辆数			出　发									运　行										记事
						中转列车到达时分			出发时分			成绩			到达时分			旅行时分				成绩			
			重车	空车	合计	定点	实际	早晚点时分	定点	实际	早晚点时分	正点	晚点	晚点原因	定点	实际	早晚点时分	规定	实际	十进制时分	车小时	正点	晚点	晚点原因	
1	2	3	4	5	6	7	8	9	10	11	12	13	14	15	16	17	18	19	20	21	22	23	24	25	26
			—	—													—								

项目六　货物列车正点统计

货物列车正点统计是反映货物列车按列车运行图行车情况,考核日(班)列车工作计划的编制质量及执行情况,分析改善列车运行秩序和运输指挥工作的主要依据。货物列车正点率是考核运输组织工作质量的主要指标之一。

任务　货物列车正晚点报表的填制

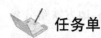
任务单

任务名称	货物列车正晚点报表的填制
知识目标	掌握货物列车正点率统计方法;熟悉货物列车正点统计的有关规定
能力目标	学会在实际工作中运用统计资料进行货物列车正晚点统计
任务描述	2013年12月21日,某铁路局对货物列车正点情况进行统计的结果如下: 发出货物列车总数136列,正点发出127列。其中发出五定班列货物列车15列,正点发出15列,发出行包专列7列,正点发出6列。区间运行货物列车总数为136列,正点运行120列。其中五定班列15列全部正点运行,行包专列7列均正点运行,请完成该铁路局当日的"货物列车正晚点报表"填制
任务要求	(1)分析货物列车正点统计的范围; (2)分析对货物列车进行出发或运行正点统计的条件; (3)分析出发正点率计算的方法并进行正点率计算; (4)分析运行正点率计算的方法并进行正点率计算

相关知识

一、货物列车正点统计的有关规定

(一)统计范围

凡以货物列车车次(小运转列车车次除外)开行的列车,均按货物列车统计。行包专列单独统计。

(二)统计依据

开行列车的车次以列车运行图为准;加开的列车以日(班)计划确定的车次为准。

1. 列车开行时分的确定

按列车运行图运行线开行的列车,根据图定时分统计;临时定点运行的列车,根据日(班)计划规定的时分统计;因影响行车的技术设备施工、维修,由铁路局以书面文件、电报或在运输方案中公布调整列车运行图中的列车运行时分,根据调整的时分统计。

2. 对有下列情况的列车,以列车发、到前下达的调度命令为准

(1)中转列车临时早点提前利用空闲运行线运行时;

(2)停运列车临时恢复运行时;

(3)使用原车次在枢纽内变更始发或到达的编组站时；

(4)在铁路局管内整列重车或空车变更到站时；

(5)编组站(区段站)编组的始发列车利用日(班)计划内中转列车空闲运行线提前开行时。

(三)列车出发及运行的划分

各站编组始发的列车,中间站恢复运行的停运列车,图定或日(班)计划规定原车次接续在编组站、区段站进行技术作业中转出发的列车,均按出发统计。列车由出发至运行区段的终到站(包括中间站),按运行统计。

铁路局分界站为中间站时,除本站编组始发列车和停运列车恢复运行外,均不统计出发。对经过分界站的列车按两个运行统计(即由列车出发至分界站为一个运行,由分界站至列车运行区段终到站为另一个运行),分界站所属局由分界站接入时分为运行开始,分界站交出时分为运行终止。

在国境、地方铁路分界站,向国外、地方铁路发出的列车,不统计出发；国外、地方铁路分界站向国铁营业线发出的列车,统计编组始发。

在编组站、区段站图定不进行技术作业的列车,中间站临时更换机车继续运行的列车(因自然灾害、事故而机车不能摘走的停运列车除外),不统计出发和运行。

列车在干支线衔接的中间站,由于变更运行方向而变更车次,根据机车交路图如不更换机车时,按一个运行区段统计；如更换机车则按两个运行区段统计(临时更换机车除外)。

重载(长大)列车在中间站组合或拆组,统计出发和运行。

(四)列车出发及运行正点统计

1. 编组始发列车,下列情况按出发正点统计

(1)根据日(班)计划规定的车次,按图定的时分正点或早点不超过15分钟出发时。

(2)日(班)计划规定以图定运行线到达的中转列车,因临时停运或晚点在执行的日(班)计划内不能到达时,编组站、区段站根据发车前调度命令,利用该运行线提前开行日(班)计划规定的编组始发车次的列车,正点或早点不超过15分钟出发时。

除上述情况外,利用该运行线开行的编组始发列车,出发按晚点统计。

2. 中转列车,下列情况按出发正点统计

(1)根据日(班)计划规定按图定接续运行线正点、早点出发或晚点不超过到达运行线[到达运行线系指列车按日(班)计划或调度命令规定所走的运行线]图定接续中转时间出发时。预计中转列车不能按图定接续运行线运行时,按日(班)计划规定的接续运行线正点、早点出发或晚点不超过到达运行线图定接续的中转时间出发时。

(2)直达列车原利用的运行线已终止,按日(班)计划规定以原车次另行接续的运行正点、早点出发或晚点不超过日(班)计划规定接续的中转时间出发时。

(3)中转列车临时早点,根据发车前调度命令提前利用空闲运行线[空闲运行线系指基本列车运行图中:日(班)计划未使用的运行线；日(班)计划规定使用的运行线,又以调度命令利用其他运行线运行或临时停运时]正点、早点出发或晚点不超过到达运行线固定接续中转时间出发时。中转列车临时晚点利用空闲运行线出发时,仍按到达运行线固定接续的中转时间统计正晚点。

(五)列车运行,下列情况按运行正点统计

(1)按列车出发所走运行线的时分正点、早点到达或晚点不超过规定旅行时间到达时。

(2)分界站为中间站,列车早点超过15分钟接入,正点、早点到达时。

(六)临时定点列车

按基本列车运行图图定列车开满时,对加开的临时定点列车,根据日(班)计划规定的时分统计正晚点。图定列车实际未开满时加开的临时定点列车,出发按晚点统计,运行按班计划规定的时分统计正晚点。

注意:(1)在统计列车出发正晚点时,基本图开满以编组、区段站实际发出的列车计算。

(2)摘挂列车运行线与其他货物列车运行线分开计算。

(3)干支线衔接的区段,列车对数分别计算。

(4)运行图规定在中间站始发和到达的列车未开满,而全区段运行的列车已开满,视为列车运行图已开满。

限速列车、有时间限制的军用列车、在区间整列装卸的列车、停运列车恢复运行以及开行运行图以外的阶梯直达列车在作业站间的临时定点,均按日(班)计划规定的时分统计正晚点。

(七)停运列车

日(班)计划规定开往中间站的停运列车(摘走机车),按日(班)计划规定统计运行正晚点。列车临时在中间站停运,运行按晚点统计。中间站停运列车临时恢复运行,根据发车前调度命令指定的空闲运行线或临时定点(到局管内前方第一编组站或区段站的时分)统计正晚点。

(八)日(班)计划外开行的列车

由邻局接入的日(班)计划以外开行的列车,根据所走运行线或开车前调度命令指定的时分统计正晚点外,日(班)计划以外开行的列车或日(班)计划中一条运行线规定两个车次时,出发按晚点统计。运行按本条第三项规定统计。

(九)变更发(到)站的列车

在局管内整列重车临时变更卸车站或整列空车临时变更配空站(变更后如有剩余车辆不超过该区段单机挂车辆数时可视同整列),以及枢纽内临时变更始发或到达编组站的列车,均根据发、到前的调度命令,有图定时分的按图定时分统计正晚点;变更后的发、到站无图定时分的,出发按有图定时分的第一个车站统计出发正晚点,运行按有图定时分的最终站统计运行正晚点。列车旅行时间按实际发、到站的时分统计。

除上述情况外,临时变更发、到站的列车,出发或运行均按晚点统计。

(十)合并运行列车

合并运行列车根据日(班)计划规定的列车车次分别进行统计。

(十一)运行途中变更车次的列车

列车车次应保持到列车编组计划或日(班)计划规定的终到站。中途变更车次(包括变更为小运转车次)时:在编组站(区段站)变更,出发按晚点统计,运行按所走运行线统计;在中间站变更,运行按晚点统计。

(十二)日(班)计划规定在中间站始发或终到的列车

根据日(班)计划规定在中间站始发或终到的列车,如使用的运行线列车运行图规定为通过时分,按附加的起停车时分统计正晚点。

(十三)行包专列、货物"五定"班列正晚点统计

凡以行包专列、货物"五定"班列车次开行的列车一律按基本运行图图定时分统计列车出发、运行正晚点。

二、货物列车正晚点报表

(一)报表格式

货物列车正晚点报表(运报-6)为日、旬、月、季、年报,其格式如表1-16所示。

货物列车正晚点报表　　　　　　　　　　　　　　　表1-16

表　号:运报-6(YB-6)
批准文号:铁统计[2008]113号
统一编号:0177

局或区段别	出发									运行								
	货物列车总列数	其中正点列数	正点率(%)	其中			行包专列总列数	其中正点列数	正点率(%)	货物列车总列数	其中正点列数	正点率(%)	其中			行包专列总列数	其中正点列数	正点率(%)
				五定班列总列数	其中正点列数	正点率(%)							五定班列总列数	其中正点列数	正点率(%)			
	1	2	3	4	5	6	7	8	9	10	11	12	13	14	15	16	17	18
1	136	127	93.3	15	15	100	7	6	85.7	136	120	88.2	15	15	100	7	7	100

编报单位:　　　　编表人:　　　　单位领导:　　　　上报日期:　年　月　日
(盖章)　　　　　　　　　　　　　　(签章)

(二)报表填制说明

(1)本报表由铁路局根据"列车运行分析表(运统10)"编制。

(2)凡当日出发或到达的货物列车,均在当日统计出发及运行列数。

(3)货物列车正点率算至小数一位,第二位四舍五入。

$$货物列车出发正点率 = 出发正点列数 \div 出发总列数 \times 100\%$$

$$货物列车运行正点率 = 运行正点列数 \div 运行总列数 \times 100\%$$

行包快运专列比照计算。

项目七　货车运用工作量统计

货车运用工作量统计报表包括货车车辆公里报表(运报-9)、货物列车公里报表(运报-10)和编组站(区段站)办理货车车辆数报表(运报-11)。

任务　货车运用工作量统计报表的填制

任务单

任务名称	货车运用工作量统计报表的填制
知识目标	(1)了解货车运用工作量统计的主要内容及基本要求； (2)掌握进行货车运用工作统计的各相关指标的计算方法
能力目标	学会在实际工作中运用铁路局收集的相关统计资料完成货车运用工作量统计报表的填制
任务描述	(1)填制货车车辆公里统计报表； (2)填制货物列车公里统计报表； (3)填制编组站办理货车辆数统计报表
任务要求	(1)分析货车车辆公里统计报表的作用及编制依据； (2)分析货车车辆公里统计报表的填制方法及要求； (3)分析货物列车公里统计报表的作用及编制依据； (4)分析货物列车公里统计报表的填制方法及要求； (5)分析编组站办理货车辆数统计报表的作用及编制要求； (6)分析货车运用工作量统计工作岗位及岗位职责

相关知识

一、货车车辆公里统计

货车车辆公里是指各种类型的部属铁路货车、企业自备货车在线路统计区段内产生的车辆公里数。货车车辆公里统计反映货车运用工作量,并为运营成本计算提供数据依据。

(一)报表格式

货车车辆公里报表(运报-9)为一次性调查统计表,由铁路局调度所根据中国铁路总公司通知的时间进行编制上报,格式如表 1-17 所示。

(二)报表编制依据

(1)对"列车编组顺序表(运统 1)"信息进行检索、查询、归类,按车辆产权所属(部属、企业自备)、车辆状态情况(重、空)、车种别计算其分类结果。

(2)线路统计区段表。

(3)列车运行图。

货车车辆公里报表   表1-17

表　号：运报-9(YB-9)
批准文号：铁统计[2008]113号
统一编号：0365

铁路局：   年　　月

局代码	线路统计区段代码	线路统计区段公里	车辆产权	车辆状态	车种	货车车辆数	货车车辆公里
	1	2	3	4	5	6	7

编报单位：　　　　　编表人：　　　　　单位领导：　　　　　上报日期：　年　月　日
(盖章)　　　　　　　　　　　　　　　　　(签章)

(三)报表填制方法说明

货车车辆公里报表(运报-9)按各个线路统计区段，分上、下行，对部属货车和企业自备车分别重车和空车按车种别统计走行公里，非运用车列入空车栏计算。

1. 填记说明

线路统计区段代码栏：根据公布的线路统计区段代码。

线路统计区段公里栏：根据公布的线路统计区段公里数。

车辆产权栏：B(部属车)、Q(企业自备车)、HJ(合计)，HJ = B + Q。

车辆状态栏：Z(重车)、K(空车)、HJ(合计)，HJ = Z + K。

车种栏：P、C、N(含 NX)、G、B、X、K、D、W、J(含 JSQ)、U、L、T、QT(其他)，共计14类车种及 HJ(合计)，HJ = ∑车种。

2. 计算单位

(1)线路统计区段公里(2栏)以公里为单位。

(2)各合计栏以千辆公里为单位，各车种别栏中的辆公里以公里为单位；表中各项均应为整数。

3. 计算方法

$$车辆公里(7栏) = 辆数(6栏) \times 公里数(2栏)$$

注：(1)在线路统计区段内中止运行的车辆按实际走行公里计算。

(2)表中所列之外的车种按其他货车统计。

二、货物列车公里统计

货物列车公里是指各货物列车在线路统计区段内的走行公里数之和，反映货物列车在线路统计区段内的实际工作成绩与运用效率；同时反映该线路统计区段通过列车数量，据以分析区间货物列车密度、区间能力利用情况，为线路技术改造、成本核算提供依据。

(一)报表格式

货物列车公里统计报表(运报-10)为日累计、月上报，由铁路局调度所编制并于次月5日前通过网络报铁路局、中国铁路总公司。格式如表1-18所示。

(二)报表编制依据

(1)列车运行图。

(2)线路统计区段表。

货物列车公里统计报表　　　　　　　　　表1-18

表　　号:运报-10(YB-10)
批准文号:铁统计[2008]113号
统一编号:0367

铁路局：　　　　　　　　　　　　　　　　　　　　　　　　　年　月

线路统计区段代码	线路统计区段公里	货物列车				
		列车实际走行公里	列车列数	列车公里	旅行时间	平均旅行速度
1	2	3	4	5	6	7

编报单位：　　　编表人：　　　单位领导：　　　　　　　上报日期：　年　月　日
(盖章)　　　　　　　　　　　　(签章)

(3)调度命令。

(三)报表填制方法

1.编制说明

货物列车公里统计报表按上、下行货物列车的统计数据分别填写。

凡以货物列车车次(含小运转列车、路用列车)、单机及行包专列开行的各种货物列车,均统计货物列车公里。

报表中货物列车公里为各货物列车在线路统计区段内走行公里之和;列车旅行时间为各货物列车在线路统计区段内的运行时间之和;列车平均旅行速度则指货物列车在线路统计区段内平均每小时走行的公里数,按货物列车公里除以旅行时间计算。

2.计算单位及说明

(1)列车公里(5栏)为各行程相同的货物列车在线路统计区段内走行公里的总和,以列车公里为单位,其值小于等于3栏×4栏。

(2)旅行时间(6栏)以小时为单位。

(3)平均旅行速度(7栏)为"列车公里(5栏)"除以"旅行时间(6栏)"的商,保留一位小数,第二位四舍五入。

(4)其余各项均为整数。

注:在线路统计区段内中止运行的列车按实际走行公里计算。

三、编组站(区段站)办理货车辆数统计

编组站(区段站)办理辆数为编组站全天[昨日18:00(不含)起至当日18:00止]办理的铁路货车出入车辆数和其中专业运输公司出入车辆数。分为中转货车数(含有调和无调)、货物作业车数。非运用车根据实际作业情况,分别列入有调、无调车数或货物作业车数。

(一)报表格式

编组站(区段站)办理货车辆数报表(运报-11)为日、月报。由国家铁路运输企业、合资铁路、地方铁路编组站(区段站)整理编制并于次月5日前各编组站(区段站)逐级通过网络报铁路局、中国铁路总公司统计中心。中国铁路总公司依据此表另生成各铁路局不含专业运输公司车辆统计口径的中转货车统计表。报表格式如表1-19所示。

编组站(区段站)办理货车辆数报表　　　　　　　　　表 1-19

表　　名：运报-11(YB-11)
批准文号：铁统计[2008]113号
统一编号：0368

国家铁路运输企业(合资、地方铁路)　　　　　　　　年　　月

站　名	办理货车辆数合计	其　中				货物作业车数
		中转货车数				
		合计	有调		无调	
1	2	3	4		5	6
合计						
集01						
特02						
行03						

编报单位：　　　　编表人：　　　　单位领导：　　　　上报日期：　年　月　日
（盖章）　　　　　　　　　　　　　（签章）

(二)报表编制依据

(1)列车编组顺序表(运统1)。
(2)编组站管理信息系统。
(3)车号自动识别系统。
(4)非号码制货车停留时间登记簿(运统9)。
(5)号码制货车停留时间登记簿(运统8)。

(三)报表填制说明

(1)各编组站(区段站)办理货车辆数分别合计和其中集装箱公司、特货公司、快运公司(含专业运输公司租用车)四行填报,车站栏分别以车站名和车站后加01、02、03表示。

(2)根据"运统1"、"非号码制货车停留时间登记簿(运统9)"18点结算后相关栏及相关栏的合计数填记；或根据车站管理信息系统、车号自动识别系统,使用号码制编制。

(3)表内各栏的相互关系为：3栏=4栏+5栏；2栏=3栏+6栏；车站合计行大于等于三个专业运输公司行之和。

(4)表中各项均以辆为单位,且各项均为整数。

(5)计算方法：编组站(区段站)办理辆数=发出车辆数+接入车辆数。

项目八　货车检修统计

货车检修统计反映检修货车现有数量及情况,为各级有关部门掌握车辆状态,指挥运输生产,编制和检查检修车计划完成情况,进行财务清算以及改进货车检修工作等提供依据。

任务　货车检修成绩报表的填制

任务单

任务名称	货车检修成绩报表的填制
知识目标	(1)掌握检修车的统计范围及依据; (2)熟悉18点检修车、回送检修车和修竣车数的统计方法; (3)掌握检修车的起讫时分及休车时间的确定方法
能力目标	学会在实际工作中运用有关统计资料完成货车检修成绩报表的编制
任务描述	某铁路局本月进行检修车辆统计结果显示:月初残存检修车数为5000辆,当月扣修定检到期货车3200辆,摘车临修700辆,改装500辆,等待报废100辆;本月修竣车数6000辆,其中厂修、段修、辅修、轴检和临修完成数分别为500、1500、3000、600和400辆,总休车时间分别为2500天、4500天、63000小时、8400小时和5600小时,试求该局的检修货车数和休车时间
任务要求	(1)分析检修货车数的含义及统计方法; (2)分析改装车辆的统计要求; (3)分析待报废车辆的统计要求; (4)分析休车时间的含义及计算方法; (5)计算各检修车休车时间

相关知识

一、货车检修的统计范围

定检到期或过期而扣下修理、摘车临修、事故破损、等待报废和回送检修等的部属铁路货车、企业自备货车,根据车辆部门填发的"车辆检修通知单(车统23)"或"检修车回送单(车统26)"统计为检修车。

在铁路营业线上的外国车在运行过程中临时发生故障而摘车临修时,按检修车统计。

机械冷藏列车中的车辆或机械发生故障需要扣留时,应全组填发"车辆检修通知单(车统23)",按检修车统计。修竣后,对未修理的车辆,在"检修车辆竣工验收移交记录(车统33并车统36)"上注明"撤销"字样。

整备罐车超过整备规定时间(6小时)继续整备时,从超过时起按检修车统计。

二、货车检修的统计依据

检修车由检车人员在施行车辆技术检查时判定。判定后应立即填发"车辆检修通知单(车统23)"作为统计检修车的依据。"车辆检修通知单(车统23)"是检车人员判定检修车禁止越出该站区运行的依据。

回送检修车根据"检修车回送单(车统26)"作为回送以及回送途中统计检修车的依据。"检修车回送单(车统26)"是检车人员判定检修车在一定条件下允许在规定区段内运行的依据。

修竣车由车辆段或车辆工厂填发"检修车辆竣工验收移交记录(车统33并车统36)"作为修竣的依据。

所有原始单据均根据车辆所属分别部属车、企业自备车填发。

三、18点检修车现有数统计

(一)18点检修货车现有数

凡18点当时在管界内的检修货车(包括装在货车上回送的部属货车或落地的检修车),不论停放在车站、工厂、车辆段、区间、专用线内或连挂在列车中运行,均由车辆所在地的车辆段(工厂)、车站、铁路局统计上报。

(二)18点检修车在厂、段现有数划分

(1)在厂检修货车:送往工厂修理的检修车,自车辆段与工厂在"车辆交接单(车统71)"签字时起,至修竣交车站在"检修车辆竣工验收移交记录(车统33并车统36)"上签字时止统计为在厂检修车。

(2)在段检修货车:在站、段待修和站段修理中的检修车,自邻段接入由本段承修(或通过)以及入厂交接前,统计为在段检修车。

车辆与统计部门要加强检修车的核对,每日18点前,车辆段(列检作业场)与车站、铁路局车辆调度与统计应及时核对,发现误差要查明原因予以纠正。

四、回送检修车统计

回送检修车由车辆所在地的车辆段根据"检修车回送单(车统26)",自车辆接入时起统计检修车数。检修车回送到站后,车辆部门应立即填发"车辆检修通知单(车统23)"作为扣车和统计检修车的依据。检修车回送时,车辆部门要掌握回送检修车的动态(车号、车次、命令号码),送出的车辆段应及时将回送检修车情况通知有关铁路局、车辆段,铁路局、车辆段并按检修车实际出入情况作为掌握检修车的依据。

五、检修车的起讫时分

检修车的起讫时分按下列规定计算:

在有检车人员的车站,由车站在车辆部门送交的"车辆检修通知单(车统23)"上签字时起算;亦可由站段双方根据具体情况协议规定间隔时间,自列车技术检查完了时起至将"车辆检修通知单(车统23)"交到车站时止,在规定间隔时间内送到车站按实际交到时分起算,在规定间隔时间后送到时,按规定间隔时间起算。对扣修的重车需要卸车修理时,应在"车辆检修通知单(车统23)"中注明,按卸车完了通知车辆部门的时分起算。

无检车人员的车站,当临时发生故障的车辆不能挂入列车运行时,不论重(空)车均由车站值班员通知管辖车辆段或列检人员,自通知时起,站、段双方均统计检修车(由车站在当日行车日志空白栏内登记双方姓名、通话时间、车种、车号、车辆故障原因,作为统计依据)。车辆部门接到通知后应立即前往检查,并补发"车辆检修通知单(车统23)",经鉴定认为不需要修理或在站已修竣的车辆,填发"检修车辆竣工验收移交记录(车统33并车统36)予以撤销;重车需要卸空后修理的(不论在自站或送往他站修理),应在"车辆检修通知单(车统23)"中注明,按卸车完了通知车辆部门的时分起算。

回送检修货车,根据"检修车回送单(车统26)",在车辆段管界内,自车辆接入时起统计检修车,交出时撤销检修车。铁路局应制定统计与车辆部门的联系制度。

修竣的货车由车站在"检修车辆竣工验收移交记录(车统33并车统36)"上签字时起转入运用车。铁路车辆工厂修竣的货车,如规定以工厂自备机车取送时,由车辆送到规定交接地点,车站在"检修车辆竣工验收移交记录(车统33并车统36)"上签字时起转入运用车。

六、车辆段修竣车数确定

凡由车辆段(工厂)进行检修的货车(不包括返工修及成组的整备车)均由施修单位统计修竣车数。摘车检修的车辆,根据车站在"检修车辆竣工验收移交记录(车统33并车统36)"上签字的时刻统计;不摘车检修的车辆,根据实际修理完了时分统计。

摘车修,数种修程同时进行的车辆,只统计一个修程。具体规定为辅修与临修同时进行时,只统计辅修修竣车数。

七、检修车休车时间的确定

检修车自车站在"车辆检修通知单(车统23)"上签字时起至"检修车辆竣工验收移交记录(车统33并车统36)"送交车站签字时止的全部时间称为休车时间(站段双方协议规定有间隔时间时,可按协议规定时间统计)。返工检修车修竣时,应将其休车时间按原修程分别加入全月休车时间内,不包括检修车误扣时间和回送检修车到达施修段(厂)所在站以前的运行时间。

休车时间分为:

(1)回送时间:自车辆段填发"检修车回送单(车统26)"时起至检修车辆回送到站换发"车辆检修通知单(车统23)"时止的时间。

(2)待送时间:自车站在"车辆检修通知单(车统23)"上签字时起至送入检修线时止的时间。

(3)待修时间:自送入检修线时起至开始修理时止的时间。

(4)修理时间:自开始修理时起至"检修车辆竣工验收移交记录(车统33并车统36)"送交车站签字时止的时间。

八、货车检修成绩报表

(一)报表格式

货车检修成绩报表(车报-1)按月、季、年编制,采用18点结算制,报告期为上月末18:00(不含)起至当月月末18:00点止。由车辆调度统计,并于次月5日前汇总通过网络上报铁路局。铁路局月报于次月6日前,季、年报于8日前,汇总后通过网络上报中国铁路总公司。报表格式,如表1-20所示。

货车检修成绩报表　　　　　　　　　　　　表1-20

表　名:车报-1 货(CB-1H)
批准文号:铁统计[2008]113号
统一编号:0416
　　年　　月

检修车辆				修竣车辆															轴修	轴检	临修	段厂修合计
合计	其中			段修合计	其中																	
	在厂	在段			棚车	敞车	平车	罐车	冷藏车	集装箱车	矿石车	长大货物车	毒品车	家畜车	散装水泥车	散装粮食车	特种车	其他				
		合计	其中临修																			
1	2	3	4	5	6	7	8	9	10	11	12	13	14	15	16	17	18	19	20	21	22	23

休车时间									回送时间			
段(厂)修(日)						临修小时	辅修小时	摘车轴检小时	段修		厂修	
合计	其中			待送	待修	修理				段厂修合计	车数	时间	车数	时间
	一般车	特种货车											
		合计	其中冷藏车										
24	25	26	27	28	29	30	31	32	33	34	35	36	37	38

编报单位:　　　　编表人:　　　　单位领导:　　　　上报日期:　　年　　月　　日
(盖章)　　　　　　　　　　　　(签章)

(二)报表编制方法

(1)货车检修成绩报表由车辆段(厂)根据"客货车检修运用日报(车调-1)"、"检修车回送单(车统26)"和"客货车检修登记簿(车统31)"编制。

(2)货车检修成绩报表分别部属货车与企业自备车上报。

(3)货车检修车数(1~4栏)为全月每日18点当时各该检修车的合计车数。

(4)货车休车时间(24~38栏),为全月修竣车的总休车时间。段(厂)修以日为单位,辅修、临修、摘车轴检以小时为单位。回送时间(35~38栏)由检修车回送到站所属车辆段根据"检修车回送单(车统26)"计算统计。

(5)报表内各栏数据关系如下:

①1栏=2栏+3栏;
②5栏=6栏+7栏+…+19栏;
③24栏=25栏+26栏=28栏+29栏+30栏;
④26栏≥27栏。

思 考 题

1. 现在车按产权所属分为哪几类？按其运用状况分为哪几类？
2. 什么是专业运输公司所属货车、租用货车？
3. 什么是增加使用车？什么是增加卸空车？
4. 何谓工作量？如何进行工作量计算？
5. 何谓货车停留时间？何谓货物作业停留时间？
6. 39401次列车20：34终到车站，带来货车45辆，其中作业车19辆、中转车26辆，试计算该批货物作业车和中转车在20：00～21：00时间段内班或日时间段内在站停留时间。
7. 何谓现在车？现在车统计的作用是什么？
8. 何谓休车时间？休车时间由哪几部分时间组成？
9. 什么是现在车车辆日？怎样计算？
10. 利用号码制与非号码制进行货车停留时间统计有何区别？

第二部分 铁路技术管理规程运用

《铁路技术管理规程》在日常工作中简称为《技规》，它依据《中华人民共和国铁路法》《铁路运输安全保护条例》等法规制定，是铁路技术管理的基本规章。铁路其他规章和规范性文件以及各部门、各单位制定的技术管理文件等，都必须符合《铁路技术管理规程》的规定。

《铁路技术管理规程》自1950年1月出版发行第一版以来，伴随着新中国铁路的发展走过了60余年的历程，至2007年出版发行第十版。2014年7月出版发行《铁路技术管理规程》分为普速铁路部分和高速铁路部分两本。本教材缩写以《铁路技术管理规程》(普速铁路部分)为依据，本版《铁路技术管理规程》(普速铁路部分)包含了三编(各编以下共分为十九个章节)、二个附图、十个附件。各编(章节)的内容分别是：技术设备(含基本要求、线路桥梁及隧道、信号通信、铁路信息系统、车站及枢纽、机车车辆、供电给水、房屋建筑、铁路用地等九章)、行车组织(含基本要求、编组列车、调车工作、行车闭塞、列车运行等五章)、信号显示(含基本要求、固定信号、移动信号及手信号、信号表示器及标志、听觉信号等五章)等；附件的内容分别是：路票、绿色许可证、红色许可证、调度命令、出站/跟踪调车通知书、轻型车辆使用书、调度命令登记簿、书面通知、半自动闭塞发车进路通知书、铁路车辆编组隔离表等。

本教材依据上述内容在编写时择取了日常工作中常用的部分，整合为七个项目，即行车组织基本规章制度、掌握编组列车原则、掌握调车工作有关规定、掌握行车闭塞法的相关规定、掌握列车运行的相关规定、掌握信号显示相关规定、铁路技术设备运用和管理。

项目一　行车组织基本规章制度

任务　行车组织工作基本要求

任务单

任务名称	行车组织工作基本要求
知识目标	(1)掌握铁路行车工作原则； (2)了解全国铁路行车时刻规定； (3)掌握列车的定义、分类和等级； (4)熟悉列车运行方向
能力目标	能够说出列车的定义，能够指出列车运行方向，能够在行车工作中遵守行车工作原则
任务描述	以行车工作中的实例来作为任务，任务中包含行车工作原则、列车时刻、列车的分类和等级、列车运行方向的内容，根据实例使学生深入理解铁路行车工作原则，掌握列车概念和相关规定
任务要求	(1)理解铁路行车工作原则； (2)清楚全国铁路行车时刻规定； (3)掌握列车的定义、分类和等级； (4)熟悉列车运行方向

相关知识

一、行车工作原则

1.贯彻安全生产方针

安全生产是我们党和国家的一贯方针，也是我们铁路职工对铁路运输生产在质量标准上的基本要求。铁路发生事故，不仅给人民生命财产造成损失，而且在政治上也会带来不良影响。

2.坚持集中领导、统一指挥、逐级负责的原则

行车工作具有点多、线长、面广和多工种联合作业的特点，为使行车各部门、各工种能够步调一致、协同动作，只有坚持集中领导、统一指挥、逐级负责的原则，才能把各部门组成一个统一的整体，使各个工作环节环环相扣，紧密联系，保证运输生产安全、迅速、准确、协调地进行。

局与局间由中国铁路总公司、铁路局管内各区段由铁路局统一指挥。一个调度区段由本区段列车调度员统一指挥。车站由车站值班员、线路所由线路所的车站值班员统一指挥。凡划分车场的车站，各车场由该车场的车站值班员统一指挥，车场间接发列车进路互有关联的行车事项，由指定的车站值班员统一指挥。列车和单机由司机负责指挥。列车或单机在车站时，所有乘务人员应按车站值班员的指挥进行工作。在调度集中区段，调度集中控制车站有关行车工作由该区段列车调度员直接指挥，但转为车站控制时由车站值班员

指挥。

3.发扬社会主义协作精神

铁路运输是国民经济中一个重要的生产部门，与各个方面都有广泛的联系，因此必须树立全局观念和全心全意为人民服务的思想。铁路内、外各部门、各单位要主动配合、紧密联系、协同动作，共同完成任务。

4.组织均衡生产，挖掘运输潜力，不断提高运输效率

这一原则是增强铁路输送能力的重要途径。为此，行车有关部门必须不断提高计划质量，加强调度指挥工作，提高站段工作水平，积极总结和推广先进经验，改进作业组织，充分发挥现有设备潜力，保证全面甚至超额完成运输生产任务。

二、全国铁路行车时刻

（1）全国铁路行车时刻均以北京时间为标准，从零时起计算，实行24小时制，即行车时刻从零时起至24时止，为一个行车日。

铁路各项指标的统计时刻，以当日18时起至次日18时止为一个计算日。

我国横跨5个时区。东部沿海各省包括台湾在内的人口最密集地区属东八时区，中原和中部各省属于东七时区；西北、西南和最东部的长白山区的一角分别属于东五、东六和东九时区。

全国约96%以上的人口居住在东八和东七时区，故我国采用东八时区作为全国标准时间，我国铁路行车时刻标准也采用北京时间。

（2）铁路地面固定设备的系统时钟，当具备条件时，应接入铁路时间同步网；不具备条件时，可独立设置卫星授时设备。

（3）铁路行车房舍内和办理行车工作的有关人员均应备有钟表。钟表的时刻应与调度所的时钟校对。调度所的时钟及各系统的时钟须定期校准。钟表的配置、校对、检查、修理办法由铁路局规定。

三、列车的定义、分类和等级

1.列车的定义

列车是指编成的车列并挂有机车及规定的列车标志。动车组列车为自走行固定编组列车。单机、大型养路机械及重型轨道车，虽未完全具备列车条件，亦应按列车办理。

2.列车的分类和等级

在运输生产工作中根据需要和服务对象，每列列车分别担负不同的运输任务，从而分为不同的种类；根据运输任务的轻、重、缓、急，列车又分为不同的等级。在行车工作中，正常情况下必须依照列车的等级顺序放行列车、调整列车运行秩序。在编制列车运行图、制订日常列车运行计划及进行调度调整时，亦须统筹兼顾、妥善安排。

列车按运输性质的分类和等级顺序如下：

1）按运输性质分类

（1）旅客列车（动车组列车，特快，快速，普通旅客列车）。

（2）特快货物班列。

（3）军用列车。

（4）货物列车（快速货物班列、五定班列、快运、重载、直达、直通、冷藏、自备车、区段、摘

挂、超限及小运转列车)。

(5)路用列车。

2)列车运行等级顺序

动车组列车、特快旅客列车、特快货物班列、快速旅客列车、普通旅客列车、军用列车、货物列车、路用列车。

注意：开往事故现场救援、抢修、抢救的列车,应优先办理。特殊指定的列车的等级,应在指定时确定。

四、列车运行方向

1. 列车运行方向的规定

列车运行原则上以开往北京方向为上行,车次编为双数;远离北京方向为下行,车次编为单数。全国各线的列车运行方向,以中国铁路总公司规定为准,但枢纽地区的列车运行方向由铁路局规定。

在支线上运行的列车以开往干线为上行,车次编为双数,以远离干线为下行,车次编为单数。

在同一列车运行径路中有不同的运行方向时,在与整个方向不符的个别区间,使用直通车次时,可与规定方向不符。

以图2-1所示为例进行说明。如齐齐哈尔至榆树屯间出现同一运行方向,既有开往红旗营的上行列车又有开往昂昂溪的下行车次两种情况,为便于掌握,这些列车仍使用原车次。

2. 列车在区间的运行方向

我国铁路列车在区间运行,采用左侧行车制,即列车在区间运行时,牵引机车司机的位置及铁路信号的设置位置均在列车运行方向的左侧。

在单线区段,双向运行,即上下行列车在同一条区间正线上往复运行,铁路信号分别设置在上下行列车运行方向的左侧。在双线区段单向运行,即上下行列车分别固定在左侧正线(上行列车走上行线,下行列车走下行线)上运行。列车在双线区段运行时,以左侧单方向运行,这个方向称为双线正方向行车;反之称为反方向行车。

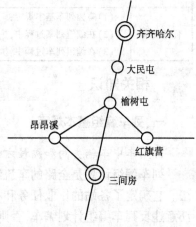

图2-1 使用直通车次示意图

双线反方向行车属于非正常行车。由于我国部分双线区间无双向闭塞设备,列车在双线反方向运行时,接发车时不能使用进出站信号机,在安全和效率上都有不利因素。因此,双线反方向运行时,只准在整理列车运行时方可采用,每次还须得到列车调度员的命令后方可办理。旅客列车仅在正方向区间的线路封锁施工、发生自然灾害或因事故中断行车等特殊情况下,经调度所值班主任准许,方可反方向运行。

项目二　掌握编组列车原则

任务　编组列车基本原则

 任务单

任务名称	编组列车基本原则
知识目标	(1)掌握列车编组基本规定； (2)掌握禁止编入列车的车辆； (3)掌握货物列车中车辆的编挂； (4)掌握客运列车中车辆的编挂
能力目标	能够理解和执行编组列车规定
任务描述	以编组列车的实例作为任务,任务中包含编组列车基本规定、禁止编入列车的车辆、货物列车中车辆的编挂、列车中机车的编挂及单机挂车内容,学习根据编组列车的原则对列车合理进行编组
任务要求	(1)掌握列车基本规定； (2)在编组列车过程中,执行货物列车中车辆的编挂规定； (3)在编组列车过程中,执行客运列车中车辆的编挂规定

 相关知识

一、列车编组基本规定

1. 列车中车辆去向和编挂方法应符合列车编组计划的规定

列车编组计划是全路的车流组织计划,是车站解编作业合理分工和科学地组织车流的办法。它确定了各站的作业任务和相互关系,编组计划一经确定,必须严格执行,任何车站不得任意违反列车编组计划编车,否则,必然会打乱站间分工,增加改编作业,带来作业困难,甚至造成枢纽堵塞。因此,有关职工必须严格对待,认真贯彻执行。

2. 列车的重量和长度应符合列车运行图的规定

(1)列车重量标准,是以各区段规定的各种类型机车的牵引力减去各种阻力,考虑气候影响,经牵引计算和牵引试验后确定。

(2)列车长度应根据运行区段内各站到发线的有效长度,并须预留 30m 的附加制动距离确定。

(3)直通、直达列车,在其运行中所经区段的列车重量标准不一致时,为减少途经技术站的调车作业,在列车编组计划中可规定一个统一的重量标准(一般以最低重量为准)。这一统一重量标准,即为该种列车的专用重量标准。在实际工作中,为充分利用机车牵引力,原则上不准编开低于列车重量标准(包括统一重量标准)的列车。

(4)货物列车牵引重量允许上下波动 81t 以内,计长允许欠 1.3 辆以内。

满轴列车指实际编成的列车重量符合列车运行图规定的区段牵引重量(包括尾数上下波动81t以内)或列车长度符合列车运行图规定的该区段列车长度标准(包括尾数向下波动1.3以内)。

列车的实际重量,包括列车内编挂的所有车辆的自重和载重之总和,列车编挂的非工作机车、架桥机、检衡车等的重量也计算在内,但工作机车(本务机车、补机、重联机车等)和有火回送机车的重量不计算其重量。货物重量可按中国铁路总公司《铁路货车统计规则》的规定计算。

3. 超重、超长和欠轴列车的开行

超重列车是指实际编成的列车重量比运行图规定的区段牵引重量超81t及以上,连续运行距离超过机车乘务规定区段1/2的货物列车。编组超重列车能节省机车运行台数、提高区段通过能力,但由于机车性能及司机技术水平所限,可能造成运缓或坡停等后果。为此,开行超重列车时在编组站、区段站应征得机务段调度员的同意;在中间站应得到司机的同意,并且均须列车调度员准许,以使其指挥行车时心中有数。

超长列车是指实际编成的列车长度超过列车运行图规定的该区段列车长度。对于到发线有效长较短的车站,列车长度虽未超过列车运行图规定的该区段列车的换长,但实际长度(包括机车长度及附加制动距离)超过该站到发线有效长时,在编制列车运行图和日常调度指挥中,应按超长列车办理。编组超长列车时,必须考虑运行区段内的具体条件,编组的超长列车的最大长度不得超过区段内一个车站两股最短到发线容车数之和,并不宜编挂超限车辆及其他限速车辆。开行超长列车时,必须得到列车调度员的命令准许,跨铁路局的超长列车应征得邻局同意。具体开行办法由各个铁路局在行规中确定。

欠轴列车是指实际编成的列车重量和长度均未达到列车运行图所规定的标准。编组欠轴列车,浪费机车牵引力,一般不准开行。必须开行时,须得到列车调度员的命令准许;跨局列车,应征得邻局同意。

摘挂列车、小运转列车、固定车底列车,不受欠重或欠长的限制,但超重列车应按有关规定办理。

4. 非动车组以外旅客列车编组要求

动车组以外的旅客列车按列车编组表编组,机车后第一位编挂一辆未搭乘旅客的车辆作为隔离车。行李车、邮政车、发电车等非乘坐旅客的车应分别挂于机车后第一位和列车尾部,起隔离作用;在装设集中联锁的区段,并设有列车运行监控装置时,旅客列车可不挂隔离车。如隔离车在途中发生故障摘下时,可无隔离车继续运行。局管内旅客列车经铁路局长批准,可不隔离。之所以编挂隔离车,是为了保证旅客的安全,在装设集中联锁的区段,并设有列车运行监控装置时,由于列车运行间隔有可靠的保证,所以可不挂隔离车。

5. 动车组编组要求

动车组其自身的特点与其他旅客列车区别较大,为固定编组。单组动车组运用状态下不得解编,两组短编组同型号动车组可重联运行。救援等特殊情况下,两组不同型号动车组可重联运行。动车组禁止加挂各型机车车辆,但无动力调车时的调车机、救援机车、无动力回送时的本务机车及回送过渡车除外。同时,动车组也禁止编入其他列车。

超过检修期限的动车组禁止上线运行,但经车辆部门鉴定的回送动车组除外。

二、禁止编入列车的车辆

在编组列车时,对其所挂的车辆在技术上有一定的限制和要求。凡属下列情况之一的车辆,禁止编入列车:

1. 由于车辆技术状态的原因

(1)插有扣修、倒装色票的车辆及车体倾斜超过规定限度的车辆。

货车插有"色票",是表示该车辆定检到期或技术状态不良,需要进行检修。凡经检车人员检查确定,因技术状态不良或定检到期需要扣修的车辆,或重车因技术状态不良需倒装而进行摘车修理时,检车人员应在该车的表示牌框内,插上相应的色票。插有色票的车辆,一律不准使用。各种色票的插、撤,只能由列检人员进行,其他人员不得任意插撤。列检人员在插撤色票的同时,要向车站发出"车辆检修通知书"。车站应按通知书要求送往指定地点。

车体倾斜,是指车辆一侧或一端倾斜(图2-2)。车体倾斜的原因有:一是车辆本身的原因所导致,如车体结构松弛,弹簧衰弱等;二是发生在货物装载的原因上,如装载偏重、集重及超重等。车体倾斜可能使弹簧折断、车辆燃轴、压死游间、不能转向。若发现不及时则可能造成热切,车辆脱轨颠覆,造成严重损失。此外,车辆倾斜超过限度,也可能侵入限界与信号设备、建筑物或邻线机车车辆接触,危及行车安全。因此,客车倾斜超过50mm、货车超过75mm者禁止编入列车。

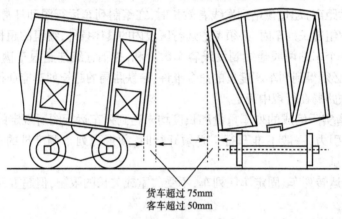

图2-2 车体倾斜

(2)曾经发生冲突、脱轨、火灾、爆炸或曾编入发生特别重大、重大、大事故列车内以及在自然灾害中损坏,未经检查确认可以运行的。

这些车辆经过激烈冲撞,其主要部件、零件,如转向架、轮对、轴箱、车钩及车底架等可能存在隐患,如不经列检细致检查,并确定对行车有无妨碍就编入列车,将严重威胁运行安全。

(3)未关闭侧开门、底开门以及平车未关闭端、侧板的(有特殊规定者除外)。

未关端、侧板或侧开门的车辆,在运行中侧板与侧开门可能掀动或摇晃,甚至超出机车车辆限界可能刷坏信号设备,碰撞邻线的机车车辆,危及线路附近设备和人员的安全。端板不关,运行中可能掀动脱落,以致造成脱轨或颠覆事故。由于装载超限货物或敞车双层装载牲畜时,应将侧板牢靠地捆绑在车体上,方准编入列车。编组站、区段站货运检查人员,应检查列车中车辆门窗和端、侧板关闭情况,发现异状或未关闭时,应及时处理。

底开门不关闭,容易刮坏道岔,甚至脱落。每一底开门为两个扣铁,如只用一个扣铁关闭底开门,经过振动底开门仍可能开放,使货物散落而引起车辆脱轨。对底开门车中一个扣铁未扣上的车辆,如在中间站发现,应捆绑牢固,做成记录,重车交卸车站处理,空车交前方有列检的车站处理。

(4)缺少车门的车辆(检查回送车除外)。这里指的是车门,并非侧板、端板等。缺少车门,装车后容易造成货物窜出、坠落或丢失;不仅影响行车安全,也不能保证货物的完整和安全。因此亦禁止编入列车。

2. 由于装载货物的原因

(1) 装载货物超出机车、车辆限界，无挂运命令的车辆。

一件货物装车后，在平直线路上停留时，货物的高度和宽度有任何部位超过机车车辆限界或特定区段装载限界的，称为超限货物。在平直线路上停留虽不超限，但行经半径为300m的曲线线路时，货物内侧或外侧的计算宽度（已经减去曲线水平加宽量36mm）仍然超限的，亦为超限货物。

装有超限货物的车辆在运行中要遵守一些特殊规定，如限制运行速度，相邻线路会车或调车时必须满足规定的线间距，禁止通过某些线路、桥梁、隧道等。列车调度员根据批准装运电报发布挂运命令。因此，装载超限货物车辆编入列车时，必须得到列车调度员同意挂运的调度命令及有关挂运条件的指示，否则，不能保证货物与列车运行的安全。

车站在挂运超限车以前，由车站值班员或车站调度员将批示命令号码、车种、车号、到站、超限等级等事项报告调度所，以便纳入日班计划。调度所在挂运超限车以前，将管内具体运行条件以调度命令下达有关站段，以便做好准备工作。发站、中转站的车站值班员应将调度命令交给机车乘务员。挂有超限车的列车，应在《车站行车工作细则》（以下简称《站细》）规定的线路接发。运行上有限速等限制条件的超限车辆，除有特别指示外，禁止编入直达、直通列车。

货检人员在检查超限车时，应严格检查超限车的加固状态，确认没有窜出检查线，方准挂运。发现异状时，应立即报告车站值班员，并按其指示办理。

(2) 装载跨装货物的（跨及两平车的汽车除外）平车，无跨装特殊装置的车辆。

跨装货物是指一件货物的重量或长度需用两辆平车共同负担载重的货物（包括加挂游车）。跨装货物固定在两辆平车或三辆平车上成为一个整体。为使跨装货物的车辆能灵活地通过曲线，必须在车辆与货物之间使用跨装的特殊装置——货物转向架（亦即转向枕木）。同时，为了防止因车钩弹簧压缩、伸张而造成货物的窜动，在跨装货物的车辆与车辆之间还必须使用车钩缓冲停止器（卡铁）。若无特殊装置，列车通过曲线或坡道地段则可能产生移动，从而引起不良后果。

(3) 平车、砂石车及敞车装载货物违反装载和加固技术条件的车辆。

货物装载和加固必须保证能经受正常调车作业及列车运行中的冲击，以保证货物在运输的全过程中，不致发生移动、滚动、倾覆、倒坍或坠落等情况。平、敞、砂石车装载的货物，必须符合《铁路货物运输规程》中"货车装载加固技术条件"的要求。如货物装载偏重、上重下轻等。货物装车后，其总重心横向偏离车底板纵中心线的水平距离超过100mm时，为横向偏重；其总重心纵向偏移，使一个车辆转向架所承受的货物重量超过标记载重的1/2，或两转向架承受的重量之差大于10t时，为纵向偏重。横向偏重和纵向偏重统称为偏重。两者有时会同时发生。

货物装车后，车底架的工作应力超过其允许应力时，称为集重装载。确定集重货物，必须搞清支重面长度和负重面长度两个概念。支重面系指货物的底面，负重面系指车底板的顶面。支重面长度系指货物直接放于平面时，用来支承本身重量那部分底面的长度，称为货物的支重面长度。负重面长度是对车辆而言，系指货车用来负担货物重量直接与货物支重面相接触的那部分车底板的长度。装载集重货物时，要符合《货车装载加固技术条件》的有关规定。

原木、粮食、棉花及其他包装物品等不按规定码放，加固的绳索、铁丝、支柱等不符合规格或捆绑不牢等情况。在运行中可能经不起紧急制动及通过道岔、曲线、坡道而产生的纵向力和横向力作用，而使货物窜动、倒塌、坠落等，影响正常行车，危及行车安全。要特别注意金属制材的装载加固问题。金属制材材质坚硬、重量大、表面平滑,运输过程中极易移位,造成燃轴、脱线或颠覆,已多次酿成重大事故,为此,一定要把金属制材的防滑、装载、加固工作做好。

(4)由于装载的货物需要停止自动制动机作用,而未停止的车辆。

根据装载的货物性质(易燃、易爆)要求关闭自动制动机,是考虑在列车制动时,防止车轮踏面与闸瓦摩擦发热,产生高温或迸发火星。特别是在长大下坡道上,制动时间过长,闸瓦处于高热状态,如不停止自动制动机,对装有爆炸品或怕受高温的货物车辆,有可能引燃或引爆,所以必须停止自动制动机的作用。

3.企业自备机车、车辆、自轮运转特种设备和城市轨道车辆、进出口机车车辆过轨时,未经铁路机车车辆人员检查确认的车辆

企业自备机车车辆的技术标准,是由各企业根据本单位的作业特点而制定的标准,其维修、养护皆不如铁路严格,所以企业自备机车过轨编入铁路列车运行时,须经铁路机车车辆部门鉴定,按铁路标准加以检查确认,才能保证安全。

4.超过定期检修期限的客车车辆(经车辆部门鉴定的回送客车除外)禁止编入旅客列车

因为超过定期检修期限的客车车辆技术状态无法保证安全运行,所以禁止编入旅客列车。

三、货物列车中车辆的编挂

1.装载危险、易燃货物车辆编入列车的隔离

危险货物系指具有燃烧、爆炸、腐蚀、毒害、放射射线等性质,而且在运输过程中发生意外,能引起人身伤亡、财产受到毁损的物资。易燃货物系指遇明火或受高温容易引起燃烧和造成火灾的货物。易燃货物品名见表2-1。

易燃货物品名表 表2-1

序号	品 名
1	危险货物品名表规定之外的籽棉、棉花(皮棉)、木棉、黄棉花、废棉、飞花、破籽花
2	危险货物品名表规定之外的各种麻类和麻屑
3	麻袋(包括废、破麻袋),各种破布,碎布,线屑,乱线,化学纤维
4	牧草,谷草,油草,蒲草,羊草,芦苇,荻苇,玉米棒(去掉玉米的),玉蜀黍秸,豆秸,秫秸,麦秸,蒲叶,烟秸,甘蔗渣,蒲棒,薄棒绒,芦秆,亚麻草,烤烟叶,晒烟叶,棕叶以及其他草秸类
5	葵扇(芭蕉扇),蒲扇,草扇,棕扇,草帽瓣,草席,草帘,草包,草袋,蒲包,草绳,芦席,芦苇帘子,笘帚以及其他芦苇、草秸的制品
6	干树皮,干树枝,干树条,树枝(经脱叶加工),带叶的竹枝,薪柴(劈柴除外),松明子,腐朽木材(喷涂化学防腐剂的除外)
7	刨花,木屑,锯末
8	纸屑,废纸,纸浆,柏油纸,油毡纸
9	炭黑,煤粉
10	粮谷壳,花生壳,笋壳
11	羊毛,驼毛,马毛,羽毛,猪鬃以及其他禽兽毛绒
12	麻黄,甘草

注:①用敞、平、砂石车装运易燃货物时,应用篷布苫盖严密;在调车或编入列车时,应进行隔离。但对干树皮、干树枝、干树条和带叶的竹枝,由于干湿程度、带叶多少不同是否应苫盖篷布由发站根据气温和运输距离在确保运输安全的原则下负责确定。

②腐朽木材喷防火涂料或采取其他防火措施后,可不苫盖篷布。

③本表未列的品名,是否也属于易燃货物,由发站报铁路局确定。

④以易燃材料作包装、捆扎、填塞物,以竹席、芦席、棉被等苫盖的非易燃货物,以及用木箱、木桶、铁桶包装的易燃货物,均按普通货物运输。以敞车装运时,是否应苫盖篷布,由托运人根据货物的运输安全情况负责确定。

隔离的作用：一是使易燃、易爆物品与火源隔离；二是万一发生意外时,能尽量减少或避免扩大损失,如爆炸品与机车、搭乘旅客的车辆实行隔离,爆炸品与放射性物品不准编入同一列车等。小运转列车的机车及调车机车均装有双层火星网,其运行途程较短,加之各铁路局条件差异很大,所以,在保证安全的前提下,小运转及调车作业隔离由铁路局规定。

为防止装载蜜蜂的车辆,在列车中挂运位置失当造成蜜蜂死亡。在编组或改编列车时,对装有蜜蜂的货车不得与整车装运的敌敌畏、六六六、1065、1059、农药车（即标有 的车）编挂在同一列车内。如车流不足,分别挂运有困难时,蜜蜂车应挂在农药车前部,并隔离四辆及其以上。

对装载散装石灰、粉末沥青及恶臭货物（如氨水、碳氨、六六六、粪干、兽骨、湿的毛皮等）的敞、平车辆编入列车时,其具体编挂位置由列车调度员指定。

2. 货物列车关门车的编挂规定

"关门车"是指关闭制动支管上的截断塞门,本身失去制动力的车辆。它包括因装载货物要求,须停止制动作用的车辆,以及因自动制动机临时发生故障准许关闭截断塞门的车辆。但列检作业场所在站编组始发的列车中,不得有制动故障关门车。

为保证列车在施行制动时有足够的闸瓦压力,以确保列车在规定的制动距离内停车,列车中机车、车辆的自动制动机,均应加入全列车的制动系统。因装载货物规定须停止制动作用或运行中制动机临时发生故障不能修复时,允许编挂关门车。编挂关门车时,应满足《铁路技术管理规程》规定的货物列车每百吨列车重量的最小闸瓦压力。每百吨列车重量的高摩合成闸瓦换算闸瓦压力不得低于 180kN 的限制。货车装有高磷铸铁闸瓦时的换算闸瓦压力按相应高摩合成闸瓦换算闸瓦压力的170%计算。列车牵引计算和试验证明,满足上述条件,在制动主管压力达到规定标准时,列车在限制下坡道上遇有紧急情况,施行紧急制动,能在 800m 距离内停车。

编入列车的关门车数不超过现车总辆数的 6%（尾数不足一辆按四舍五入计算）时,可不计算每百吨列车重量的换算闸瓦压力,不填发制动效能证明书；超过 6% 时,按《铁路技术管理规程》第 261 条规定计算闸瓦压力,并填发制动效能证明书交予司机。制动效能证明书,在有列检所的车站,由列检负责计算和填写；无列检所时,由车站计算并填写。

为确保列车在紧急制动时能及时紧急制动,对关门车编挂位置也须严格限制：

(1)关门车不得挂于机车后部三辆车之内；

(2)列车中连续连挂不得超过两辆；

(3)列车最后一辆不得为关门车；

(4)列车最后第二、三辆不得连续关门。

机后三辆之内编挂关门车,虽然能通风,但进行紧急制动时,由于风管路长,不能产生或延迟紧急制动作用,从而延长了制动距离,容易发生危险；当列车制动时,在列车尚未全部停轮前,各车辆间产生瞬间冲动、冲挤现象。关门车本身不制动,冲挤就比较激烈,如关门车连续连挂过多,就很可能因制动冲挤而造成脱轨、断钩、脱钩等事故,故连续连挂以两辆为限。列车最后一辆不能为关门车,防止因车钩分离而造成车辆溜逸,产生严重后果。当尾部的车辆制动时,若第二、三辆连续关门,就可能因冲挤而出现尾部车辆脱轨。若列车最后加挂一辆没有制动作用的故障车时,列车最后第二、三辆又连续关门,这样就形成列车尾部4辆车中,只有1辆货车有制动作用,一旦在关门车处发生车钩分离,即不能保证尾部车辆自动停车,可能造成车辆溜走。

3. 特殊车辆编挂的要求

1) 救援起重机

因救援起重机不起制动作用,车钩无缓冲装置,而且重心高、起重臂又有横向摆动,走行部分也不如货车。因此,回送时一律挂于列车后部,以减少对列车运行的影响。

回送救援起重机时,须由机务段(出厂时为承修厂)负责技术检查,填写回送状态鉴定书,并向车站办理回送手续。救援起重机回送速度应按技术文件要求办理;无技术文件时,按表2-2要求办理。

救援起重机回送速度表　　　　　　　　　　　　表2-2

型　号	名　称	回送速度(km/h)
NS2000	200t 伸缩臂式铁路救援起重机及吊臂平车	120
NS1600	160t 伸缩臂式铁路救援起重机及吊臂平车(1680t·m)	120
NS1600	160t 伸缩臂式铁路救援起重机及吊臂平车(1600t·m)	120
NS1601	160t 伸缩臂式铁路救援起重机及吊臂平车	120
NS1602	160t 伸缩臂式铁路救援起重机及吊臂平车	120
N1601	160t 伸缩臂式铁路救援起重机及吊臂平车	85
N1602	160t 伸缩臂式铁路救援起重机及吊臂平车	85
NS1601G	160t 伸缩臂式铁路救援起重机及吊臂平车	120
NS1602G	160t 伸缩臂式铁路救援起重机及吊臂平车	120
NS1251	125t 伸缩臂式铁路救援起重机及吊臂平车	120
NS1252	125t 伸缩臂式铁路救援起重机及吊臂平车	120
NS1001	100t 伸缩臂式铁路救援起重机及吊臂平车	80
N1002	100t 伸缩臂式铁路救援起重机及吊臂平车	80
NS100G	100t 伸缩臂式铁路救援起重机及吊臂平车	80

2) 机械冷藏车组

机械冷藏车组因有各种机械设备和管道,牢固性差,应尽量挂于列车中部或后部。

3) 尾部故障车的编挂

为解决中间站甩下的故障车能挂运到技术站及时修复,列车后部准许加挂不适于连挂在列车中部,但走行部良好的车辆(指经车辆部门检查确定的牵引梁、中梁裂损,制动主管通风不良,一端车钩不能使用等故障车辆),经列车调度员准许,可挂列车尾部。为保证安全,以一辆为限。如该车辆自动制动机不起作用,须由车辆人员采取安全措施,保证不致脱钩。

其他特种车辆,如装载超限货物的车辆、大型的凹形和落下孔车、空客车及特种用途车(发电车、无线电车、轨道检查车、电务试验车、通信车)等,因挂运时任务不同,所以编挂的要求也不尽相同。遇有挂运时,应按《铁路货物运输规程》规定或临时指示办理。

4. 列车尾部安全防护装置的使用

列车尾部安全防护装置(简称列尾装置)是用于列车的重要行车安全设备,分为客车列尾和货车列尾。

(1) 客车列尾系统由列车防护报警设备(以下简称 LBJ)和旅客列车尾部安全防护装置(以下简称 KLW)两部分组成。KLW 及 LBJ 主要功能:

KLW 主机安装在列车尾部客车内,主要功能为:

①列车尾部风压检测和数据传输功能；
②辅助排风制动功能；
③工作状态信息和风压数据存储功能。

LBJ安装在机车上，具有列车尾部风压查询、风压自动提示、供电电压欠压自动提示、辅助排风制动和列车防护报警等功能。

(2)货车列尾装置由固定在机车司机室的司机控制盒和安装在列车尾部的列尾主机组成。货车列尾装置的作用：
①使机车乘务员准确掌握列车尾部风压，确认列车完整；
②当列车主管因泄漏等原因风压不足时，可直接向司机报警；
③当车辆折角塞门被意外关闭时，司机可直接操纵列尾装置，使其强行排风，使列车制动停车。起到列车标志的作用，为接发列车人员确认列车完整提供依据。

(3)列尾装置的使用要求。

动车组以外的旅客列车应安装列车装置。半自动闭塞区段货物列车尾部须挂列尾装置，其他区段货物列车尾部宜挂列尾装置。货物列车尾部未挂列尾装置时应以吊起尾部车辆软管代替尾部标志。

(4)列尾装置的安装与摘解。

旅客列车列尾装置尾部主机的安装与摘解、风管及电源的连接与摘解，由车辆部门负责。

货物列车列尾装置尾部主机的安装与摘解，由车务人员负责。软管连接，有列检作业的列车，由列检人员负责；无列检作业的列车，由车务人员负责。尾部车辆软管的吊起，有列检作业的列车由列检人员负责，无列检作业的列车由车务人员负责。

(5)货车列尾装置的使用方法。

列车在编组站、区段站始发前，由机务值班人员分阶段向车站值班员提供担当始发列车牵引任务的机车号码，并由车站值班员在规定的时间内将出发本务机机车号码通知列尾作业人员；列尾作业人员将机车号码及其他有关信息填记于固定表册，将机车号码置入列尾主机。再次确认无误后，将列尾主机安装锁闭在待发列车尾部最后一辆车后端车钩提钩杆上或钩头（少部分）。在其他站，机车乘务员根据车站值班员通知的列尾主机号码对其进行确认。

本务机车连挂车列后，机车乘务员必须通过司机控制盒查询本机车号是否已正确输入列尾主机。如发现错误，由有关人员重新检查处理。列车出发前，机车乘务员要通过列尾装置确认列车制动主管贯通和风压是否达到规定标准。发现异常时，应立即通知有关人员处理。列车在运行中，司机应按《机车操作规程》的要求查询列车尾部风压。发现因折角塞门关闭引起制动不正常时，机车乘务员除采取机车制动外，还要按司机控制盒操作列尾主机排风，并报告列车调度员，按调度指示或命令进行处理。

列车在运行中发现列尾装置故障不能使用或丢失时，应及时报告列车调度员，并在最近前方站停车处理。车站助理值班员接发列车时要同时注意列尾主机状况，若发现列尾主机有异状，可能危及行车安全时，应及时通知机车乘务员并进行处理。列尾装置正常使用时，机车乘务员应负责列车的完整。

在中间站保留、终到的列车，车站值班员应指派人员及时从列车尾部摘下列尾主机，断开电源，妥善保管，并做好继续使用的准备工作，或按规定回送指定站。不更换本务机车的中转列车，如不更换列尾主机，继乘的机车乘务员须对列尾主机进行确认。

四、列车中机车的编挂及单机挂车

1. 工作机车的编挂

担当牵引列车的机车为工作机车,包括本务机车及补助机车。

为保证工作机车司机瞭望信号、各种标志和线路状况,保证行车安全,充分发挥机车最大牵引效能,工作机车应挂于列车头部并正向运行。牵引小运转、路用、救援列车的机车除外;无转向设备的,可逆向运行。为增加全区段牵引重量,提高区段通过能力或适应全线牵引定数,可使用双机或多机牵引列车。双机牵引时,两台机车应重联挂于列车头部,由第一位机车担当本务机车职务,第二位机车按第一位机车要求进行操纵。为不减少全区段的牵引重量,列车在困难区间,可加挂补机。补机原则上应挂于本务机车的前位或次位,便于联系、配合,防止发生挤坏车辆或拉断车钩。对于不加补全区段而在中间站摘下的补机,为便于作业,补机最好挂于本务机前面,此时由补机执行本务机车的职务。在特殊区段,如受桥梁负重的影响等,或补机需中途返回时,经铁路局批准,补机可挂于列车后部,但需接通风管。若后部补机中途折返时可不接风管,避免区间行车摘管造成列车起动困难或降低通过能力,由铁路局制定保证安全的办法。

2. 回送机车的编挂

因配属、局间调拨或入厂、段检修,以及检修完毕后返回本段等原因,产生了机车回送问题。铁路局所属的机车跨牵引区段回送时,原则上应有动力附挂货物列车(电力机车经非电气化区段回送时除外),杂小型及状态不良的可随货物列车无动力回送。回送机车应挂于本务机车次位。回送机车在所担当的区段外单机运行时,由于乘务员不熟悉线路及设备情况,应派带道人员添乘。回送机车,应挂于本务机车次位,挂有重联机车时为重联机车次位。20‰及其以上坡道的区段,禁止办理机车专列回送。受桥梁限制必须实行隔离回送的区段,其连挂台数、隔离限制,由铁路局规定。

3. 单机挂车

单机是指未挂车辆在区间线路上运行的机车。由于上下行方向列车数量不同等原因,会产生单机运行。掌握机车运用的调度人员,为利用机车动力,准许顺路机车连挂车辆,即单机挂车。

单机挂车应考虑单机运转时分,燃料消耗及机车运用情况等因素,在区段内作业不宜过多。在机车牵引区段的线路坡度不超过12‰时,以10辆为限;超过12‰的区段,由铁路局规定。

单机挂车应按下列规定办理:

(1)所挂车辆的自动制动机作用必须良好,发车前列车(无列检时由车站发车人员)按规定进行制动试验;

(2)连挂前由车站彻底检查货物装载状态,并将编组顺序表和货运单据交予司机;

(3)在区间被迫停车后的防护工作由机车乘务组负责,开车前应确认附挂辆数和通风状态是否良好;

(4)列车调度员应严格掌握,不得影响机车固定交路和乘务员劳动时间;

(5)不准挂装载爆炸品、超限货物的车辆。

注意:单机挂车时,可不挂列尾装置。

项目三　掌握调车工作有关规定

任务　调车工作有关规定

任务单

任务名称	调车工作有关规定
知识目标	熟悉调车工作相关规定
能力目标	理解调车工作相关规定,并能够在调车工作中严格执行
任务描述	根据调车作业的要求,完成调车工作
任务要求	(1)能够理解并执行调车工作"九固定"; (2)能够理解并执行调车工作的统一领导与单一指挥规定; (3)能够理解并执行调车有关人员的职责; (4)能够理解并执行调车计划的布置、交接方法; (5)能够理解并执行调车作业准备; (6)能够理解并执行信号的显示与确认; (7)能够理解并执行调车进路的准备与确认; (8)能够理解并执行调车速度限制; (9)能够理解并执行机车车辆停留的线路及地点; (10)能够理解并执行机车车辆停留的防溜措施; (11)能够理解并执行调车作业的其他规定

相关知识

一、调车工作"九固定"

为使参加调车作业的人员在作业中相互协调、紧密配合,以及熟悉调车技术设备及工具的性能,便于及时操作和使用,调车工作要实行"九固定",即固定作业区域、线路使用、调车机车、人员、班次、交接班时间、交接班地点、工具数量及其存放地点。

1. 固定作业区域

在调车作业繁忙、配线较多的车站,配有两台或两台以上调车机时,应根据车站作业特点、设备情况以及调车作业性质,划分每台调车机的固定作业区域,以避免各调车机车作业的相互干扰,并有利于作业人员熟悉本区作业性质和设备状况,掌握作业区调车工作的规律,避免在作业中发生冲撞等事故。

2. 固定线路使用

结合车站线路配置及车流情况,要固定车站调车场每一条线路的用途,以有效地使用线路,减少重复作业,缩短调车行程,提高调车效率。技术站的调车线,应按车站调车工作任务要求、编组计划去向、车流性质、车流量大小等,结合线路配置及有效长等确定。

3. 固定调车机车

为便于调车工作,要求调车机车起、停快,前后瞭望条件好,能顺利通过半径较小的曲线。因而,调车用的机车要车身短、轴距小,前后均有头灯、木脚踏板、扶手把等。对出入油库线、木材线及危险品库线的调车机车,尽可能使用内燃机车,如使用蒸汽机车,还应配备双层火星网等防火装置。担当调车作业的机车应固定使用,以便了解机车性能,掌握调车技术。作固定替换用的调车机车及小运转机车,亦应符合调车机车的条件。

4. 固定人员、班次

调车作业是由多工种配合进行的,包括调车组人员、调车机车的乘务人员和扳道人员等。由于单位不同、工种不同,他们只有长期固定在一起工作,才能相互了解、密切配合、协调作业,因此人员和班次要固定。

5. 固定交接班时间和地点

固定交接班时间和地点,可以避免交接班人员相互等待,有利于缩短非生产时间。这里主要指的是调车组和调车机车乘务组的交接班时间必须统一,地点必须固定。

6. 固定工具数量和存放地点

配备足够数量和质量良好的调车工具和备品,是做好调车工作的物质保证。固定其数量和存放地点,不仅便于保管,而且当损坏或短少时,也便于及时发现和补充,保证正常的工作需要。

中间站一般没有固定调车机车,由本务机车担负调车作业,不具备完全按上述要求进行调车的条件。但中间站也应按上述要求,尽力做到人员和工具的固定,以协调作业,提高效率,保证安全。

二、调车工作的统一领导与单一指挥

调车工作是一项由多工种联合行动的复杂工作。它不仅作业场地大、调动的机车车辆多种多样、作业人员及工种多,而且作业组织比较复杂、作业方法灵活多变,以及影响调车作业效率的因素较多等。因此,调车工作必须实行统一领导和单一指挥,以便有效、迅速、高质量地完成调车任务。

1. 统一领导

统一领导,就是在同一时间内,一个车站须由车站调度员统一领导全站调车工作;该站各场(区)的调车工作根据车站调度员布置的任务,由该场(区)的调车区长或驼峰调车区长领导。

各调车区间相互关联的调车工作,应按车站调度员的指示进行,调车区长(或驼峰调车区长)不得超越自己的职权去领导其他场、区的作业。车站调度员、调车区长在领导调车工作中,遇有占用正线、到发线和机车走行线以及影响接发列车进路的调车工作时,必须与车站值班员联系,取得同意后,方可进行。

未设车站调度员的车站,调车工作由车站值班员统一领导。

动车段(所)调车工作的领导及指挥由铁路局规定。

2. 单一指挥

单一指挥,就是在同一时间内,一台调车机车的调车作业计划的执行,作业方法的拟定和布置,以及调车机车行动的指挥,只能由调车长一人负责指挥。由本务机车进行车辆摘挂作业时,可由车站值班员或助理值班员担任指挥工作。遇有特殊情况,上述人员不能指挥作业时,可由有任免权限的单位鉴定、考试合格取得调车长资格的胜任人员代替。

如果一个调车组配有两名调车长时,对每台担当调车作业的机车,在同一时间内,不准轮流指挥。必须更换指挥人时,应按各铁路局有关规定办理。在调车作业时,所有调车有关人员(调车组、扳道组、机车乘务组)都必须服从调车指挥人的指挥。

三、调车有关人员的职责

1. 调车长的职责

调车长是调车作业的指挥者,对提高调车工作效率,完成调车工作任务,保证调车安全负有重大责任。调车长在调车作业前,必须亲自并督促组内人员充分做好准备,认真进行检查,在工作中应做到:

(1)组织调车人员正确及时地完成调车任务。调车长每次接受调车作业计划后,应制定具体的作业方法,如制动人员分工、送车地段、溜放方法等,并向参加调车作业的有关人员传达注意事项,组织调车人员严格按照调车作业计划和技术作业过程,正确及时地完成调车工作任务。"正确"是按"调车作业通知单"的要求进行作业,做到解散或溜放车辆时不混线、不堵门,尽量缩小车组间的距离;送作业车和检修车时,要对好位置;编组列车时,车辆要连挂正确,车下不压铁鞋。"及时"是指按"调车作业通知单"规定的时刻,完成调车作业,以保证列车按运行图规定时刻发车;及时腾空到发线,保证不间断地接车。

(2)正确及时地显示信号,指挥调车机车的行动。调车作业中,调车组、机车乘务组、扳道组、信号员等有关调车人员之间的联系和要求,是依靠信号来传递的。调车长显示的信号,是对参加调车作业的人员发出的命令,是安全迅速地进行调车作业的先决条件,是调车机乘务人员及其他调车人员行动的依据,所以,调车长显示手信号必须正确及时。"正确"是指信号显示方式要标准,做到横平竖直,灯正圈圆,角度准确,段落清晰;使用无线电调车时,应做到按规定频率,显示标准的无线调车灯显示信号。"及时"是指根据不同的距离、速度、作业方法,及时显示信号,不错过时机。

(3)负责调车人员的人身安全和行车安全。在进行调车作业时,调车长保证所有参加调车作业人员的安全。起动车列前,应注意有无人员进入车列作业;在需要上下车的地点适当减速;溜放时,应准确掌握速度等。调车长要处处以身作则,带头执行规章制度;加强班组管理,强化标准作业,在作业中严要求,确保人身和作业安全。

当由车站值班员、助理值班员等其他人员指挥调车作业时,同样应按照上述要求进行工作。

2. 调车人员的职责

车站调车工作,应按车站技术作业过程及调车作业计划进行。参加调车作业的人员应做到:

(1)及时编组、解体列车,保证按列车运行图的规定时刻发车,不影响接车;

(2)及时取送货物作业和检修的车辆;

(3)充分利用调车机车及一切技术设备,采用先进工作方法,用最少的时间完成调车任务;

(4)认真执行《铁路调车作业标准》和《铁路车站行车作业人身安全标准》等作业标准,保证调车有关人员的人身安全及行车安全。

四、调车计划的布置、交接方法

1. 调车计划的布置

调车领导人布置调车作业计划,应使用调车作业通知单。中间站利用本务机车调车,应使用附有示意图的调车作业通知单。当一批作业(指一张调车作业通知单)不超过三钩时,允许以口头方式布置(中间站利用本务机车调车除外)。由于口头布置没有书面依据,为确保作业人员之间协调一致,确保作业安全,有关人员必须复诵。

2. 调车计划的交接

为保证在调车作业中正确执行作业计划,使调车指挥人能彻底了解计划的要求,调车领导人与调车指挥人必须亲自交接计划。调车指挥人亲自到调车领导人处接受调车任务,联系计划,听取指示,不仅防止计划误传,还可以全面了解情况、领会意图、掌握关键,有利于保证安全和提高效率。调车指挥人如因连续作业离不开作业现场时,调车领导人应将调车计划送到现场,当面交给调车指挥人。因设备及劳动组织等原因,调车领导人与调车指挥人不能亲自交接计划时,由铁路局制定具体交接办法。设有调车作业通知单传输装置的车站,交接办法在《站细》中规定。设有站场无线电话的车站,调车作业计划布置方法,由铁路局在《铁路行车组织规则》中规定。各站调车计划的具体布置方法,应在《站细》中明确。

3. 调车计划的传达

为正确及时地完成调车作业计划规定的任务并达到有关要求,调车指挥人每次接受调车作业计划后,应根据计划内容和要求制定具体的调车作业方法,并向司机交递和传达注意事项,同时应传达给其他人员。当调车指挥人亲自传达有困难时,可指派连接员传达或在《车站行车工作细则》内规定。如由调车领导人将调车作业计划向信号员传达;驼峰作业时,调车领导人向峰顶提钩人员及峰下铁鞋制动长传达;未设调车组的中间站利用本务机车作业时,由车站值班员向扳道员传达等。调车指挥人必须确认作业人员已了解后,方可开始作业。

4. 调车计划的变更

变更计划主要指变更股道、辆数、作业方法及取送作业的区域或线路。随意变更计划,既不安全也影响效率。但调车作业涉及的因素较多,且多为活的因素,产生计划变更是难免的。如何正确了解和掌握情况,增强预见性,不变更或少变更计划,这是对调车领导人的一项重要要求。变更计划应用书面方式重新按规定程序下达。对于一批作业(指一张调车作业通知单)变更股道不超过三钩时,允许以口头方式布置,但必须停车传达,有关人员复诵。变更股道超过三钩时,应重新填写调车作业通知单。仅变更作业方法或辆数时,不受口头传达三钩的限制,可不停车传达,但调车指挥人必须向有关人员传达清楚。驼峰解散车辆,只变更钩数、辆数、股道时,可不通知司机。但调车机车变更为下峰作业或向禁溜线送车前,须通知司机。

中间站利用本务机车调车时,无论变更钩数多少,都应重新填写附有示意图的调车作业通知单。

专用线调车时,如遇实际情况与原计划不符,准许调车指挥人根据实际情况,自行制订作业计划,但在作业完成后,必须及时向调车领导人汇报计划变更和车辆停留情况。

五、调车作业准备

做好调车作业前的准备,是安全、迅速地进行调车工作的前提。只有做好准备,才能顺利

地执行调车计划,保证安全地完成任务。作业前的准备工作主要有如下内容:

(1)车列溜放或从驼峰解散前,要事先做好排风、拉风和摘管工作,防止车辆在溜放途中,因副风缸内余风泄漏产生制动,造成车辆追尾撞车,避免作业中停车摘管,延长作业时间。

(2)在作业开始前,为使有关调车人员协调一致,应核对计划,做到准确无误,防止传错、抄错、看错或误认。在填写或抄改调车作业通知单的过程中,也应认真核对。

(3)确认进路是否正确,检查线路是否空闲,停留车的位置、车组间的距离、车辆状况,车辆上下有无障碍物;防溜用具、线路有无障碍等。在货物线、段管线、岔线等地点甩挂、取送车辆时,还要派人通知装卸、检修作业等人员注意,并须确认线路两旁的货物堆放距离是否符合规定,以免发生调车和人身伤亡事故。

(4)人力制动时,要事先做好人力制动机选闸试闸工作,系好安全带,保证溜放的车组有足够的制动力。铁鞋制动时,制动员根据溜放车组的空、重及辆数多少,事先准备好足够的质量合格的铁鞋。

(5)无线调车灯显设备的良好与否将关系到作业的安全和效率。为保证作业安全和提高作业效率,调车作业前应对无线灯显设备进行试验。中间站调车必须在每批作业前对无线电进行认真试验。

中间站设有调车组时,应在列车到达前的规定时间叫班,作业人员应提前到岗,按要求做好准备。并应重点了解列车运行情况、停车情况及作业重点要求。不能因"作业量小"、"作业简单"或其他原因,晚叫班或只叫部分人员到岗,造成准备工作不足或缺员作业,引发行车事故。

六、信号的显示与确认

调车作业中,调车组、机车乘务组、扳道组、信号员等有关调车人员之间的行动要求是依靠信号来传递的。调车人员用无线电、信号旗、信号灯发出的信号,是指挥调车作业的命令和要求,是机车乘务人员及其他调车人员行动的依据。所以,调车作业时,调车人员必须按规定方式正确及时地显示信号。

机车乘务人员要认真确认信号,并鸣笛回示。没有看到调车指挥人的起动信号,不准动车。对单机返岔子或机车出入段时,可根据扳道员显示的道岔开通信号或调车信号机显示的进行信号动车。无扳道员和信号机时,调车指挥人确认道岔开通后向司机显示起动信号。

在推进车辆过程中调车指挥人应站在能使司机看见其显示信号的位置,车列前部再派其他调车人员瞭望,及时向调车指挥人显示信号。

连挂车辆,应显示十、五、三车的距离信号(单机除外),否则,不准挂车。如没有司机回示,应立即显示停车信号。

当调车指挥人确认停留车位置有困难时,应派人显示停留车位置信号。

七、调车进路的准备与确认

1. 集中联锁进路的准备

在电气集中的车站,信号员或作业员应按照调车作业通知单的要求或值班员的命令,正确及时地按下有关按钮,操纵道岔的转动。进路排好后,调车信号(月白灯光)自动开放。操纵信号时,要眼看、手指、口呼,并做到"一看、二排、三确认、四呼唤",严禁他人操纵。

为确保接发列车安全,加大对中间站调车安全的控制力度,解决轨道电路分路不良等问

题,要求中间站调车还必须遵守以下规定:

(1)涉及正线和到发线的调车作业,必须得到车站值班员准许,否则,信号员不得擅自排列调车进路。

(2)利用和穿越正线调车作业时,车站值班员(信号员)未得到调车人员(单机、轨道车为司机)的要道请示,不得擅自排列调车进路;调车人员(司机)未得到值班员(信号员)调车进路准备妥当的命令,不得擅自动车。严格执行"问路式"调车的有关规定。

(3)集中联锁的四、五等站,准备长调车进路时,调车进路必须一次排出,不准分段排列调车进路。

2.非集中联锁进路准备和要道还道制度

1)扳动道岔

在非集中联锁或集中联锁故障的进路上调车作业时,扳道员应根据调车作业通知单及调车指挥人的信号要求,正确及时地扳动道岔、显示信号,严格执行"一看、二扳、三确认、四显示"制度及要道还道制度,以确保调车进路的正确。"一看"包括看道岔的开通位置;看进路有无障碍;看邻线有无机车车辆越过警冲标;接入列车时看线路是否空闲。"二扳"指将道岔扳至所需位置。"三确认"包括确认道岔开通位置正确;确认尖轨与基本轨密贴;确认机车车辆未越出警冲标;确认进路无障碍;接入列车时确认接车线空闲,影响进路的调车作业确认已停止。"四显示"向有关人员显示进路开通信号;向车站值班员或扳道长报告进路准备妥当。

2)要道还道制

参加调车作业的有关人员之间联系准备和确认调车进路所使用的一种规定联络方式,称为要道还道。在非集中联锁的进路调车作业时,为保证调车进路的正确,防止调车作业中挤岔子或进入其他线路等事故,调车有关人员要认真执行要道还道制度。

一条进路,往往要经过好几组道岔,经过几个扳道员的作业才能完成,如果联系上稍有脱节或误认要道信号,就有影响作业或错误准备进路的可能。为防止这种情况,车站对人工操纵的道岔可采用互相监督、人工联锁、区域联防、互相检查制,把分散的道岔联成一个整体,以保证进路准备的正确。要道还道起到人工联锁、互相检查的作用,其方法是:要道由近而远,还道由远而近。

使用书面调车计划时,要道还道制度只起联系作用,扳道人员应按调车作业计划准备进路。要道还道时,应统一为"进×道要×道","出×道要×道"。在连续溜放和驼峰解散车辆时,只要求对溜放及解散车组的第一钩实行要道还道制度,自第二钩起,扳道员即可根据调车作业通知单的要求扳动道岔。

要道还道制度,分为两种情况:一是,以调车长、司机为一方,以扳道人员为另一方,确认进路准备是否妥当、正确;二是,当调车进路上配有两名以上扳道员时,在互相检查、确认调车进路是否正确时,也要执行要道还道制度。由于各站线路配置不同,扳道员之间要道还道的具体办法,应在《站细》内规定。

当一条调车进路上既有集中联锁的道岔,又有非集中联锁的道岔,进路准备的方法也应在《站细》内规定。

3.调车进路的确认

调车进路的确认包括确认调车信号、负责与扳道员要道还道、负责"问路"、负责瞭望等。

(1)调车进路确认分工。单机运行或牵引车辆运行时,前方进路由司机负责确认。推进运行时,前方进路由调车指挥人确认,如调车指挥人所在位置确认前方进路有困难时,可指派调车组其他人员确认。

(2)确认内容。确认进路是否正确,检查线路是否空闲,停留车的位置、车组间的距离、车辆状况,车辆上下有无障碍物;防溜用具、线路有无障碍等。在货物线、段管线、岔线等地点甩挂、取送车辆时,还要派人通知装卸、检修作业等人员注意,并须确认线路两旁的货物堆放距离是否符合规定,以免发生调车和人身伤亡事故。

八、调车速度限制

调车作业中要做到安全、迅速、准确,掌握调车速度是关键。进行调车作业的司机,必须严格按照《铁路技术管理规程》、《铁路调车作业标准》等有关规章规定的限制速度和调车指挥人的信号操纵机车,在任何情况下,不准超速作业。调车指挥人除了注意观速、观距,及时准确地显示信号外,发现司机超速危及安全时,必须立即显示停车信号。

调车速度的限制是根据调车作业的特点,调车时所经过线路、道岔,调动特殊构造的车辆或装载特殊货物车辆的要求,保证调动车列运行中的安全所作的规定。作业中还应根据带车多少,制动力大小,以及距离远近等,由司机和调车指挥人员共同掌握。

(1)在空线上牵引运行时,速度不得超过40km/h。调车作业时,被调动的车辆一般都处于排风、摘管状态,车辆的自动制动机没有加入机车的制动系统,这样车列的停车和减速全凭机车自身的制动力,车辆对机车的冲击力较大;调车作业的线路标准、道岔号码通常低于正线、到发线标准。因此空线上牵引运行时速度不超过40km/h。

(2)空线推进运行速度不得超过30km/h。当推进运行时,除了受上述条件限制外,还因机车处于后部瞭望不便,前方进路依靠车列前端的调车组人员负责,司机需依据调车指挥人中转的信号操纵机车,一旦有险情,可能造成司机制动推迟,故须降低速度,规定不准超过30km/h。

(3)调动乘坐旅客或装载爆炸品、气体类危险货物、超限货物的车辆时,速度不得超过15km/h。为保证旅客的安全和舒适,防止装有危险货物及超限货物的车辆由于高速调动或紧急制动时引起货物爆炸,货物窜动发生意外事故,因而调动速度不得超过15km/h。调动装载超限货物的车辆时,调车领导人应将作业限制通知调车组及其他人员。作业中应注意道岔握柄、道岔表示器、信号机柱子、邻近线路建筑物的限界及邻线停留车的情况,以确保安全。

(4)接近被连挂的车辆时速度不得超过5km/h。车辆连挂时对车底架产生的冲击力,主要决定于冲击时的车钩力。目前,我国货车大型车多,车辆整体强度及车钩、缓冲器的强度大大增加,全路主要编组站的调速系统均按5km/h设计和作业,即驼峰出口速度为5km/h,减速顶临界速度为5km/h,所以规定连挂速度不得超过5km/h。

(5)经过道岔侧向运行的速度由工务部门根据道岔具体条件规定。由于调车作业经过的道岔类型不一,在调车场设置的道岔型号较小,再加上调车作业机车的类型也不尽一致,因此由工务部门作出规定并纳入《站细》。

(6)推上驼峰、解散车辆时的速度和装有加减速顶的线路上的调车速度在《站细》内规定。

(7)在尽头线上调车时,距线路终端应有10m的安全距离;遇特殊情况,必须近于10m时,要严格控制速度。尽头线末端均设有车挡或端部站台,取送车时,因司机在另一端,在制动距离掌握上稍有不慎,则可能与车挡或端部站台碰撞而造成事故,故有10m的安全距离。

(8)在有接触网终点标的线路上调车时,电力机车、动车组应控制速度,机车距接触网终点标应有10m的安全距离,必须接近于10m时,要严格控制速度。在电气化铁路区段,为了避免电力机车在设有接触网终点标线路上调车时,因运行速度高,停车不及时,造成刮坏机车和接触网等设备,因此,对电力机车规定了距接触网终点标应有10m安全距离。

(9)旅客未上下完毕,除本务机车、补机摘挂外,不得进行旅客列车(车底)的连挂作业。旅客未上下完毕即进行连挂作业,对旅客人身安全威胁很大,因此不得进行。

(10)遇有天气不良等非正常情况进行调车作业时,由调车指挥人根据天气情况,适当降低速度。发生非常情况,如邻线路施工或发生事故,其人员和机械工具随时可能侵入限界,允许调车领导人向调车人员提出限制速度的要求以确保调车作业安全进行。

九、机车车辆停留的线路及地点

警冲标是指示机车车辆停留时,不准向道岔方向或线路交叉点方向越过的地点。到发线、调车线、货物线等线路停留机车车辆时,必须停在警冲标内方,以免影响邻线机车车辆运行。遇下列情况,在不影响接发列车及调车作业的条件下,准许临时停放在警冲标外方:

(1)调车作业中,车辆临时停在调车线警冲标外方时,一批作业完成后,应立即将该车组送入警冲标内方。

(2)因车站装卸线货位不敷使用,或货位固定设备设在警冲标外方,在抢运军用物资或急用物资等特殊情况下,车辆需停在警冲标外方进行装卸作业时,须经车站值班员、调车区长准许并在不影响列车到发及调车作业的情况下方可进行。在装卸作业完成后,应立即取走或送入警冲标内方。

正线、安全线、避难线、机车固定走行线上,禁止停留机车车辆。此外,牵出线上能否停留车辆,也应慎重考虑。

在超过6‰坡度的线路上,不得无动力停留机车车辆。

十、机车车辆停留的防溜措施

1. 防止车辆溜逸的意义

车辆溜逸指车辆或车列未采取防溜或防溜不当,由车站溜入区间或由区间溜入站内,由岔线、专用线溜入区间或站内的现象。现场俗称"放飚"。

由于我国滚动轴承车辆已由占货车总数约1/2上升到目前的占货车总数的93%,加上停留线路的坡度、自然条件的影响等,车辆溜逸事故时有发生,对行车安全危害极大。有的车辆溜入区间,与正在运行的货物列车发生正面冲突,造成油罐车的起火爆炸,机车乘务组人员的死亡,中断正线行车等,后果十分严重。对停留车辆采取防溜措施,对于减少事故发生,确保行车的正常进行和货物安全具有重要意义。

2. 防溜措施及特殊安全措施

由于车辆装载货物的性质,车辆本身的特点或线路坡度等方面的因素,停留不进行调车作业时,应采取防溜措施或其他安全措施,以保证行车安全。

1)防溜措施

站内折返线内停有车辆时:车辆溜逸后极易闯入接发车进路或溜入区间,与正在运行的列车发生冲突,造成严重损失。因此,折返线内停有车辆时,无论停留线路是否有坡道和停留时间长短,均应连挂在一起,拧紧两端车辆的手制动机,并止轮器牢靠固定。

救援列车担负着事故救援的紧急任务,为保证在需要时能及时出动,亦必须停放在固定线路上,该线不得停放其他车辆,将道岔置于其他机车车辆不能进入该线的位置并加锁。

2)特殊安全措施

装载爆炸品、压缩气体、液化气体的车辆,必须停放在固定线路上,两端道岔应扳向不能进入该线的位置并加锁(集中操纵的道岔可在控制台上锁闭),以防其他车辆进入。

救援列车担负着事故救援的紧急任务,为保证在需要时能及时出动,亦必须停放在固定的线路上。

为保证公务车上人员的正常工作和休息,对停留公务车的线路,除应将道岔置于不能进入该线的位置并加锁(集中操纵的道岔可在控制台上锁闭)外,一般不准利用该线进行与其无关的调车作业。

十一、调车作业的其他规定

1. 试拉制度

推送车辆时,应先进行试拉。车列前部应派人瞭望,并及时显示信号。

试拉是指为防止车辆在推进或牵引走行中脱钩,在机车车辆连挂后进行一次牵引与制动试验(包括顿钩),以便确认车辆的连接状态。

推送车辆时,为了防止减速或紧急停车时,因连挂状态不良发生车辆溜逸而危及行车安全,应先试拉,确认连挂状态良好后再进行作业。但在同一线路内,连续连挂作业时,根据连挂距离,可以不每钩都进行试拉,但要确认连挂状态,车组间距超过10辆车时须试拉。连续连挂时,可以不停车连挂,但最后一组一般不采用连续连挂的方法进行,并要认真采取防溜措施,避免车辆溜出警冲标,造成严重后果。

推送运行时,车(列)组的前部要有人负责瞭望,确认进路,并按规定及时显示信号。

2. 调车作业连接制动软管的规定

转场及在超过2.5‰坡度的线路上调车作业时,10辆及以下是否需要连接制动软管及连接制动软管的数量,11辆及11辆以上必须连接制动软管的数量,由车站和机务段根据具体情况共同确定,并纳入《站细》。

在一般情况下调车作业时,被调动的车列(组)都是在排风、摘管状态,车列的减速和制动停车都是靠机车本身的制动力,不必连接制动软管。但在不利地形和特殊条件下,如向岔线、专用线取送车辆或在超过2.5‰坡度的线路上调车作业时,为保证获得足够的制动力,使调车车列能及时停车,应连接制动软管。连接制动软管数量太多,会因摘接制动软管、车列充风而延长作业时间;连接制动软管数量过少,会影响制动力。为此,连接制动软管数量及要求应根据机车类型、线路坡度、挂车多少及作业的要求等具体情况确定,并纳入《站细》。

3. 越区、转场的要求

越区作业,是指调车机车由本调车区到其他调车区进行的取送车辆作业;转场作业,是指由调车场去到发场或去另一调车场的转线作业。越区或转场调车,不仅要经过许多线路和道岔,有的还需跨越正线,因而涉及各调车区和车场之间作业的安排。如果没有做好联系和防护,不但要影响调车效率,而且会危及行车安全。因此,要求调车机车在越区或转场作业时,两区(场)调车领导人之间必须提前联系,作出调车作业书面计划,下达给参加调车作业的有关人员,并做好防护。如没有提前联系和防护,则不准放行越区车或转场车。

越区、转场作业要做好以下工作：

(1)越区、转场作业前,调车领导人先将越区(转场)的时间、地点、辆数及有关事项,与进入区、场的调车领导人联系,取得同意后,再向本区有关人员布置;

(2)越出、进入或经由场、区的扳道人员,应按本区、场调车领导人的布置,停止相抵触的作业,确认线路空闲,并准备进路;

(3)越出区的信号员、扳道员,在接到进入区进路准备妥当或同意转场通知后,方可通知本区调车指挥人指挥越区(转场)作业;

(4)划分区(场)的车站,不论有无固定信号设备,均应制定越区(转场)的联系办法,纳入《站细》。作业时,必须按照《站细》中的有关规定办理。

4.机车出入段

在设有机务段、机务折返段的车站,机车出入段是一项频繁的调车作业。它不仅关系到加速机车出入段的放行,保证机车按停留时间标准进行作业,而且也关系到能否按列车运行图正点行车,同时也影响着车站的接发列车工作。因此,车站值班员必须认真掌握机车出入段的时机与进路。

当车站配置有固定机车走行线时,出入段机车必须走固定走行线。因为设计、确定机车走行线时,已考虑到减少机车出入段对接发列车工作的干扰,考虑了机车出入段走行的便利和合理,机车出入段按固定走行线走行,一般地说是最有利的进路。

机车固定走行线上,禁止停放机车车辆,以保证机车出入段的进路畅通。机车固定走行线上,一旦停放机车车辆,或引起机车出入段变更走行线,司机对变更走行线的线路不熟悉,有可能延长机车出入段的时间;如果是非电气集中的车站,车站值班员忘记在走行线上停有机车车辆,再向固定走行线放行出入段机车,则有可能酿成事故。

当车站未配置固定走行线或临时变更走行线时,应事先通知司机走行进路。司机按固定信号或扳道员显示的进行信号运行。进路式电气集中的车站,机车出入段的进路是分段准备的,途中难免有变化,故不通知司机,司机按信号显示运行。

5.溜放调车的限制

平面溜放调车、驼峰解散车辆可以缩短调车行程,压缩调车钩分,提高调车效率。溜出的车组,其减速或停车是靠手制动机、铁鞋、减速器或减速顶制动实现的。为了确保调车作业安全,对某些车辆及在一些线路上,禁止溜放。

1)禁止溜放的车辆

(1)装有禁止溜放货物的车辆。这类货物主要包括危险货物、超限超长货物、贵重精密货物和易碎货物等。因装载货物的要求禁止溜放的车辆,由中国铁路总公司颁发的《铁路危险货物运输管理规则》中"铁路禁止溜放和溜放时限速连挂的车辆表"中的规定:由于作业中使用手制动机、铁鞋或减速器制动时,会产生火星、高温和冲撞,而装载爆炸品、压缩气体、液化气体及特种货物(按组级代号办理的军用弹药、炸药及毒剂,七〇七货物)的车辆经撞击和摩擦受热后有可能引燃、引爆,故禁止溜放。装载禁止溜放货物的车辆应采用推送调车法作业。

(2)非工作机车、铁路救援起重机、大型养路机械、机械冷藏车、大型凹形车、落下孔车、客车、动车组、特种用途车、乘坐旅客的车辆。上述车辆因本身构造的原因,禁止溜放。非工作机车一般是新出厂机车或回送机车;动车本身有动力装置,构造特殊;轨道起重机(吊车)重心较高,起重臂又横向摆动,另外走行部不灵活;机械冷藏车内部精密仪器较多,发生冲撞后果严重,不能溜放;大型凹形车(如 D_9 型: $L_{全长}=39m$, $T=230t$, 20 轴),落下孔车(如 D_{17} 型: $L_{全长}=35.9m$, $T=150t$, 10 轴),这两种型号车辆车身较长,经曲线、道岔转向不灵,禁止溜放;客车无论空重发生冲撞有可能撞坏车辆,不宜溜放;特种用途车系指发电车、检衡车、试验车、轨道检查车、通信车等,由于用途特殊,发生冲撞后果严重,不宜溜放。

铁路禁止溜放和限速连挂的车辆,如表 2-3 所示。

铁路禁止溜放和限速连挂的车辆表　　　　　　　表 2-3

序号	种类	禁止溜放 (调动这些车辆时禁止溜放 和由驼峰上解体)	限速连挂 (溜放或由驼峰上解体调车, 车辆连挂速度不得超过2km/h)
1	爆炸品(爆炸品保险箱)	整体爆炸物品、抛射爆炸物品、燃烧爆炸物品	一般爆炸物品、不敏感爆炸物品
2	压缩气体和液化气体	罐车和钢质气瓶装载的易燃、有毒压缩气体及液化气体	①不燃气体;②钢质气瓶以外其他包装装载的压缩气体及液化气体
3	易燃液体	乙醚、二硫化碳、石油醚、苯、丙酮、甲醇、乙醇、甲苯	①除禁止溜放栏内规定以外的装入玻璃或陶瓷容器的易燃液体;②汽油
4	易燃固体、自燃物品和遇湿易燃物品	硝化纤维素、黄磷、硝化纤维胶片	三硝基苯酚[含水≥30%]、六硝基二苯胺[含水>75%]、三乙基铅,浸没在煤油或密封于石蜡中的金属钠、钾、铯、锂、铷,硼氢化物
5	氧化剂和有机过氧化物	过氧化氢、过氧化钠、过氧化钾、氯酸钠、氯酸钾、氯酸铵、高氯酸钠、高氯酸钾、高氯酸铵、硝酸胍、漂粉精和有机过氧化物	除禁止溜放栏内规定以外的装入玻璃容器的氧化剂和有机过氧化物
6	毒害品和感染性物品	玻璃瓶装的氯化苦、硫酸二甲酯、四乙基铅(包括溶液)、一级(剧毒)有机磷液态农药、一级(剧毒)有机锡类、磷酸三甲苯酯、硫代膦酰氯	①禁止溜放栏内的货物装入铁桶包装时;②装入玻璃或陶瓷容器的毒害品
7	放射性物品	二、三级运输包装或气体的放射性货物	
8	腐蚀品	罐车装载以及玻璃或陶瓷容器盛装的发烟硝酸、硝酸、发烟硫酸、硫酸、三氧化硫、氯磺酸、氯化亚砜;三氯化磷、五氯化磷、氧氯化磷、氢氟酸、氯化硫酰、高氯酸、氢溴酸、溴	除禁止溜放栏内规定以外的装入玻璃或陶瓷容器的腐蚀品
9	活动物	鱼苗以及外贸出口的禽、畜	车内装有禽、畜(外贸出口除外)、蜜蜂、活鱼
10	超限、超长货物	二级以上超限货物,跨装的超长货物	
11	特种车辆	非工作机车、轨道起重机、机械冷藏车,大型的凹形和落下孔车,空客车及特种用途车(发电车、无线电车、轨道检查车、钢轨探伤车、电务试验车、通信车)、检衡车	

续上表

序号	种类	禁止溜放 (调动这些车辆时禁止溜放和由驼峰上解体)	限速连挂 (溜放或由驼峰上解体调车，车辆连挂速度不得超过2km/h)
12	特种货物	按规定"禁止溜放"的军用危险货物和军用特种货物	
13	其他车辆	搭乘旅客的车辆，中国铁路总公司临时指定的货物车辆	乘有押运人员的货车
14	贵重、精密货物	由发站和托运人共同确定的贵重的以及高级的精密机械、仪器仪表	电子管、收音机、电视机以及装有电子管的机械
15	易碎货物	易碎的历史文物，易碎的展览品，外贸出口的易碎工艺美术品，易碎的涉外物资（指各国驻华使、领馆公用或个人用物品，外交用品，国际礼品，展品，外侨及归国华侨的搬家货物）	鲜蛋类、生铁制品、陶瓷制品、缸砂制品、玻璃制品，以及用玻璃、搪瓷、缸砂容器盛装的液体货物

注：①整装零担车和沿途零担车中装有"禁止溜放"的货物，应插挂"禁止溜放"标示牌；
②除序号1、2、11、12、13"禁止溜放"外，其他"禁止溜放"的货物车辆可向空线溜放。

对上述禁止溜放的车辆，发站应在车辆两侧"票插"内揭挂"禁止溜放"或"限速连挂"标示牌。调车领导人应在"调车作业通知单"上注明"禁止溜放"或"限速连挂"符号，以便作业人员注意。

2）禁止溜放调车的线路

（1）超过2.5‰坡度的线路（为溜放调车而设的驼峰、牵出线除外）禁止溜放调车。2.5‰坡度是指线路有效长范围内的平均坡度（非实际坡度）。由于溜放车组在上述坡度的线路上受到重力加速度的作用，使车组逐渐加速，易失去控制，导致车辆溜逸；或造成制动不及时，可能造成冲突、脱轨、挤岔子等事故。

（2）停有正在进行技术检查、修理、装卸作业车辆的线路，停有乘坐旅客车辆的线路及无人看守道口的线路、停有动车组的线路。此条的设定是为了保证"人"的安全。因为正在检修的车辆，车下常有检修作业的人员和工具；正在装卸的车辆，车内外有工人和起重、搬运机具工作，一旦溜放车组制动控制不当，溜进作业区就有可能造成事故和人身伤亡；对于停有乘坐旅客车辆的线路上禁止溜放，主要是为了确保旅客生命财产的安全；无人看守的道口，在车组溜出后，无法控制行人、车、马横越线路，遇意外情况，会造成伤亡事故。

（3）停有装载爆炸品、气体类危险货物车辆的线路。此条规定的核心是保证"货物"的安全。调车作业中若遇调速不当与停留上述车辆发生冲撞，可能发生爆炸或毒气泄漏，造成危害，后果严重。所以无论固定与非固定线路，均禁止向该线路溜放。上述车辆在调车场一般均固定线路停留，两端道岔定位开通邻线，并加锁。

（4）停留车辆距警冲标的长度，容纳不下溜放车组（应附加安全制动距离）的线路禁止溜放调车。车辆在线路停留时，车辆尾部必须停于警冲标内方。停留车距警冲标距离过短，若向该线溜放车辆，就会发生撞车，造成事故，或造成压标或压岔子，影响邻线作业。此时不但影响作业效率,还会危及人身及行车安全。

(5)中间站正线、到发线及与其衔接而未设隔开设备的线路。

3)禁止溜放调车的其他情况

(1)调车组不足三人时,禁止溜放作业。

溜放调车作业必须有一人指挥机车,一人提钩作业,一人实施制动,至少需三人。所以,配有调车组的中间站,调车组不足三人时,禁止溜放作业。若配有调车组的中间站,有三人作业时,因设备较差(如线路坡度大)、人员水平低,相互配合不好等原因,也禁止进行溜放作业。

(2)不得附挂机械冷藏车溜放其他车辆(推峰除外)。附挂其他禁止溜放的车辆进行溜放作业时不受限制,但速度不得超过15km/h。

(3)原则上不准采用牵引溜放法调车。因设备条件限制,确需施行牵引溜放法调车时,须制定安全措施,并报铁路局批准。牵引溜放法调车,是指调车机车牵引车列快速运行,途中摘钩后,机车加速与车辆拉开距离,从而扳动道岔,使机车与车列进入不同股道的调车方法。这种调车方法对司机、调车人员、扳道员相互的配合要求较高,倘若提钩时机、速度大小、扳道时机掌握不当,都可能造成前堵后追,进入"四股"的严重后果,因此原则上不准采用。

除上述情况外,遇有降雾和暴风、雨、雪等不良气候或照明不足,确认信号和停留车位置有困难时;车辆手制动机失效而又不具备使用铁鞋等制动条件时;制动人员不足或使用手制动机未配挂安全带时,为保证作业安全,均不得溜放调车。

6. 车辆通过驼峰的限制

(1)机车(调车机车除外)、铁路救援起重机、客车、动车组、大型养路机械、凹型车、落下孔车、钳夹车及其他涂有上峰标记的车辆禁止通过驼峰。我国机械化驼峰的各部尺寸,全路已基本定型,出厂车辆的走行部也有标准规格。因此,车辆在出厂前,即能确认其能否通过机械化驼峰,对不宜通过机械化驼峰的车辆,能事先涂上禁止上峰的标记。禁止通过机械化驼峰的车辆,其走行部还可侵入减速器规定的限界尺寸;如强行通过,车辆与减速器相互发生擦伤,甚至碰撞脱轨。

(2)对机械冷藏车,因车内各种机械、仪表设备和各种管道的牢固性差,为防止车辆连接处的冷却盐水管道、电线路设备及车内精密仪器装置发生损伤,应尽可能避免通过机械化驼峰,走迂回线通过。如在迂回线故障或未设峰顶迂回线的车站,必须使机械冷藏车过峰时,应以不超过7km/h的速度,推送下峰。

(3)客车(21、22型除外)及D_{17}、D_{19}型落下孔车禁止通过驼峰。由于上述类型车辆车身长,当它经过驼峰时其车钩与相邻车钩钩舌高差和卡角偏大,可能损坏托板螺栓、钩舌销等构件,甚至造成断钩或脱钩,同时峰顶平台净长一般为5~10m,上述车辆过峰时,由于其"大档"较长,可能会造成"骑峰",刮坏车辆和设备。因此严禁通过驼峰。

(4)21和22型客车、凹形车、其他落下孔车及装载活鱼(包括鱼苗)、跨装货物的车辆(跨及两平车的汽车除外)等是否可以通过驼峰,车站应结合本站驼峰的坡度及长度会同车辆段等有关单位共同计算与试验,作出切合本站实际的规定,并纳入《站细》。试验时应用重车,也就是考虑了车辆负重后的弯曲量,以做到切实保证安全,避免这些车辆过峰时造成车钩损坏、车轮脱轨或设备、货物损坏。

7. 手推调车

手推调车，是调移车辆的辅助形式。一般是在缺乏动力的情况下，利用人力或其他机械设备短距离移动车辆（如对货位等）时采用。为保证安全，手推调车应符合以下要求：

（1）手推调车应事先经调车领导人同意。在调车线、货物线及其他线路上手推调车时，应得到调车领导人的同意。因为调车领导人全面掌握线路使用、设备特点和作业进度等情况。在正线、到发线及其衔接线路上手推调车时，还应得到车站值班员的准许，以保证接发列车安全。在货物线内，当手推调车不越过警冲标时，停留车的辆数、顺序都不会发生变化。因此，可经有关货运员同意后进行，但货运员应将移动后的车辆停留位置及时通知调车人员。

（2）要认真检查调车车辆手制动机良好，有胜任人员负责手制动机制动。

（3）手推调车速度不得超过 3km/h，以保证随时停车。

（4）下列情况禁止手推调车：

①正线、到发线及超过 2.5‰ 的坡度的线路上（确需手推调车时经铁路局批准）。在正线、到发线上进行手推调车、一旦控制不住溜出，会对接发列车构成严重威胁。2.5‰ 坡度指的是线路的实际坡度。这主要考虑在实际坡度超过 2.5‰ 的线路上调车时，若制动不及时使车辆溜逸，可能会造成严重后果。由于设备条件限制，必须在超过 2.5‰ 坡度的线路上手推调车时，必须制定安全措施，并报路局批准，纳入《站细》。

②停有动车组的线路上。

③遇暴风雨雪车辆有溜走可能或夜间无照明时，主要考虑到作业和人身安全，禁止手推调车。

④接发列车时，能进入接发列车进路的线路上无隔开设备或脱轨器。隔开设备系指：安全线、避难线、与邻线能起隔开作用的道岔。脱轨器在调车作业时可作为隔开设备。

⑤装有爆炸品、气体类危险货物的车辆，禁止手推调车。

⑥电气化区段，接触网未停电的线路上，对棚车、敞车类的车辆。由于手推调车时须有人员进行制动，当制动人员登上棚车、敞车类的车辆时，接触网未停电的情况下，会有人身安全危险，故此类车辆禁止手推调车作业。

手推调车是一种辅助调车形式。但在一些中间站，由于缺少调车动力，手推调车经常采用。特别是装卸人员为了装卸作业方便，经常以手推调车的方式移动车辆位置，但往往由于对装卸人员的教育和组织不当，发生车辆溜入区间或进入接发列车进路的重大、大事故，造成较大损失和恶劣影响。现在各局、站对此情况采取了有力的控制手段。如对每批推车的辆数、组与组间的间隔距离加以限制；还有将撬棍保存在车站值班员处，手推调车取撬棍时经车站值班员准许，同时填写手推调车申请书，写明手推调车的移动范围及手制动机制动人员姓名，落实责任制。这些做法都收到了较好效果。

8. 列车中车辆摘挂的分工

（1）列车中车辆的连挂，由调车作业人员负责。连接制动软管，有列检作业的始发列车由列检人员负责；无列检作业的，由调车作业人员负责。动车组采用机车调车作业时，随车机械师或动车段（所）胜任人员负责过渡车钩和专用风管的安装与拆卸、电气连接线的连接与摘解并打开车门，调车人员负责车钩连结与摘解、软管摘结。动车组无动力回送或被救援时，过渡车钩、专用风管的安装与拆卸由随车机械师负责，司机配合。

（2）列车机车与第一辆车的连挂，由机车乘务组负责。单班单司机值乘的由列检人员负责;无列检人员的列车,由车辆乘务负责;无车辆乘务员的列车,由车站人员负责。连接制动软管由列检人员负责;无列检作业的列车,由机车乘务组负责。

(3)列车机车与第一辆车的车钩、软管摘结,由列检人员负责。无列检作业的列车,车钩、软管摘解由机车乘务员(单班单司机值乘的由车辆乘务员)负责,软管连接由车辆乘务员负责;无车辆乘务员的列车,由机车乘务员(单班单司机值乘的由车站人员)负责。

(4)列车与第一辆车电气连线的连接与摘解由客列检作业人员负责,无客列检作业人员时,由车辆乘务员负责。

(5)货物列车本务机车在车站调车作业时,无论单机或挂有车辆,与本列的车辆摘挂和软管摘结,均由调车作业人员负责。

(6)旅客列车在途中摘挂车辆时,车辆的摘挂和软管摘结,由调车作业人员负责,密封风挡和电气连线的连结与摘解由车辆乘务员负责,其他由列检作业人员负责,无列检作业人员时,由车辆乘务员负责,必要时打开车门,以便于调车作业。装有密接式车钩的客车车辆摘挂时,过渡车钩的安装与拆卸由列检人员负责,无列检人员时由车辆乘务员负责。

(7)列车机车与动车组过渡车钩的连接与摘解、软管摘结、电气连接线的连接与摘解,由随车机械师负责。

十二、线路两旁堆放货物的规定

线路两旁堆放货物,距钢轨头部外侧不得少于1.5m。货物站台上堆放货物,距站台边缘不得少于1m。货物应堆放稳固,防止倒塌。不足上述距离时,不得进行调车作业。

为加强货物线、岔线的管理,保证调车作业的安全,制定了上述规定。从图2-3中可看出:由线路中心线起算,1/2轨距:1435÷2≈718mm;又50(43)kg钢轨头部宽度为70mm。所以,线路中心线至钢轨头部外侧的距离为:718+70=788mm。机车车辆限界自线路中心计算为1700mm。机车车辆占去钢轨头部外侧的尺寸为:1700-788=912mm。堆放货物距钢轨头部外侧的间距为1500mm,则货物与车辆间的距离为:1500-912=588mm。这一距离,是调车人员走行与显示信号所必要的空间。在一般情况下,一个人的身宽为0.5m,再加上机车车辆进出线路时的摇摆量,588mm的间隔距离是保证调车人员安全通行的最低要求。

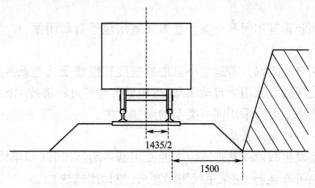

图2-3 线路两旁堆放货物的规定(尺寸单位:mm)

此外,站台上堆放货物时,亦应考虑调车人员、货运人员及叉车等机具的作业条件,距站台边缘不得少于1m。货物应堆放稳固,防止倒塌。靠近线路两旁堆放为维修线路用的材料、机具等,不得侵入建筑接近限界。

项目四 掌握行车闭塞法的相关规定

任务 行车凭证的使用条件

任务单

任务名称	行车凭证的使用条件
知识目标	理解闭塞基本规定；熟悉各种闭塞方法使用时机和规定
能力目标	能够根据闭塞设备状态和列车运行情况，发给列车行车凭证和组织列车在区间运行
任务描述	以日常行车工作中的实例作为任务，任务中包含闭塞基本规定、基本闭塞条件下的行车凭证使用、电话闭塞法、一切电话中断情况下的行车组织办法，根据闭塞设备和列车运行情况，综合确定闭塞方法，正确发放行车凭证并组织列车运行
任务要求	(1)能够掌握列车在自动闭塞区间运行方法，能够发给列车行车凭证； (2)能够掌握列车在半自动闭塞区间运行方法，能够发给列车行车凭证； (3)能够掌握列车电话闭塞区间运行方法，能够发给列车行车凭证 (4)能够掌握列车在一切电话中断时区间运行方法，能够发给列车行车凭证

相关知识

一、闭塞基本规定

1. 基本闭塞法

铁路各车站均须装设基本闭塞设备。基本闭塞法包括自动闭塞、自动站间闭塞和半自动闭塞。

双线区段应采用自动闭塞。若运量小且增长速度较慢或受其他条件限制时，也可采用双线半自动闭塞。单线区段宜采用半自动闭塞，运输繁忙时经过经济技术比较，也可采用单线自动闭塞。一个区段内原则上应采用同一类型的闭塞方式。

2. 代用闭塞法——电话闭塞法

当基本闭塞设备发生故障或其他原因不能使用基本闭塞法时(如单线半自动闭塞出站信号机故障等)，为维持列车运行，应采用代用闭塞法(电话闭塞法)。

原则上不使用隔时续行办法。如必须使用时，由铁路局规定。所谓必须使用时，是指在有特殊情况需要连续放行大量同方向列车时使用，如军事运输、紧急的救灾运输、双线区间一切电话中断时的行车等。采用这种行车方法应根据具体情况规定保证安全措施。

3. 区间及闭塞分区的划分

区间与站内的划分，是行车组织工作的一项重要内容，是划定责任范围的依据。列车进入不同地段必须取得相应的凭证或准许。

（1）站间区间——车站与车站间。在单线上，以进站信号机柱的中心线为车站与区间的分界线。单线铁路站间区间，如图2-4所示。在双线或多线区间的各线上，分别以各线的进站信号机柱或站界标的中心线为车站与区间的分界线。双线铁路站间区间，如图2-5所示。

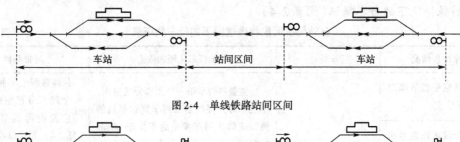

图2-4　单线铁路站间区间

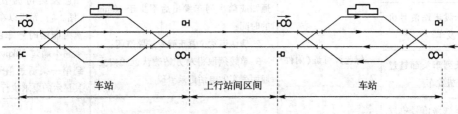

图2-5　双线铁路站间区间

（2）所间区间——两线路所间或线路所与车站间。

所间区间——两线路所间或线路所与车站间，以该线上的通过信号机柱的中心线为所间区间的分界线。设有进站信号机的线路所，所间区间的分界方法与站间区间相同。双线铁路所间区间，如图2-6所示。

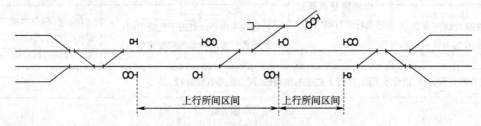

图2-6　双线有管辖地段所间区间

（3）闭塞分区——自动闭塞区向同方向相邻的两架色灯信号机间。

闭塞分区——自动闭塞区间同方向相邻的两架色灯信号机间，以该线上的通过信号机柱的中心线为闭塞分区的分界线。双线铁路自动闭塞分区，如图2-7所示。

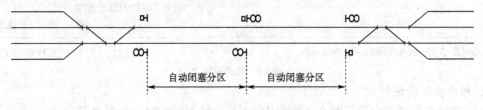

图2-7　双线铁路自动闭塞分区

二、自动闭塞

1. 正常情况下的行车凭证

使用自动闭塞法行车时，列车进入闭塞分区的行车凭证为出站信号机或通过信号机显示的允许运行的信号。

自动闭塞区段的车站,办理发车前应向接车站预告;单线自动闭塞区段的车站,在办理闭塞手续前还须得到列车调度员的同意。但列车调度员已下达列车运行调整计划时除外。已办理预告或闭塞,列车不能出发时,发车站须通知接车站取消。

2. 特殊情况下的行车凭证(见表2-4)

自动闭塞区段特殊情况下的行车凭证表 表2-4

列车出发情况	行车凭证	发给行车凭证的依据	附带条件
1. 出站信号机故障时发出列车	绿色许可证(附件2)	1. 监督器表示第一个闭塞分区空闲,不表示时为接到前次列车到达邻站的通知或前次列车发出后不少于10min的时间; 2. 确认道岔位置正确及进路空闲; 3. 单线须取得对方站确认区间内无迎面列车的电话记录号码	从监督器上不能确认第一个闭塞分区空闲时,车站应发给司机书面通知(图2-8),司机在瞭望距离内能随时停车的速度,最高不超过20km/h,运行到第一架通过信号机,按其显示的要求执行
2. 由未设出站信号机的线路上发车			
3. 超长列车头部越过出站信号机发车			
4. 发车进路信号机发生故障时发出列车		确认道岔位置正确及进路空闲	列车到达次一信号机按其显示的要求执行
5. 超长列车头部越过发车进路信号机发车			
6. 自动闭塞作用良好,监督器故障时发出列车	出站信号机显示的允许运行的信号		与邻站车站值班员及本站信号员联系
7. 双线双向闭塞设备的车站,反方向发出列车		1. 区间占用表示灯表示区间空闲; 2. 双线反方向行车的调度命令	反方向发车进路表示器显示正确(进路表示器故障时通知司机)

注:在四显示区段,因设备不同,执行上述条款困难的,可按铁路规定办理。

书 面 通 知

第_____次司机:

监督器上不能确认第一个闭塞分区空闲,以在瞭望距离内能随时停车的速度,最高不超过20km/h,运行至第一架通过信号机,按其显示的要求执行。

站(站名印)车站值班员(签名)

年　月　日填发

(规格 90mm×130mm)

注:白色纸,复写一式两份,司机一份,存根一份。

图2-8　书面通知

3. 列车在区间运行

(1)通过信号机正常显示时行车按规定运行,司机不间断瞭望信号显示。

(2)通过色灯信号机显示停车信号(包括显示不明或灯光熄灭)时的行车办法:

通过色灯信号机显示红色灯光的原因可能是:前方闭塞分区有列车或机车、车辆占用;钢轨折断、轨道电路短路。显示不明可能是天气不良造成或通过信号机发生故障。灯光熄灭可能是灯泡断丝或松动,也可能是临时断电。因此,列车进入前方闭塞分区有发生事故的可能性,也有不危及行车安全的可能。为不打乱运行秩序,除司机确认或通过无线电话联系,得知前方闭塞分区有列车不能进入外,其他情况则采取如下相应的行车办法。

遇上述情况,列车必须在该信号机前停车,司机应使用列车无线调度通信设备通知车辆乘务员(随车机械师),通知不到时,鸣笛一长声。停车等候 2min,该信号机仍未显示进行信号时,即以遇到阻碍能随时停车的速度继续运行,最高不超过 20km/h,运行到次一通过信号机,按其显示的要求运行。在停车等候同时,与两端车站值班员、列车调度员、前行列车司机联系确认前方闭塞分区是否空闲,如确认前方闭塞分区内有列车时,不得进入。

装有容许信号的通过信号机显示停车信号时,即通过信号机显示红色灯光容许信号显示蓝色灯光,准许铁路局规定停车后起动困难的货物列车,在该信号机前不停车,以不超过 20km/h 的速度通过该信号机。当容许信号机灯光熄灭或容许信号和通过信号机灯光都熄灭时,司机在确认信号机装有容许信号时,仍按上述速度通过该信号机。

停车后起动困难的货物列车,由铁路局根据各区段使用的机车类型和线路坡度等情况,经过计算和检验,规定列车的重量标准,并纳入《铁路行车组织规则》。

装有连续式机车信号的机车,遇通过信号灯光熄灭,而机车信号显示允许运行的信号时,说明并不是前方闭塞分区被占用或线路发生故障等;而往往是信号机灯泡断丝或松动,不危及列车运行安全,列车应按机车信号的显示运行。

司机发现通过信号机发生故障时,应将该信号机的号码通知前方站(列车调度员)。车站值班员(列车调度员)发现或得到区间信号机故障的报告后,在故障修复前,对尚未进入区间的后续列车,改按站间组织行车。

三、自动站间闭塞

使用自动站间闭塞法行车时,列车凭出站信号机或线路所通过信号机显示的允许运行的信号进入区间。

自动站间闭塞须与集中联锁设备结合使用,自动检查区间空闲,发车站办理发车进路后即自动构成站间闭塞。列车到达接车站或返回发车站并出清区间后,自动解除闭塞。

发车站在办理发车进路前,须确认区间空闲;接车站未办理同一区间的发车进路,并向接车站预告。

发车站已向接车站预告,但列车不能出发时,在取消发车进路后,须通知接车站。

四、半自动闭塞

1. 行车凭证及发放要求

使用半自动闭塞法行车时,列车凭出站信号机或线路所通过信号机显示的允许运行的信号进入区间。

开放出站信号机或通过信号机前,双线区段必须得到前次列车到达前方站的到达信号;单线区段必须得到接车站的同意闭塞信号。

发车站已办理闭塞手续后,列车不能出发时,应将事由通知接车站,取消闭塞。

2. 特殊情况行车凭证

半自动闭塞区段,遇超长列车头部越过出站信号机而未压上出站方面的轨道电路发车时,行车凭证为出站信号机显示的允许运行的信号,并发给司机调度命令。

遇发车进路信号机故障或超长列车头部越过发车进路信号机发车时,列车越过发车进路信号机的行车凭证为半自动闭塞发车进路通知书，如图2-9所示。

半自动闭塞发车进路通知书

第_____号

1. 在列车头部越过发车进路信号机的情况下，准许第_____次列车由_____线发车。
2. 在_____发车进路信号机故障的情况下，准许第_____次列车越过该发车进路信号机。

站（站名印）车站值班员（签名）

年　　月　　日填发

注：1. 白色纸，复写一式两份，司机一份，存根一份。　　　　　　　　　　（规格90mm×130mm）
　　2. 不用的字句抹消。

图2-9　半自动闭塞发车进路通知书

五、电话闭塞

1. 采用电话闭塞的几种情况

1）基本闭塞设备发生故障时

自动闭塞设备发生故障或停电，包括区间内两架及其以上通过信号机故障或灯光熄灭。在这种情况下，列车虽然可按自动闭塞通过色灯信号机关闭的特定行车办法运行，但列车在区间内一停再停或减速运行，势必严重影响运输效率和安全。因此遇有此种情况，也视为基本闭塞设备故障。

半自动闭塞故障，包括轨道电路故障、出站信号机故障，或灭灯、闭塞表示灯错误显示、双方表示灯显示不一致等情况。

2）列车特殊运行方式的情况

发出挂有由区间返回的后部补机的列车时（自动站间闭塞区段有特定行车办法时除外），此时，由区间返回的后部补机无返回的凭证；同时基本闭塞设备无法保证后部补机由区间返回发车站前，不能向该区间发出列车。

自动闭塞区间发出由区间返回的列车时，此时，基本闭塞设备无法保证发车站在列车未返回到车站之前不能向该区间发出列车。

3）无双向闭塞设备的双线区间反方向发车或改按单线行车

当双线区间正线无反向闭塞设备、反方向行车时，只能改按电话闭塞。当双线区间的一条线路因施工或其他原因封锁，另一条线路改按单线行车时，虽正线正方向闭塞设备能使用，但由于该线路正方向与反方向运行的列车采用不同的闭塞方法，办理上容易产生错误，从而发生事故。因此该线路应改按单线行车，上下行列车均须改用电话闭塞。采用反方向行车办法时，须有反方向行车调度命令。

4）半自动闭塞的特殊情况

（1）发出需由区间返回的列车。发出需由区间返回的列车，只能压上发车站的轨道电路，不能压上接车站的轨道电路，列车返回车站后闭塞机不能正常复原。因此不论车站是否设有钥匙路签，均须改用电话闭塞法。这一点和其他基本闭塞法有本质区别。

（2）由未设出站信号机的线路上发车。此时，该列车无法取得半自动闭塞的凭证。

（3）超长列车头部越过出站信号机并压上出站方面轨道电路。此时，出站信号机不能开放。

5) 自动闭塞和半自动闭塞区间的特殊情况

自动闭塞、半自动闭塞区间,在夜间或遇降雾、暴风雨雪,为消除线路故障或执行特殊任务开行轻型车辆时,正常情况下,在设有轨道电路的线路或道岔上运行的轻型车辆要求装有绝缘车轴,以不影响闭塞和接发车。当轻型车辆按列车办理,在上述闭塞设备的区间运行时,由于装有绝缘车轴轨道电路不起作用,从而不能保证轻型车辆运行的安全,为此需改用电话闭塞。

2. 电话记录

电话记录是采用电话闭塞法行车时,区间两端站办理行车闭塞事项的记录。车站在发出电话记录的同时还要编以电话记录号码,以明确办理的事项和责任。电话记录应登记在《行车日志》内,以防遗漏。

电话记录号码自每日 0 时起至 24 时止按日循环编号,编号方法采用顺序编号或用密码式编号,由铁路局自行规定,但在同一区间、同一方向一日内不得重复使用同一号码。

下列行车事项应发出电话记录:

(1) 承认闭塞;

(2) 列车到达,补机返回;

(3) 取消闭塞;

(4) 单线或双线反方向越出站界调车。

3. 占用区间的行车凭证

1) 行车凭证

使用电话闭塞法时,列车占用区间的行车凭证,不论单线或双线均为路票。路票样式,如图 2-10 所示。

图 2-10 路票样式

一般情况下路票填写每次一张,加盖站印后交给司机。当发出挂有由区间返回的后部补机的列车时,应填写两张,均加盖站印,一张交本务机车司机,一张加盖"副"字戳记后发给后部补机司机,作为由区间返回车站的凭证。

2) 路票上填写的电话记录号码

单线及双线反方向发车时,为避免两端站同时发出列车,必须查明区间空闲并取得接车站的承认,所以填写在路票上的电话记录号码为接车站承认闭塞的电话记录号码。双线正方向发车时,填写在路票上的电话记录号码为邻站发出的前次列车到达的电话记录。但改用电话闭塞发出第一趟列车时,为接车站承认闭塞的电话记录号码,这是因前次列车到达邻站无电话记录,接车站须发出承认闭塞的电话记录号码。以后的列车,按前次列车到达的电话记录号码填记。

3) 路票的填写

正确填写路票是办理电话闭塞的重要环节。路票应由车站值班员亲自填写,由助理值班员进行核对。当车站值班员业务繁忙,或车站值班员室距助理值班员室较远时,根据《站细》的规定,可由指定的助理值班员填写。填写后的路票应根据电话记录进行核对,由助理值班员填写的路票,必须通过电话与车站值班员进行核对。核对无误并加盖站名印后送交司机。

路票不得在未得到电话记录前预先填写,也不能在进路准备妥当之前填写。路票已交给列车司机,因特殊原因停止发车,应及时收回路票。双线反方向行车使用路票时,应在路票上加盖"反方向行车"章;两线、多线区间使用路票时,应在路票上加盖"××线行车"章。填写路票内容应齐全,字迹应清楚,文字不得涂改。当填写错误时,应在路票上划"×"注销后重新填写。

六、一切电话中断

1. 一切电话中断时的行车

1) 行车办法及凭证

在双线自动闭塞区间电话中断,如自动闭塞作用良好时,列车运行仍应按自动闭塞法行车。此时电话联络虽然中断,但是车站值班员从监督器上仍能确认列车是否出清第一、第二闭塞分区和接近车站,区间通过色灯信号机仍能保证列车运行安全所需间隔。为站车及时联系,此时列车必须在车站停车,说明车次及注意事项。当列车无线调度通信设备作用良好时,车站可通过无线调度通信设备与列车司机直接联系(说明车次及注意事项),列车在车站可不停车。

(1) 单线区间采用书面联络法。单线区间上、下行列车均在同一条区间正线上交替运行,电话中断后,区间两端站需通过书面联系,确定列车进入区间的顺序。

(2) 双线区间按时间间隔法。由于双线区间运行的列车可分别固定在区间一条正线上运行,因此电话中断后区间两端站只准发出正方向列车,按时间间隔法运行。

列车按书面联络法或按时间间隔法运行时,进入区间的行车凭证均为红色许可证(图2-11),其内容包括占用区间凭证、进行书面联络的通知书以及提醒司机的注意事项。

```
                    许 可 证
                                            第_____号
    现在一切电话中断,准许第____次列车自____站至____站,本列车前于____时____分发出的第____次列
车,邻站到达 已 通知收到。
            未
                    通 知 书
    1. 第____次列车到达你站后,准接你站发出的列车。
    2. 于____时____分发出第____次列车,并于____时____分再发出第____次列车。
                                        站(站名印)车站值班员(签名)
                                              年   月   日填发
注:① 红色纸,复写一式两份,司机一份,存根一份;          (规格 90mm×130mm)
    ② 不用的字句抹消。
```

图2-11 红色许可证

红色许可证中通知书的内容供单线书面联络法使用,双线不填写并应抹消。

2) 书面联络法

(1) 优先发车的车站

单线区间两端站都有占用区间的可能。在电话中断后，可能发生两端站同时向区间发出列车或同时等待对方站发出列车的情况，因而造成行车事故或使行车中断时间过长，影响运输。为此，单线区间（包括双线改按单线办理的区间）在电话中断前就规定了优先发车车站，该站在电话中断后可优先发出列车，既保证了行车安全，又减少了相邻车站用于书面联络的时间。为确保列车运行和行车安全，《铁路技术管理规程》规定下列车站为优先发车的车站：

已办妥闭塞而尚未发车的车站。车站已取得向区间的发车权，在电话中断后亦可优先发车。此时，列车司机持有行车凭证时，不再发给红色许可证，只发给邻站确定下一辆列车发车权的通知书。如无行车凭证时，列车应持红色许可证开往邻站。

区间空闲而两站未办妥闭塞时，单线区间为开下行列车的车站，双线改为单线行车时，为该线原定发车方向的车站。

同一线路、同一方向运行的列车有上、下行两种车次时，优先发车的车站由铁路局在《铁路行车组织规则》中规定。

单线区间电话中断后第一辆列车的发车权归优先发车的车站所有，优先发车站无须与邻站联系即可发出列车。当优先站无待发列车时，应利用一切交通工具迅速将红色许可证中的通知书送到非优先站，准许其发出列车。优先站已确认区间空闲后，可利用车站停留的重型轨道车、单机传递通知书，由于重型轨道车和单机按列车办理，在传递通知书时应持红色许可证。非优先发车的车站如有待发列车，必须在得到优先发车站的通知书后才能发车。第一辆列车以后的列车进入区间的顺序，均按通知书上注明的发车权办理。

(2) 发车前应查明区间空闲

第一辆列车的发车站，发车前必须查明区间空闲。因为，电话中断前发出的列车是按正常闭塞法行车的，当列车未到达邻站前该列车并不知道一切电话中断，在电话中断后不确认区间空闲即按一切电话中断方法向区间发出列车，可能造成两个列车以不同闭塞法进入同一区间。前行列车被迫停车后根据原闭塞法的要求可能退行，亦可能不进行防护，因而存在安全隐患。因此，无论单线还是双线，发出第一辆列车必须查明区间空闲。

2. 时间间隔法

双线按时间间隔法行车时，由于车站联系不便，只准发出正方向列车。为保证列车的安全，非自动闭塞区间发出第一辆列车时，在发车前应查明区间空闲。

电话中断后，无论单线或双线区间，均无法收到列车到达邻站的通知。发出同一方向运行的列车，只能以一定的间隔时间，来保证使两列车保持一定的距离。这一间隔时间为区间规定运行时间另加 3min，但不得少于 13min。3min 主要是接车站安排后行列车进路的准备或前行列车在区间被迫停车的防护时间。电话中断后列车进出车站的速度降低，站内联系亦可能受到影响，因而接发车作业时间将延长，为此间隔时间不得少于 13min。这样，在一般情况下，能保证前次列车已到达邻站，区间腾空后再发出后行列车。这是以时间间隔达到空间间隔的方法。

3. 电话中断后禁止发出的列车

站间联系及行车调度指挥中断后，车站作业困难，行车安全缺乏足够保障。以上的临时行车办法，对一些不十分紧要的任务，或发出后有可能引起不安全因素的以下列车，禁止开行。

(1) 在区间内停车工作的列车（救援列车除外）。这种列车占用区间时间较长，很可能延误邻站待发的重要列车;若在区间超过规定时间,就有可能发生列车冲突事故。但为了排除区间线路故障或进行其他抢修抢救,准许发出到区间救援的列车。

(2)开往区间岔线的列车。发出开往区间岔线列车时,由于电话中断,不易掌握该列车是否进入岔线。若该列车未进入岔线又发出其他列车,则可能发生追尾冲突。另外,从岔线返回车站时,也很难与车站联系。因此禁止发出开往区间岔线列车。

(3)须由区间返回的列车。

(4)挂有须由区间返回后部补机的列车。当有补机由区间返回时,邻站只能掌握列车的到达,而不了解补机是否返回原发站,若邻站根据通知书要求发出列车时,亦不能保证行车安全,所以禁止发出须由区间返回后部补机的列车。

(5)列车无线调度通信设备故障的列车。在通信中断的特殊情况下,为确保安全、加强联系,无线调度通信设备损坏的列车,不能进入区间。

4. 电话中断时的区间封锁与开通

在电话中断时间内,如遇区间发生事故或线路中断等情况,为避免事故扩大,并须立即组织救援和抢修,以尽快恢复通车。接到要求封锁区间,抢修施工,事故救援的车站值班员,可不必与邻站商议,立即封锁区间。将封锁区间、障碍地点及是否开行救援列车等事项,以书面形式通知封锁区间的相邻站。书面通知应加盖站印及由车站值班员盖章或签名。若开行救援列车时,亦以车站值班员的书面命令(使用调度命令用纸书写)作为进入封锁区间的凭证。

抢修或救援工作完成后,应及时开通封锁区间。由接到开通封锁区间请求的车站值班员,以书面形式通知封锁区间的相邻站,然后以电话中断的行车办法行车。在电话联络恢复后,再将封锁区间事项报告列车调度员。

5. 单线区间车站电话呼唤 5min 无人应答行车

当单线区间电话作用良好,利用列车调度电话,站间行车电话或其他电话呼唤相邻车站至 5min 无人应答时,应由列车调度员查明该站及相邻两区间确无列车(包括单机、大型养路机械及重型轨道车),以防发生列车冲突事故。然后发布调度命令,封锁不应答站的相邻两区间,按封锁区间办法向不应答站发出列车,列车凭调度命令进入区间。由于事先不了解不应答站的情况,为保证进入封锁区间列车的安全,不论不应答站的进站信号机是否开放,都必须在进站信号机外停车。待判明站内情况及确认接车进路准备妥当后再行进站。进站后,司机或车站值班员将经过情况报告列车调度员。若该站电话不通或不能使用时,列车应继续运行至前方站,向列车调度员汇报。

项目五　掌握列车运行的相关规定

任务　列车运行工作

任务单

任务名称	列车运行工作
知识目标	(1)熟悉列车运行条件和列车乘务组； (2)熟悉货物列车在技术站发车前的主要工作； (3)熟悉列车运行速度规定； (4)熟悉接车与发车； (5)熟悉列车在区间被迫停车的处理； (6)熟悉施工及路用列车开行
能力目标	掌握列车运行中相关规定,能够组织指挥列车安全运行
任务描述	以列车运行工作实例为任务,任务中包含列车运行条件、列车乘务人员工作、接车与发车、列车在区间被迫停车的处理等内容,根据列车运行的规章要求,合理安全地完成列车运行工作
任务要求	(1)掌握列车运行条件和列车乘务组的规定； (2)掌握货物列车在技术站发车前的主要工作的规定； (3)掌握列车运行速度的规定； (4)掌握接车与发车的规定； (5)掌握列车在区间被迫停车的处理的规定； (6)掌握施工及路用列车开行的规定

相关知识

一、列车运行的条件和列车乘务组

1. 列车和按照列车办理的条件

按照列车编组计划、列车运行图及《铁路技术管理规程》等有关编组列车的规定连挂在一起的车辆称为车列。已编成的车列挂上牵引机车,并揭挂《铁路技术管理规程》规定的列车标志,才称为列车。原则上只有完全具备上述列车条件后,才能向区间运行。否则,就可能危及行车安全。

根据运输需要,单机、大型养路机械及重型轨道车开往区间时,虽未编挂车列,但进入区间后却一样对区间安全和效率有着重要影响。为此,单机、大型养路机械及重型轨道车虽然未完全具备上述列车条件,在进入区间时也应按列车办理。

动车组列车为自走行固定编组列车。

2. 列车乘务组

为了完成列车运行中的各项作业，及时处理运行中发生的各种问题，以及在有碍安全时采取临时防护措施，根据列车的任务、要求和运行条件，配备直接为列车服务的人员组成列车乘务组，包括：

(1) 机车乘务组

动车组列车应有动车组司机，其他列车应有机车乘务人员。

(2) 车辆乘务人员

动车组列车应有随车机械师，其他旅客列车、特快货物班列和机械冷藏车组，由于构造较一般车辆复杂，运行中又有特殊要求，为便于及时检修和处理故障，规定旅客列车、特快货物班列和机械冷藏车组应配有车辆乘务人员。挂有超限货物车辆的列车，在运行途中有时需检查超限货物的装载情况和车辆技术状态，应根据挂运命令的要求，确定是否派出车辆乘务人员添乘。

(3) 客运乘务组

为做好旅行中的服务工作，如保证旅客的安全、上下车方便、车内卫生、旅客在列车上的文化生活、饮食供应及行李包裹的运送等，旅客列车须有旅客乘务组。旅客乘务组包括列车长、列车广播员、列车员、列车行李员及餐车工作人员等，负责旅客的服务工作及行李包裹的作业等。

二、货物列车在技术站发车前的主要工作

为确保货物列车的安全，在编组站、区段站出发前有关人员必须做好以下各项安全工作。

(1) 货运检查人员应认真执行区段负责制，检查列车中车辆的装载、加固、施封及篷布苫盖状态，以及空车的门窗关闭情况，发现异状时，应及时处理。对无列检作业的车站，还应检查自动制动机的空重位置，不符合时应进行调整。

(2) 车号人员应按列车编组顺序表核对现车和货运票据，无误后，按规定与机车乘务员办理交接。

(3) 列检人员检查车辆，发现因货物装载超重、偏载、集重引起技术状态不正常时，应及时通知车站处理；车辆自动制动机的空重位置不符合时，应进行调整。

三、列车运行速度规定

为了保证列车运行的正点，列车应按规定速度运行；为了保证列车运行的安全，列车运行不得超过规定的限制速度。如信号显示的要求（黄色灯光、进站信号机的一个月白色和红色灯光、减速地点标等），机车的牵引方式（推进运行、退行、蒸汽机车逆向牵引运行等），接入尽头线，以及侧向经过道岔等，都应限制列车速度（见表2-5）。

列车运行的限制速度　　　　　表2-5

项　　目	速　度　(km/h)
四显示自动闭塞区段通过显示绿黄色灯光的信号机	在前方第三架信号机前能停车的速度
通过显示黄色灯光的信号机及位于定位的预告信号机	在次一架信号机前能停车的速度
通过显示一个黄色闪光灯光和一个黄色灯光的信号机	该信号机防护进路上道岔侧向的允许通过速度
通过减速地点标	标明的速度，未标明时为25
推进	30
退行	15
接入站内尽头线，自进入该线起	30

四、列车乘务人员工作

(1)车辆乘务员、客运乘务组等列车乘务人员发现下列危及行车及人身安全情形时,应使用紧急制动阀(紧急制动装置)停车:

①车辆燃轴或重要部件损坏。

②列车发生火灾。

③有人从列车上坠落或线路内有人死伤。

④其他危及行车和人身安全必须坚持紧急停车时。

(2)车辆乘务人员应按技术作业过程的规定检查车辆,并参加制动试验。在列车运行途中,应监控车辆运用状态,及时处理车辆故障,并将本身不能完成的不摘车检修工作,预报前方站列检。前方站列检应积极组织人力修复车辆故障,保持原编组运用。是否摘车检修,应由当地列检决定并处理。车辆乘务员应配备列车无线调度通信设备及响墩、火炬、短路铜线、信号旗(灯)等防护用品,在值乘中还应做到:

①列尾装置故障时,列车出发前、停车站进站前和出站后,应按规定与司机核对列车尾部风压。

②列车发生紧急制动停车后,联系司机,检查车辆技术状态,可继续运行时通知司机开车。

③向司机通报使用紧急制动阀的情况,并协助司机处理有关行车事宜。

(3)随车机械师应按技术作业过程的规定检查动车组;在列车运行途中,应监控动车组设备技术状态,及时处理车辆故障,经处置确认无法正常运行时,通知司机选择维持运行或停车。随车机械师应配备 GSM-R 手持终端和无线对讲设备及响墩、火炬、短路铜线、信号旗(灯)等防护用品,在值乘中还应做到:

①列车发生紧急制动停车后,联系司机,检查车辆技术状态,可继续运行时通知司机开车。

②向司机通报使用紧急制动阀的情况,并协助司机处理有关行车事宜。

五、接车与发车

1.基本规定

车站应不间断地接发列车,严格按列车运行图行车。接发列车时,车站值班员应亲自办理闭塞、布置进路(包括听取进路准备妥当的报告)、开闭信号、交接凭证、接送列车、发车。由于设备或业务量关系,除布置进路(包括听取进路准备妥当的报告)外,其他各项工作可指派助理值班员、信号员或扳道员办理。

车站值班员接到邻站列车预告后,按《站细》规定时间及时通知有关人员到岗接车,站内平过道应提前派人到岗监护。

2.接发列车线路使用

1)接发车线路的合理使用

正确、合理地使用接发车线路,对保证车站作业安全,减少作业干扰,提高运输效率有重要意义;同时,也为车站经常保持有不间断接发列车的空闲线路创造了条件。为保证接发列车安全,《站细》对站内所有线路的使用都有具体规定,在作业时应认真遵守。

接发列车应在正线或到发线上办理。正线、到发线是专门为办理列车的接发和进行技术作业而设置的。正线和到发线的钢轨、道岔等设备标准比其他线路高,可以保证列车进出车站有较高的速度;正线和到发线有保证列车进路正确的联锁和指示列车运行条件的信号设备;有为旅客上下、行包装卸的站台;在技术站或较大中间站的到发线上,设有机车整备和列检作业的有关设备,便于进行技术作业;在车站线路布置上,考虑了列车到发与调车作业的紧密配合,保证车站的最大平行作业。因此,在正线、到发线办理接发列车,既保证了车站作业效率,又保证了接发列车的安全。特殊情况下,在非到发线上办理接发列车时必须要有调度命令准许。

旅客列车、挂有超限货物车辆的列车,应接入固定线路。对在本站停车的旅客列车,为保证旅客上下、行包装卸及旅客出入车站的安全,列车应接入靠近站台,设有平过道或天桥、地道等设备的线路。由于旅客列车较其他列车速度高,所以接发在站停车的旅客列车,侧向经过的单开道岔不得小于12号。

超限货物的宽度或高度超出机车车辆限界,与邻近的设备、建筑物或邻线的机车、车辆有刮撞的可能,为保证列车安全运行和货物完整,不损坏设备和建筑物,所以规定必须接入符合规定要求的线路。

车站接发旅客列车或挂有超限货物车辆列车的线路,应按上述要求固定,并在《站细》中规定,车站值班员要熟练掌握并严格遵守。

动车组列车、特快旅客列车应在正线通过,其他通过列车原则上应在正线上通过。正线设备较其他线路的质量和规格都高,为列车以高速通过车站提供有利条件。正线的出站信号一般都是高柱型的,为司机提供较好的瞭望条件;正线所经道岔位置绝大多数开通直向位置,以保证列车有较高速度,并能减少轮缘磨耗。所以,通过列车原则上应在正线通过,必须改由到发线通过时,还必须采取一定的安全措施。动车组列车、特快旅客列车速度都在120km/h以上,在车站通过时,更应考虑正线上通过。

原规定为通过的旅客列车由正线变更为到发线接车及动车组列车、特快旅客列车遇特殊情况必须变更进路时,分为两种情况:一种是变更到发线通过;另一种是变更到发线接车。由于旅客列车运行速度高,在站内正线通过时的运行速度也不低,而列车进入到发线受侧向通过道岔速度的限制,若列车超速进入到发线,可能造成脱轨颠覆事故。有的车站虽有预告信号机,但只能预告进站信号机的开放状态,不能预告道岔开通的位置。所以,规定为通过的旅客列车由正线变更为到发线接车及动车组列车、特快旅客列车遇特殊情况必须变更基本进路时,须经列车调度员准许,并预告司机;如来不及预告时,应使司机在站外停车后,再开放信号机,接入站内。动车组列车遇特殊情况需变更办理客运业务的固定股道时,须经调度所值班主任(值班副主任)准许。

货物列车应接入《站细》指定的有关线路。在中间站,有摘挂车辆作业的列车应接入靠近货场或专用线的线路,以减少对正线的干扰。在技术站,应根据列车的性质及在车站的作业要求,接入有关车场、线群及线路。

2) 保证车站有空闲的接车线路

保证车站经常有空闲的接车线路是车站值班员的重要职责。为此,车站值班员应做好组织工作,加强与列车调度员及有关部门的联系,随时了解列车运行情况,有计划地全面合理运用到发线。为保证车站有不间断接车的空闲线路,应遵守下列规定:

(1) 正线上不得停留车辆(尽头式车站除外)。正线是列车通过车站的线路,正线上停留车辆就会影响列车运行,若列车改经道岔侧向通过车站,则会增加不安全因素。

(2)到发线上停留车辆时，须经车站值班员准许，在中间站并须取得列车调度员的准许方可占用，该线路两端道岔应扳向不能进入的位置并加锁(装有轨道电路除外)。

3)机车出入段

在设有机务段、机务折返段的技术站，机车出入段是一项频繁的调车作业，它关系着能否按列车运行图正点运行，也影响着车站的接发车工作。因此，车站值班员必须认真掌握机车出入段的时机与进路。

当车站配置固定走行线时，走行线已考虑到减少对接发车工作的干扰。因此，机车出入段必须经固定走行线。固定走行线上禁止停放车辆，以保证出入段进路畅通。

当车站未配置固定走行线或临时变更走行线时，应事先通知司机机车的走行进路，司机按固定信号或扳道员显示的进行信号运行。进路式电气集中的车站，机车出入段的进路是分段准备的，途中难免有变化，故不通知司机，司机按信号显示运行。

3. 接发列车作业项目

1)办理闭塞

确认区间空闲。车站值班员在办理闭塞前应确认区间空闲。我国铁路采用的行车闭塞法，无论是基本的还是代用的，都属于空间间隔法。虽然这些闭塞方法在正常情况下都能实现在同一时间、同一区间(或闭塞分区)内的一条正线上只有一个列车运行，但因设备本身的欠缺，或因办理人员的疏忽，仍可能将另一列车开入占用区间。例如：半自动闭塞区间遗留车辆或列车全部在区间，就设备而言仍可办理区间开通和将下一列车开入区间的闭塞手续。使用电话闭塞法时，本身没有设备控制，区间是否空闲，全靠电话联系。为此，要认真做好这一作业。确认区间空闲时，除人工检查前一列车是否全部到达，补机是否返回，出站(跟踪)调车是否完毕，以及有无轻型车辆占用和区间封锁外，还应从设备上确认区间空闲。

自动闭塞：通过控制台的监督器(列车离去表示灯)或出站信号机复示器，确认第一及第二闭塞分区空闲的情况，在四显示区段，还应确认第三闭塞分区的空闲情况；半自动闭塞：除根据闭塞机上闭塞表示灯显示外，还应根据《行车日志》确认；电话闭塞：根据《行车日志》列车到达的电话记录确认。

自动闭塞：不需人工办理，只需确认第一、二离去闭塞分区空闲；半自动闭塞：先用电话向接车站请求闭塞，在取得接车站同意后，按闭塞按钮，发车表示灯亮黄灯，接车站按闭塞按钮，发车站的发车表示灯亮绿灯，表示闭塞办理妥当；电话闭塞：用电话向接车站请求闭塞，取得接车站同意闭塞的电话记录号码后，表示闭塞办理妥当。

2)进路的布置、准备及确认

正确、及时地准备好列车进路是接发列车工作中的关键。车站值班员必须亲自布置和听取进路准备妥当的报告。

布置内容。车站值班员应讲清车次和占用线路(接入股道或由某道出发)。如车站一端有两个及其以上列车运行方向或双线反方向行车时，还要讲清方向。

①布置要求。

按《站细》规定时间，正确及时地布置进路；布置进路应按中国铁路总公司《接发列车作业标准》规定的程序和用语办理，不得简化；布置进路的命令不准与其他作业的命令、通知一起下达。

受令人复诵，当两人及其以上同时接受准备进路的命令时，应指定一人复诵。车站值班员要认真听取复诵,核对无误后方可按发布命令执行。

当车站联锁失效时,车站值班员布置进路必须组织两端扳道员同时布置,以防列车进站时,另一端扳道员不了解车站值班员的命令,将调车机放入,造成有车线接车,甚至发生冲突。

②准备进路。

道岔的扳动及转换。扳道员、信号人员应严格按照车站值班员布置的接发列车命令,正确、及时地准备进路。在操纵道岔、信号时,要眼看、手指、口呼,对控制台要一看、二排、三确认、四呼唤,严禁他人操纵。扳道人员在操纵道岔时,要执行"一看、二扳(按)、三确认、四显示(呼唤)"制度。集中联锁车站,办理旅客列车进路后,要在按钮上加扣客车帽。

扳动道岔的程序规定:

"一看":在扳动前看所扳道岔的开通方向;看接车线是否空闲;看机车车辆是否越过警冲标;看机车车辆是否越过联动道岔。

"二扳":将道岔扳到所需位置。

"三确认":确认道岔开通位置是否正确,尖轨与基本轨是否密贴,进路有关道岔位置是否正确。准备接发车进路时,还要确认影响进路的调车作业是否停止。

"四显示(呼唤)":确认无误后,呼唤"×道准备好了",并向车站值班员汇报进路准备妥当或向要道人员显示股道号码和进路准备妥当手信号。

集中联锁设备正常时操纵道岔方法。通过控制台按钮操纵道岔自动转动。

集中联锁车站人工转换道岔的方法。集中联锁车站在停电或故障时,对内锁闭的电动转辙机,需使用手摇把就地操纵道岔时,所使用的电动转辙机钥匙及手摇把是在固定地点存放,并应进行编号。平时由电务信号工区加封,由车站值班员、扳道员或清扫员保管。

遇电气集中联锁设备故障时,车站值班员应立即通知信号工区并在《行车设备检查登记簿》内登记,为保证不间断接发列车,应在车站值班员指示下,由扳道人员在现场手摇道岔。手摇道岔时,应在《站细》规定地点取来钥匙,将钥匙孔盖上的锁打开(图2-12),使钥匙孔盖向下方转动,露出手摇把孔。将手摇把插入孔内,手摇转动36~38圈,听到"咔嚓"的声音后,即表示道岔已手摇到位,尖轨被锁闭。由于"咔嚓"的声音很小,加上现场声音嘈杂,必须注意观察,切不可未手摇到位即抽出手摇把。对应加锁的道岔,即使摇到位,听到"咔嚓"的声音,也必须加锁,以确保进路安全。

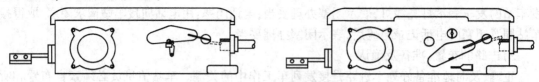

图2-12 人工转换道岔示意图

经过手摇的道岔,不能自动恢复集中操纵。转辙机底壳内的安全节点是非自复式的,由于抽出手摇把后安全节点亦不能接通,钥匙孔盖亦不能恢复原来的位置,电动转辙机还处于断电状态。即便恢复供电,该道岔的电动转辙机仍不能动作,使人工转换后的道岔不改变其开通方向,保证进路的正确。

电气集中设备恢复正常,停止手摇道岔,在接车时就在列车全部进入警冲标内方,发车时出发列车应整列出站,再由电务人员使用专用钥匙打开电动转辙机机盖,经确认设备处于正常状态,接通安全节点,钥匙孔盖恢复原来位置,手摇把插孔被覆盖,人工转换停止。此时,对电动转辙机及钥匙孔盖加锁,当道岔操纵电路恢复后,即列入集中操纵。

为了适应列车提速的需要,目前许多区段都安装了分动外锁闭可动心轨道岔。这种道岔是由交流液压电动转辙机操纵的,转辙机内无齿轮传动装置。若手工摇岔时,转数不固定,大约在200转以上,摇动期间不能停顿,停顿后又要从头摇动。因此,对手工摇岔有一定难度。同时,由于道岔的两尖轨是分别动作的,一尖轨与基本轨密贴后,另一尖轨才开始动作,必须两尖轨动作均到位后,才能停止摇动。有的道岔是由两组液压转辙机操纵,在摇动时还要注意另一转辙机的动作。外锁闭道岔的锁闭力可在60t以上,而内锁闭道岔的锁闭力仅在5t左右。因而外锁闭道岔对列车提速后产生的较大冲击力,有着良好的适应作用。但在人工手摇道岔时,由于人员的疏忽错误开通道岔方向时,列车很难冲开密贴的尖轨与基本轨,很可能造成列车脱轨事故。分动外锁闭可动心轨道岔在进行人工转换时必须确保两尖轨都转换到位,同时还必须确保心轨与尖轨开通方向一致。铁路局应在《铁路行车组织规则》中,制定操纵、使用及加锁的规定。

进路的锁闭方法如下:

联锁设备正常时,集中设备自动对进路进行检查,对进路锁闭以在控制台或计算机显示器上亮白色光带来表示。

集中设备联锁失效时,该接发列车进路上的道岔不能由设备进行检查,同时进路上有关道岔也失去联锁。为确保接发列车安全,除确保进路上有关道岔位置正确外,还应将进路上的对向道岔和邻线上的防护道岔进行人工加锁。

列车由尖轨向辙叉运行时,该道岔为进路上的对向道岔。当对向道岔开通位置错误时,则可能使列车进入不该进入的线路,与该线路内的机车车辆发生冲突,为保证接发列车的安全,对进路中的对向道岔,除应确认其开通位置外,还必须按规定加锁。如图2-13所示为某站平面示意图,当正方向运行的上行列车进6道时,进路上应加锁的对向道岔为10、14、20、22号道岔。当下行列车由3道向下行正线发车时,进路上应加锁的对向道岔为12号道岔。

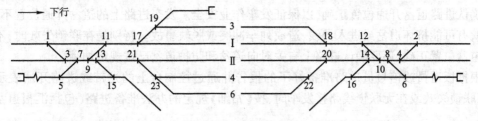

图2-13 某站平面示意图

顺向道岔是列车经辙叉向尖轨运行时该道岔为进路的顺向道岔。当顺向道岔开通位置错误时,可能造成挤岔或脱轨。

防护道岔是能将邻线上的进路与本线上的接发列车进路隔开的道岔或邻线上能进入接发列车进路的道岔叫防护道岔。若其开通位置错误,则可能造成邻线上的机车车辆错误闯入接发列车进路。为此,要求当防护道岔开通位置正确以后加锁。由于进路不同,邻线上防护道岔亦不相同。如图2-13所示,上行列车进6道时,防护道岔为2、6、12、16;下行列车由3道发车时,其防护道岔为10、4号道岔。

加锁方法:集中联锁的道岔,联锁失效时则应使用勾锁器并加挂锁。

电气集中联锁或微机联锁的道岔,道岔尖轨的转动是电动转辙机带动的,渡线道岔两端由两组电机单独带动。当集中操纵改为就地操纵时,接发车人员需用手摇把分别操纵渡线两端道岔,加锁也要对防护道岔和对向道岔加锁。

仍以图2-13为例,当上行列车由4道正方向发车时,需加锁的道岔是:3、7号(对向道岔)和15、11、5、1号(防护道岔);3道接入下行列车时,需加锁的道岔是:1、17、19号(对向道岔)和3、9号(防护道岔)。

凡因设备的原因需道岔人工加锁时,信号员应将道岔在控制台上按下单独锁闭按钮。

确认进路内容如下:

①接车前认真检查确认接车线路空闲。

确认接车线路空闲系指接车线无封锁施工,无机车车辆、动车,以及其他能造成脱轨的障碍物。

a. 确认方法:通过控制台上股道占用光带或股道占用表示灯确认,还要注意确认线路附近有无能使列车脱轨的障碍物;在轨道电路故障时,由接发车人员现场确认接车线路是否空闲;原装有联锁设备的线路上,由于停电,导致联锁失效,此时,列车(调车)进路及道岔和信号机之间联锁设备已不能相互检查并失去互控作用。

b. 检查接车线空闲方法:

现场目视检查。在昼间天气良好时,由现场接车助理值班员,两端扳道员分别站在接车线路中心,以"眼看、手指、口呼"一致确认的检查办法,确认接车线空闲。

分段现场检查。在夜间或昼间天气恶劣,再或地处曲线直接目视检查接车线空闲有困难时,车站值班员、助理值班员与两端扳道员应按《站细》所划分的地段,以互对股道号码信号或分段步行检查确认接车线空闲。

辅助检查。当车站正线、到发线上有列车、车辆占用时,在行车室控制台盘面的按钮(或手柄)上挂有"列车占用"、"存有车辆"等字样的表示牌,并在行车室、扳道房的"占线揭示板"上填记列车车次或存车代号、符号等,以便接发列车人员用于辅助记忆及检查线路占用情况。

②确认进路道岔开通位置正确。

确认进路道岔开通位置正确,以保证发车作业安全。发车进路上的道岔开通位置不正确,列车就有可能挤坏道岔或进入异线,造成列车冲突或脱轨事故。特别是在联锁失效时,不仅要确认道岔位置正确,还要确认进路上有关对向道岔和防护道岔已按规定加锁。

根据扳道员或信号员进路准备好了的报告并通过控制台上的光带或进路开通表示灯确认;当联锁失效或在无联锁线路接发车时,按《站细》规定的办法准备进路(包括汇报道岔加锁情况)。

③确认影响进路的调车作业已经停止。

影响发车进路的调车作业系指:占用或穿过发车进路的调车作业;站间相邻两线,线间距不满足标准间距时,其中一线接发列车,另一线上进行调车作业;能进入接发列车进路的线路无隔开设备的调车作业。

因为不及时停止影响接发列车进路的调车作业,就有可能造成列车在站外停车或出发列车晚点,甚至可能使列车与正在调车的机车车辆发生冲突事故。规章内规定,严禁"抢钩"作业,严格遵守"调车作业必须服从于接发列车"这一行车工作原则。

确认方法,根据设备和设备所处状态,结合有关规定,对每一确认事项都要明确是车站值班员亲自办理还是通过有关人员办理;是用监督设备还是现场确认,是查看记录还是揭示表示牌,这些都要形成统一制度,并纳入《站细》一丝不苟地执行。

3)信号机的开闭时机

(1)进站信号机开放时机。进站信号机开放后即锁闭有关进路上的道岔,过早开放会过早占用咽喉区,影响站内其他作业。晚开放信号机可能使列车在信号机外减速甚至停车。正确开放进站信号机的时机为列车运行至预告信号机前司机能确认信号机显示的地点,如图2-14以及下述公式所示。

$$L_{开} = \frac{L_{进} + L_{制} + L_{确}}{V_{进}} \times 0.06(\min)$$

式中:$L_{确}$——司机确认信号显示的距离(m);

$L_{制}$——列车制动距离;

$L_{进}$——进站信号机至出站信号机或接车线末端警冲标之间的距离(m);

$V_{进}$——列车进站的平均速度(km/h);

0.06——km/h 化为 m/min 的单位换算系数。

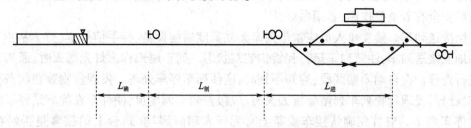

图2-14 开放进站信号时机示意图

(2)出站信号机开放时机。开放出站信号机的时机,须根据出站信号机开放后至列车起动前,办理全部作业所需的时间而定。其中包括:助理值班员确认出站信号机的开放状态显示发车信号;司机确认发车信号及出站信号,以及起动列车等。

提前开放信号机的时间应在《站细》内规定。

信号机的关闭时机。信号机关闭后,有关道岔即解锁(装有道岔区段轨道电路的车站除外)。信号机关闭过早,可能造成进路道岔错误转换或敌对信号开放,因而威胁列车运行安全;关闭过晚会耽误其他作业,影响效率。由于设备不同,信号机的关闭时机,也就有所不同。

集中联锁车站的进站、进路、出站信号机,设有轨道电路的线路所通过信号机及自动闭塞区段的通过信号机,由于轨道电路的作用,当机车或车辆第一轮对越过该信号机后自动关闭。

调车信号机在调车车列全部越过调车信号机后自动关闭。

引导信号机应在列车头部越过信号机后及时关闭。

非集中联锁车站的进站信号机及线路所通过信号机,在列车进入接车线轨道电路后自动关闭。

非集中联锁车站,由手柄操纵的信号机,进站信号机在确认列车全部进入接车线警冲标内方,出站信号机在列车全部越过最外方道岔并确认列车全部进入出站方面轨道电路区段后,恢复手柄关闭信号。

上述情况,信号机的关闭是由接发列车人员操纵的,有关人员必须确认列车位置后才能关闭信号机。一般情况下,晚关闭或忘关闭信号机的情况是少有的,但提前关闭信号机、提前解锁进路的情况却时有发生。因车站作业繁忙,如接发列车后即抢一勾作业,或相对方向同时接车,或发出列车后再接入一个列车,车站值班员为提早准备进路,将出站或进站列车的进路提前解锁,同时命令扳道员在列车尾部越过后扳动道岔。扳道员在忙乱中极易错扳道岔,使列车后部车辆进入异股道,或联动道岔的另一端被挤等。

4）交接凭证

交接凭证，在此是指出站(线路所通过、发车进路)信号机显示的允许运行的信号以外的摸得着、拿得到的"证件"。如：绿色许可证、路票、红色许可证、钥匙路签、列车进入封锁区间的"调度命令"等。

交接的凭证(包括转交司机的调度命令、口头指示、预告等)，要认真检查是否正确，注意人身安全；如通过列车交不上时应停车交付。车站收回凭证后，要确认凭证是否正确，除钥匙路签及时插入控制台(或钥匙路签器)外，其他凭证应及时注销保管。

5）接送列车

列车出入车站时，必须由助理值班员、扳道员等接发车人员在室外立岗接送列车。确认列车的整列出发、完整到达、进入警冲标内方等。同时还要监视列车运行状态及货物装载状态，及时处理危及行车安全的问题。接送列车作业不仅涉及列车进出车站的安全，也对列车在区间运行的安全有着重要作用，必须做好。

立岗接送列车。接发车人员应携带列车无线调度通信设备、持手信号旗(灯)站在《站细》规定的地点接送列车；注意列车运行和货物装载状态。列车尾部标志灯光熄灭时，通知车辆乘务员进行处理。在自动闭塞区段，通知不到时，应使列车停车处理。发现货物装载状态有异状时，及时处理；发现货物列车列尾装置丢失时，应报告列车调度员，使列车在前方站停车处理。

对停车列车。应首先确认接车线路上有无行人和障碍物，站台上的旅客是否站在安全白线里面。列车在站内停车时，应停于接车线警冲标内方。在设有出站(进路)信号机的线路上，列车头部不得越过出站(进路)信号机。当列车尾部停在警冲标外方或压轨道绝缘时，接车人员应使用无线调度通信设备等通知司机或显示向前移动的手信号：昼间为拢起的手信号旗上下摇动；夜间为白色灯光上下摇动，也可辅以其他手段通知司机，使列车向前移动。

对通过或出发列车。接发通过列车除应按规定确认出站信号或交接行车凭证外，还应确认通过线路上有无行人和障碍物。当特快旅客列车通过车站时，为确保站台上旅客和特快旅客列车的安全，要组织旅客站在安全线以内。

列车接近车站、进站和出站的报告。列车接近车站、进站和出站时，接发车人员应及时向车站值班员报告列车进出站的情况(能从设备上确认的除外)。

6）发车

发车前，车站值班员必须亲自或通过有关人员确认影响进路的调车作业已经停止后，方可准备进路、开放出站信号机，交付行车凭证，在旅客上下、行包装卸和列检作业等完毕后发车。

对于动车组以外列车，有关人员应做到：

①发车进路准备妥当，行车凭证已交付，出站(进路)信号机已开放，发车条件完备后，车站值班员(助理值班员)方可显示发车信号。

②司机必须确认行车凭证及发车信号显示正确后，方可起动列车。

③语音记录装置良好的车站，准许使用列车无线调度通信设备发车。

动车组列车由列车长确认旅客上下完毕后，通知司机关闭车门动车组。列车在车站出发，动车组列车司机在确认行车凭证和开车时间，车门关闭后，即可起动列车。

7）开通区间及报点

车站值班员应将列车的到达、出发或通过时刻记入《行车日志》，旅客列车应按规定使用红色笔填写。为使列车调度员能随时掌握管辖区段内列车运行情况,车站值班员应及时向列车调度员报点。

列车到达、发出或通过后,车站值班员应立即向邻站及列车调度员报点,并记入《行车日志》(设有计算机报点系统的按有关规定办理)。遇有超长列车、超限列车、制动力部分切除的动车组列车、单机挂车和货物列车列尾装置灯光熄灭等情况,应通知接车站。

列车到、发及通过时刻的确定:

(1)到达时刻:以列车进入车站,停于指定到达线警冲标内方时刻为准。列车超过实际到达线有效长时,以第一次停车时刻为准。列车在区间分部运行时,则以全部车辆到达车站时为准。

(2)出发时刻:以列车机车向前进方向起动,列车在站界内(场界内)不再停车为准。列车全部发出站界后,因故退回发车站再次出发时,则以第一次出发时刻为准。在分界站向邻局出发时,则以最后发出时刻为准。

(3)通过时刻:以列车机车通过车站值班员室时为准。

4.进路的变更

由于作业的需要,或临时发生故障,为保证安全,可能对已经准备好的接发列车进路加以变更。如接车时,可能关闭进站信号机,改变接车股道或将其关在机外;发车时,可能关闭已开放的出站信号机停止发车,再准备其他进路。上述情况由于司机没有精神准备,对突然变化的信号采取紧急制动,造成机车车辆或货物的损坏,产生严重后果;或由于司机间断瞭望,将停止发出(或接入)的列车发出(或接入),与改变计划的列车发生冲突,后果更不堪设想。因此,进站或出站信号机开放后其接发列车进路不应随意变更。遇特殊情况必须变更时,应做到以下几点:

(1)变更接车进路时,应保证列车在进站信号机外不停车、不减速的情况下,方可关闭进站信号机,变更接车进路。设有接近锁闭的车站,当列车进入接近锁闭区段后,除危及行车安全外,不得变更接车进路。

(2)变更发车进路时,应先通知发车人员,确知停止发车后,方可取消发车进路。如已开放信号或发车人员已通知司机发车,而列车尚未起动时,还应通知司机,收回行车凭证后,再取消发车进路。

5.列车在站内临时停车的处理

所谓临时停车是指计划之外的停车。列车在站内临时停车,待停车原因消除且继续运行时,应按下列规定办理。

(1)司机主动停车时,自行起动列车;

(2)其他列车乘务人员使用紧急制动阀(紧急制动装置)停车时,由车辆乘务员(随车机械师)通知司机开车;

(3)车站接发列车人员使列车在站内临时停车时,由车站按规定发车(动车组列车由车站通知司机开车);

(4)其他原因的临时停车,车站值班员应组织司机、车辆乘务员(随车机械师)等查明停车原因,在列车具备运行条件后,由车站按规定发车(动车组列车由车站通知司机开车)。

注意:上述第(1)、(2)、(4)项,司机应立即报告车站值班员,并说明停车原因。

6.禁止办理相对方向同时接车

为保证车站接发列车的效率和作业安全,根据进站方向的坡度、接车线末端有无隔开设

备、列车的性质,对车站办理相对方向同时接车或同方向同时发接列车《铁路技术管理规程》有如下限制:

1)线路设备条件的限制

进站信号机外制动距离内,进站方向为超过6‰下坡道,而接车线末端无隔开设备,如图2-15所示。

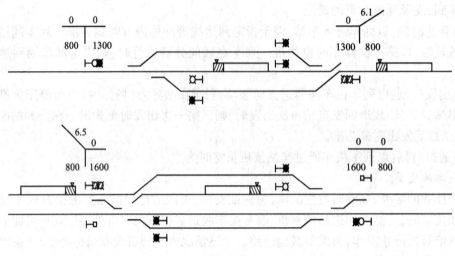

图 2-15

列车在超过6‰的下坡道上运行时,下滑力超过走行阻力,即使无动力运行,运行速度也会加大。如司机不能正确施行制动,列车进站时可能越过接车线末端警冲标。该线末端未设隔开设备,就有可能与另一列车发生冲突。进站信号机外制动距离内的坡度为换算坡度,即平均坡度减去曲线阻力当量坡度。超过6‰的坡度由工务部门提供,在铁路局《铁路行车组织规则》内公布。电务部门设计此类车站信号时,有关信号应按敌对信号设计。引导接车时不能控制敌对信号,由车站值班员人工控制。

2)接、发客运列车时的限制

在接、发旅客列车的同时,接入列车运行监控装置或轨道车运行控制设备发生故障的列车、制动力部分切除的动车组列车而接车线末端无隔开设备。

3)不能同时接车和不能同时发接列车的处理

车站不能同时接车而两列列车同时接近车站时,势必先将一个方向的列车接入站内停于警冲标内方后,再开放另一端进站信号机,接入另一列车。此时,车站值班员应选择合理的接车顺序。在确定先后顺序时,应先接不适于在站外停车的列车、停车后起动困难的列车、后面有续行列车的列车。遇两列列车不能同时接发时,原则上应先接后发,避免列车在站外停车。遵照先客后货、先快后慢的原则,一般可考虑,旅客列车与非旅客列车交会时,应先接旅客列车;停车列车与通过列车交会时,应先接停车列车;非超长列车与超长列车交会时,应先接非超长列车;进站方向为下坡道的列车与进站方向为平道或上坡道的列车交会时,应先接进站方向为平道或上坡道的列车。

禁止办理同方向同时发接列车时,原则上应先接后发,避免列车在站外停车,亦可根据列车调车员指示办理。

7. 站内无空闲线路时的接车

站内无空闲线路,是指由于发生事故、自然灾害或组织不当等原因,造成站内能接车的线路都被占用的情况。

1）限制及办法

对接入列车的限制。在站内无空闲线路的特殊情况下，只准接入为排除故障、事故救援、疏解车辆等所需的救援列车、不挂车的单机及重型轨道车。

2）接车办法

接车前，车站值班员应亲自或指派有关人员确认接车线停留车位置和空闲地段的长度，并通知接车线内停留的机车、动车、重型轨道车司机禁止移动位置，防止与接入的列车发生冲突。

接车时不开放进站信号机，也不得使用引导接车办法，接车人员应站在进站信号机（反方向接车时为站界标）外方。所接列车在进站信号机外停车，由接车人员向司机通知事由后，以调车手信号旗（灯）按调车方式将列车领入站内。

8. 超长列车尾部停在警冲标外方，由相对方向接入列车或调车作业的办法

（1）进站信号机外制动距离内，进站方向为上坡道、平道或不超过6‰的下坡道时，接车线末端无论有无隔开设备，均可开放进站信号机，将列车直接接入站内。

（2）进站信号机外制动距离内，进站方向为超过6‰的下坡道，相对方向的接车线末端无隔开设备时，须使列车在站外停车后，再开放进站信号机将列车接入站内。

（3）超长列车尾部停于警冲标外方，如邻线上未设调车信号机，又无隔开设备，由相对方向需要进行调车作业时，车站必须派人以停车手信号对列车进行防护。

9. 信号机故障时接发列车办法

（1）进站、出站、进路及线路所通过信号机发生故障时，应置于关闭状态。进站信号机及线路所通过信号机灭灯或因发生不能关闭的故障时，应将灯光熄灭或遮住。在将灯光熄灭或遮住以及信号机灭灯时，于夜间应在信号机柱距钢轨顶面不低于2m处，加挂信号灯，向区间方面显示红色灯光。这样便于司机掌握信号机位置，避免冒进信号。

（2）进站、接车进路信号发生故障不能使用时，应开放引导信号。引导信号不能开放或无引导信号时，应派引导人员接车。引导接车时，列车以不超过20km/h速度进站，并做好随时停车的准备。由引导人员接车时，应在引导员接车地点标处（未设的，引导人员应在进站信号机、进路信号机或站界标外方），显示引导手信号接车。列车头部越过引导信号，即可关闭信号或收回引导手信号。

（3）出站信号机发生故障时，由于进站信号机不能显示通过信号，为避免列车在出站信号机前停车，除按规定递交行车凭证外，对通过列车应事先预告司机，并显示通过手信号（昼间展开的绿色信号旗；夜间绿色灯光），使列车不停车通过车站。来不及向司机预告时，可使通过列车在车站停车，司机收到凭证后再开。

出站信号机故障时，可用调车进路方式排列进路，也可采用单独操纵单独锁闭的方式准备进路；如道岔区段轨道电路故障时，须将故障区段的道岔单独锁闭，以防故障修复或自行消失后该区段道岔错误解锁。但对进路上失去表示的道岔、现场手摇操作后的道岔、无联锁的道岔和邻线上的有关防护道岔必须按规定施行人工加锁。

（4）装有发车进路表示器、反方向发车表示器或发车线路表示器的出站信号机，当表示器显示不良时，由办理发车人员口头通知司机后，列车可凭出站信号机的显示出发。

10. 接发列车与调车

1）在正线、到发线上的调车作业

站内正线、到发线主要是为办理列车通过和接发使用的。在线路比较紧张的车站，特别是

中间站,必须在正线、到发线调车作业时,要处理好接发列车和调车作业的关系。调车与接发列车一般情况下是局部与整体的关系,为保证列车安全、正点和不间断地接发,调车作业应服从接发列车作业。

车站值班员是接发车工作的指挥者,掌握正线和到发线的作用,对列车运行情况,应当心中有数,对保证车站不间断接发列车负有直接责任。因此占用正线和到发线的调车作业,都必须经过车站值班员的准许,以便作出全面安排。

在接发列车时,按《站细》规定时间停止影响进路调车作业。接发客运列车时,对相邻线路上禁止的调车作业,亦应在规定时间内停止,严禁抢钩作业。特别是在开行特快旅客列车的区段,更要严格遵守。甚至要提前停止影响进路的调车作业,绝对禁止抢钩作业。因为特快旅客列车运行速度高,制动距离长。同时为保证列车的正点,频繁的减速运行,势必影响列车速度。

2)接发客运列车对调车作业的限制

接发旅客列车时,与接发列车进路没有隔开设备或脱轨器的线路,不准向能进入接发列车进路的方向调车。但本务机车在停留线路内摘挂、列车拉道口时除外。

3)越出站界调车

越出站界调车,是指利用列车占用区间的间隙时间,调车车列越过进站信号机或站界标进入区间的调车作业,是在区间空闲(自动闭塞为第一闭塞分区空闲)的情况下,进入区间调车的一种方法。由于闭塞设备及区间线路数目不同,为了调车作业安全,办理方法及凭证也不尽相同。

行车设备等情况符合下述条件之一时,经车站值班员口头准许并通知司机后,方可出站调车。

①双线区间正方向,必须区间(自动闭塞区间为第一闭塞分区)空闲;单线自动闭塞区间,闭塞系统必须在发车位置,第一闭塞分区空闲。

以上情况占用区间(闭塞分区)的权限完全在作业站,对方站不能发车。

②双线反方向和单线半自动闭塞区间出站调车时,须有停止基本闭塞法的调度命令,与邻站办理电话闭塞手续,并发给司机出站调车通知书(附件五),方可出站调车。前者占用区间权限完全属于对方站,且反方向无闭塞设备;后者占用区间权限不完全属于本站,虽然能办理闭塞,但因是出站调车,压不上接车站轨道电路,两站闭塞机不能正常复原。因此,两者都得用电话闭塞办理出站调车手续。

③出站调车需要填写通知书。出站调车通知书应由车站值班员填写,当调车机车距行车室较远时,可由扳道员按车站值班员的指示填写,格式如图2-16所示。

```
┌─────────────────────────────────────────────────────────┐
│              出站                                        │
│                  调车通知书                              │
│              跟踪                                        │
│                                                          │
│   对方承认的号码第_____号,准许 自 时 分起             │
│                                    至 时 分止            │
│   _____机车由车站同_____区                         │
│   间 出站 调车。                                         │
│      跟踪                                                │
│                                                          │
│              站(站名印)车站值班员(扳道员)签名            │
│                              年  月  日填发              │
└─────────────────────────────────────────────────────────┘
```

图2-16 出站、跟踪调车通知书

注意:调车车列应在限定的时间内返回站内,以免影响列车运行;待出站调车作业完毕,全部退回站内并不妨碍列车进路时,车站值班员应将出站调车通知书收回,与邻站办理区间开通手续。

出站调车的限定时间内不受进、出站次数限制,但在限定的时间内退回车站待避列车后,再需继续出站调车时,应重新办理手续,不得使用原调车通知书;车站值班员应在控制台或闭塞机上揭挂"出站调车"标示牌(帽),以防遗忘。

4) 跟踪出站调车

在单线区间或双线正方向线路上,间隔一定的距离或时间,跟随在出发列车后面越过进站信号机或站界标,在站界外 500m 内进行的调车作业,称为跟踪出站调车。跟踪出站调车作业,只准在单线区间及双线正方向的线路上办理。

双线反方向行车已属于特殊情况,若再进行跟踪出站调车,则势必增加不安全因素,从必要性和安全性考虑都不适当,因此禁止双线反方向跟踪出站调车。

在先发列车尾部越过预告信号机(或靠近车站的第一个预告标)或《站细》规定的间隔时间后,方可跟踪出站调车,如图 2-17 所示。

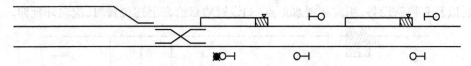

图 2-17 跟踪出站调车示意图

跟踪出站调车最远不得越出站界 500m,因为由区间退回的列车,没有得到后方站车站值班员准许,不得退行到预告信号机或车站最外方预告标的内方,这样,调车车列可以保证与由区间返回的列车保持 300m 以上的安全距离。

跟踪出站调车应办理的手续如下:

须经列车调度员口头准许,以免跟踪出站调车作业影响其他列车运行。

得到邻站车站值班员同意,防止跟踪出站调车车列全部返回车站前,两站误办闭塞等情况,使其他列车进入区间。

发给调车司机"跟踪调车通知书"。

填写时,应将"出站"字样及"对方站承认号码第＿＿＿号"字样抹掉,跟踪调车通知书允许由扳道员根据值班员的命令填发。跟踪调车作业完毕,车站值班员确认跟踪调车作业通知书收回后,向邻站发出电话记录号码。列车虽已到达邻站,但跟踪调车通知书尚未收回时,禁止办理区间开通手续。

禁止跟踪出站调车的情况如下:

①出站方向区间内有瞭望不良的地形,或有长大上坡道(站名表由铁路局公布)。因前列车因故停车时,一旦制动失效,有溜回车站的可能,如有跟踪调车,就会发生正面冲突。

②先发列车需由区间返回,或挂有由区间返回的后部补机。

③一切电话中断。

④大雾、暴风、雨雪时,因瞭望不便,禁止办理跟踪调车。

六、列车在区间被迫停车的处理

除列车按运行图或调度命令的要求在区间有计划停车外,其他因自然灾害、设备故障、事故等原因,造成列车在区间停车,称为列车在区间被迫停车。

被迫停车可能造成列车脱轨、颠覆、货物脱落,甚至列车追尾;双线区间还可能妨碍邻线从而中断行车。所以，造成被迫停车时，司机、车辆乘务员应迅速判明情况，及时报告两端车站及列车调度员，并采取积极措施，防止事故扩大，以最短时间，尽快恢复行车。

1. 响墩及火炬信号的使用方法

响墩、火炬、短路铜线及停车手信号旗(灯)等都属于防护用品。在线路发生灾害、故障及列车在区间被迫停车时，用其进行防护。

1) 响墩的使用方法

响墩为听觉信号，其外部为铁壳，内部为炸药，呈扁圆形。铁壳上有一条铁带，放置在钢轨上时起固定响墩的作用。

使用响墩时，每三个为一组，在距离防护对象不少于规定距离的来车方向的左侧钢轨上放置第一个响墩，然后在向外20m来车方向的右侧钢轨上放置第二个响墩，再在向外20m来车方向的左侧钢轨上放置第三个响墩。响墩放置好后，防护人员返回到距第一个响墩内方20m的线路外侧，手持停车信号进行防护(图2-18)。当开来的列车轧上响墩后，就会发出有均匀节奏的爆炸声，便于司机发觉并及时停车。响墩不应放置在道口、道岔、钢轨接头、无砟桥上和隧道内，以及有特殊设备、积雪和浸水地点；如设置地点恰在上述位置时，应向外延伸。

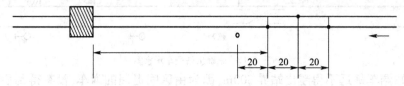

图2-18 响墩放置方法示意图(尺寸单位:m)

2) 火炬的使用方法

火炬信号为夜间使用的视觉信号，火炬燃烧时发出的红色火光要求列车紧急停车。

火炬分为投式和插式两种。使用火炬时，先取下擦火帽，露出发火药头，再用擦火帽擦发火药头，使之燃烧后，投掷式放于道心；柱插式与地面向外45°角插于道心；每支火炬点燃后可燃烧7~10min。

3) 执行响墩、火炬信号的要求

响墩的爆炸声及火炬信号的火光，均要求列车紧急停车。列车停车后如无防护人员，机车乘务人员应立即检查前方线路；如无异状，列车在瞭望距离内能随时停车的速度继续运行，但最高不得超过20km/h。在自动闭塞区间，运行至前方第一个通过信号机前，如无异状，即可按该信号机显示的要求执行；在半自动闭塞区间，经过1km后，如无异状，可恢复正常速度运行。

2. 被迫停车时的处理

1) 及时处理

列车在区间被迫停车后，不能继续运行时，司机立即使用列车无线调度通信设备通知两端站(列车调度员)及车辆乘务员(随车机械师)，报告停车原因和停车位置，根据需要迅速请示救援。由于列车都装有列车无线调度通信设备，迅速使用无线调度通信设备是首先要办的。司机首先通知追踪列车，后方站及前方站，以及列车调度员。在有车辆乘务员(随车机械师)值乘时，通知车辆乘务员(随车机械师)。

需要防护时，列车前方由司机负责，列车后方由车辆乘务员(随车机械师)负责，无车辆乘务员(随车机械师)为列车乘务员负责。配备列车防护报警装置的列车应首先使用列车防护报警装置进行防护。单班单司机值乘的列车防护作业办法由铁路局规定。如遇自动制动机故障,动车组以外的旅客列车司机通知车辆乘务员立即组织列车乘务人员拧紧全列人力制动机,以保证就地制动;其他列车司机应立即采取安全措施,并向车站值班员(列车调度员)报告,请求救援。对已请求救援的列车,不得再行移动,并按规定对列车进行防护。

车站值班员(列车调度员)接到司机的通知后,应将区间内列车运行情况通知司机,并立即使用列车无线调度通信设备转告区间内有关列车。在停车原因消除前不得再放行追踪、续行列车。需组织旅客疏散时,车站值班员得到列车调度员准许后,扣停邻线列车并通知司机,司机通知有关作业人员办理。

列车被迫停车可能妨碍邻线时的处理。司机应立即用列车无线调度通信设备通知邻线上运行的列车和两端站(列车调度员),并与车辆乘务员(随车机械师)分别在列车的头部和尾部附近邻线上点燃火炬;在自动闭塞区间,还应对邻线来车方向短路轨道电路。配备列车防护报警装置的列车应首先使用列车防护报警装置进行防护。司机应亲自或指派人员沿邻线一侧对列车进行检查,发现妨碍邻线时,应立即派人按规定防护。如发现邻线有列车开来时,应鸣示紧急停车信号。

车站值班员(列车调度员)接到列车被迫停车可能妨碍邻线的通知后,在原因消除前不得向邻线放行列车。

2)列车在区间被迫停车后的防护

列车在区间被迫停车后,为保证行车安全,需要根据具体情况,对被迫停车的列车按《铁路技术管理规程》要求,使用响墩进行防护。其具体规定如下:

已请求救援时,从救援列车开来方向(不明时,从列车前后两方向),距离列车不少于300m处防护,如图2-19所示。

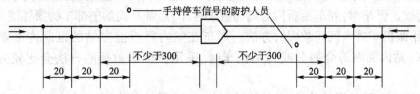

图2-19 已请求救援列车的防护(尺寸单位:m)

电话中断后发出的列车(持有"附件三"通知书之一的列车除外),应于停车后,立即从列车后方按线路最大速度等级规定的列车紧急制动距离位置处进行防护,如图2-20所示。

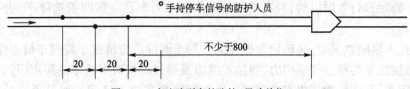

图2-20 有追踪列车的防护(尺寸单位:m)

如妨碍邻线行车时,应从两方面按线路最大速度等级规定的列车紧急制动距离位置处组织防护;如确知列车开来方向时,仅对来车方向进行防护,如图2-21所示。

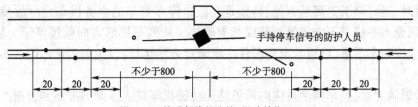

图2-21 妨碍邻线的防护(尺寸单位:m)

列车分部运行,机车进入区间挂取遗留车辆时,应从车列前方距离不少于300m处进行防护,如图2-22所示。

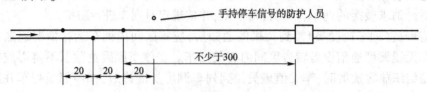

图2-22 分部运行机车挂取遗留车辆的防护(尺寸单位:m)

由于撤除响墩往返步行时间较长,为了尽量减少列车被迫停车对运输秩序的影响,提高运输效率,停车原因消除后防护人员可不撤除响墩。

3. 列车被迫停车后行车组织

1) 列车退行

列车在途中因自然灾害、线路故障、坡停等原因被迫停车后,在不得已情况下,会产生列车退行的情况,退行的有关规定后文有所叙述。

2) 列车分部运行

列车分部运行的方法费时较多,且有较严格的安全限制,但在列车已接近前方站而附近又无适当机车担当救援以及列车在困难区间被迫停车时,采用分部运行的方法,可使列车全部通过该区间,避免列车退行后还再次通过该区间,也可避免列车退行时由于操纵困难造成的不安全因素。列车因断钩而被迫停车时,一般也适宜分部运行。

3) 派救援列车进入区间救援

在不适宜采用列车退行或分部运行而附近又有适当机车可担当救援时;列车在区间由于机车故障而被迫停车时;列车因断钩分离而被迫停车,后部车列的前部车钩损坏而又无法更换时,均应采用派机车进入区间救援的方法。列车在站内靠近前方站的区间内因牵引力不足而被迫停车,站内又有等会列车或调车机车时,采用派机车救援的方法会比较方便和节省时间。

派机车进入区间救援的关键,是救援计划的确定、被迫停车列车的防护,以及救援列车进入区间的调度命令。列车调度员应根据列车被迫停车的原因、区间线路和气候情况等具体条件确定安全稳妥的处理方法。未接到区间被迫停车列车的救援请求或未与被迫停车列车的司机取得联系、确定施行救援以前,列车调度员即使通知列车已在区间被迫停车,也不得向区间发出救援列车。

派机车进入区间救援时,应确定救援计划。列车调度员应清楚了解列车被迫停车的原因、列车重量、救援机车的机型和牵引力、线路坡度以及通过桥梁时对机车的隔离限制条件等到情况。受桥梁隔离限制时,救援机车应顶推一定数量隔离车进入区间。如果预计救援机车牵引不动被迫停车的列车时,可在救援机车连挂被迫停车列车后再采用分部运行的方法。在禁止分部运行的区间或距后方站较近时,也可推进运行至后方站。担当救援的机车在列车尾部方向进行救援时,最好牵引返回后方站,特别是在被迫停车列车的本务机车发生故障时,更不宜推进运行,以免本务机车不能操纵而造成其他事故。从列车尾部方向救援停于上坡道方向的列车时,则应视列车重量、坡道状况等条件决定向后方站运行,以免前后机车配合不当,发生其他事故。

救援计划确定后,列车调度员应向司机通知救援机车进入区间的方向和救援办法,指示司机不得移动列车,在来车方向做好防护。救援计划一经确定和布置后,不应随便变更。必须变更时,则应重新彻底联系和布置。

向区间发出救援列车时,应发布调度命令封锁区间,以调度命令作为救援机车进入区间的行车凭证。在调度命令中,应向执行救援任务的司机指明救援地点的公里数(被迫停车列车靠近救援列车一端的停车地点)、救援方法和安全注意事项。有关数据要核对无误,抄收命令者要复诵清楚。

在救援机车牵引被迫停车列车回站后,列车调度员应与司机核对,确认区间空闲无障碍物后,方可发布调度命令开通区间。

4. 列车分部运行办法

列车在区间内发生断钩、坡停、制动主管破裂、脱轨等事故被迫停车,不能继续运行,而需分批运行到前方站或后方站的办法,称为列车分部运行。

列车在区间被迫停车后,在不得已的情况下,列车必须分部运行时,司机应使用列车无线调度电话报告前方站和列车调度员,并做好遗留车辆的防溜(即对尾部车辆紧贴车轮踏面安放铁鞋或止轮器后,再拧紧不少于规定数量的手制动机)和防护工作。

司机在记明遗留车辆辆数和停留位置后,方可牵引前部车辆运行至前方站。在运行中仍按信号机的显示进行,但在半自动闭塞区间,该列车必须在进站信号机外停车(司机已用列车无线调度电话通知车站值班员列车为分部运行时除外),将情况通知车站值班员后再进站。

车站值班员应立即将列车分部运行的情况报告列车调度员。列车调度员应立即向区间停车的两端站发布命令封锁区间,并派出救援单机到停车地点挂取遗留车辆。

遗留车辆拉回车站,车站值班员确认区间空闲后,报告列车调度员。列车调度员接到区间空闲的报告后,向关系区间的两端站发布开通区间的调度命令。

考虑到货物列车上只有2名乘务人员,组织列车分部运行时,对遗留车辆的看守、防护、防溜工作十分困难,极易发生行车事故,对运输造成更大影响,为了安全起见,《铁路技术管理规程》明确规定了下列四种情况,列车不准分部运行:

采取措施后可整列运行时;对遗留车辆未采取防护、防溜措施时;遗留车辆无人看守时;列车无线调度电话故障时。

5. 列车退行的有关规定

为了保证行车安全,《铁路技术管理规程》对列车在区间因自然灾害、线路故障、坡停等原因被迫停车后不能继续前进时,能否退行以及准许退行时的退行办法,作了如下规定:

1) 下列情况列车不准退行

按自动闭塞法运行时(列车调度员或后方站车站值班员确知区间内无列车,并准许时除外)。目的是为了防止退行列车与追踪列车发生冲突。

在大雾、暴风雨雪及其他不良条件下,难以辨认信号时。原因是瞭望困难,盲目退行可能会危及行车安全。

一切电话中断后发出的列车(持有"附件三"通知书之一的列车除外)。目的是为了防止与一切电话中断后间隔一定时间开出的续行列车发生冲突;持有"附件三"通知书之一(即第××列车到达你站后,准接你站发出的列车)的列车,由于后面没有续行列车,故被迫停车后可以退行。

持有因区间内施工不准退行调度命令的列车,不准退行。

挂有后部补机的列车,除上述情况外,是否准许退行,由铁路局规定。

2) 允许退行列车的退行办法

除上述禁止退行的列车外,列车必须退行时,应执行下列要求:

在不得已的情况下,列车必须退行时,车辆乘务员或随车机械师(无车辆乘务员或随车机械师时为指派的胜任人员)应站在列车的尾部注视运行前方,发现危及行车或人身安全时,应立即使用紧急制动阀(紧急制动装置)或使用列车无线调度通信设备通知司机,使列车停车。

列车退行速度不得超过15km/h。退行列车未得到后方站(线路所)车站值班员准许,不得退行到车站最外方预告标或预告信号机(双线区间为邻线预告标或特设的预告标)的内方。车站接到列车退行的报告后,除立即报告列车调度员外,根据线路占用情况,可开放进站信号机或按引导办法将列车接入站内。

动车组列车在区间被迫停车后须返回后方站时,车站值班员确认动车组列车至后方站间已空闲后,经列车调度员同意,通知司机返回。司机根据车站值班员的通知,在动车组列车运行方向(折返)前端操作,运行速度不得超过40km/h,按进站信号机显示进站。

6. 其他事故处理

1) 列车发生火灾、爆炸应急处理

列车发生火灾、爆炸时,须立即停车(停车地点应尽量避开特大桥梁、长大隧道等)。电气化区段,并应立即通知供电部门停电。

列车需要分隔甩车时,应根据风向及货物性质等情况而定。一般为先甩下列车后部的未着火车辆,再甩下着火车辆,然后依次将未着火车辆拉至安全地段。

对甩下的车辆,由车站人员(在区间由司机、车辆乘务员)负责采取防溜措施。

2) 汛期暴风雨行车应急情况处理

列车通过防洪危险地段时,司机要加强瞭望,并随时采取必要的安全措施。

当洪水漫到路肩时,列车应按规定限速运行;遇有落石、倒树等障碍物危及行车安全时,司机应立即停车,排除障碍并确认安全无误后,方可继续运行。

列车遇到线路塌方、道床冲空等危及行车安全的突发情况时,司机应立即采取应急性安全措施,并立刻通知追踪列车、邻线列车及邻近车站。配备列车防护报警装置的列车应首先使用列车防护报警装置进行防护。

3) 列车运行途中发生车辆故障应急处理

发现客车车辆轮轴故障、车体下沉(倾斜)、车辆剧烈振动等危及行车安全的情况时,须立即采取停车措施。由司机、车辆乘务员检查,对抱闸车辆应关闭截断塞门,排除副风缸中的余风,确认安全无误后,方可继续运行;如车轮踏面损坏超过限度或车辆故障不能继续运行时,应甩车处理。

列车调度员接到热轴报告后,应按热轴预报等级要求果断处理。必要时,立即安排停车检查(司机应采用常用制动,列车停车后由车辆乘务员负责检查,无车辆乘务员的由司机确认能否继续安全运行)或就近站甩车处理。

遇客车安全监控系统报警或其他故障需要列车限速运行时,车辆乘务员应使用列车无线调度电话通知司机,由司机报告车站值班员、列车调度员。

重型轨道车上均应备有复轨器,有关乘务人员应掌握复轨器的使用方法。

7. 救援列车的开行办法

1) 救援列车的请求与派遣

请求:一般由司机或工务、电务、供电等人员报告车站值班员,车站值班员立即报告列车调度员请求救援。

派遣:列车调度员接到请求开行救援列车的报告后,及时报告领导,根据领导指示,向事故区间两端站发布封锁区间的调度命令,并根据具体情况向有关单位发布调度命令。救援列车依据调度员发布的救援列车的出动命令出动,一般规定救援列车在接到救援列车的出动命令后30min内出动,开往事故现场。

救援列车的出动命令,由铁路局机车调度员发布;需要邻局出动救援列车时,由中国铁路总公司机车调度员发布。

2)开行救援列车的凭证

救援列车运行在非封锁区间时,仍使用原区间基本闭塞法规定的行车凭证。各站优先办理接发,尽可能使其在站通过,任何人不得耽误和拖延时间。

救援列车进入封锁区间时,不办理行车闭塞手续,以列车调度员的命令,作为进入封锁区间的许可。命令中应包括往返车次、运行速度、事故地点、工作任务及注意事项等。当列车调度电话不通时,应由接到救援请求的车站值班员根据救援请求办理,救援列车以车站值班员的命令,作为进入封锁区间的许可。司机接到救援命令后,机车乘务员必须认真确认。命令不清、停车位置不明确时,不准动车。

3)救援列车进出封锁区间的联系

救援列车每次进入封锁区间或返回车站,均应报告列车调度员并通知对方车站。其内容为到发时刻、拉回车数、救援进度及要求等,以便列车调度员及对方车站安排救援人力、材料等。

较复杂的事故救援,为了及时与列车调度员联系,加快救援速度,两端车站同时向事故现场开行救援列车时,可在事故现场设立临时线路所。该所值班员即为该区间向两端站办理行车的指挥人。此时,车站每次向线路所开行救援列车时,必须取得线路所值班员的同意,以便及时做好接车前的准备和防护工作。临时线路所值班员每次向两端站发车时,也要征得车站值班员或列车调度员的同意。区间设临时线路所时,列车进入区间的行车凭证仍为调度命令。

4)现场指挥

发往事故现场的第一趟救援列车要有站长或车站值班员随乘(必要时,由列车调度员指定事故区间一端车站站长或车站值班员提前赶赴事故现场),并携带必要的行车备品。其目的是在事故调查处理委员会人员到达前负责指挥有关行车工作。需要成立临时线路所时担任线路所值班员,因为站长或车站值班员熟悉当地厂、矿、企业、农村情况,便于安排、组织事故救援。列车分部运行挂取遗留车辆时,因作业简单,站长或车站值班员不必随乘救援单机到事故现场。

救援列车进入封锁区间后,在接近被救援列车或车列2km时,要严格控制速度。同时,使用列车无线调度电话与请求救援的机车司机进行联系,或以在瞭望距离内能够随时停车的速度运行(最高不得超过20km/h),在防护人员处或压上响墩后停车,联系确认,并按要求进行。

5)事故区间开通手续

列车调度员接到事故现场负责人开通区间的请求,并查明区间确已空闲后,方可发布开通区间的调度命令。若调度电话不通时,则由接到事故现场负责人开通区间请求的车站值班员与对方站联系,查明区间确已空闲,可直接与对方站办理区间开通手续。

七、施工及路用列车开行

1. 施工要求

凡影响行车的施工、维修作业,不得利用列车间隔进行(特别规定的慢行施工除外),都必须纳入天窗。线路、桥隧、信号、通信、接触网及其他行车设备的施工、维修,力争开通后不降低行车速度。

2. 施工计划的申请与审批

封锁线路、慢行施工和停用信号、联锁、闭塞设备及其他影响行车设备的施工,必须纳入月度施工方案。施工单位应在前一个月提出计划报铁路局。施工单位上报的施工计划内容应包括:施工区间、施工地段起止公里、施工时间、施工项目、对列车运行的影响及要求运输部门在编排施工方案中,应把各单位在同一地段的施工,安排在同一时间内进行平行作业,并明确施工主体单位。施工方案应以局命令下达有关站、段及施工单位。

因封锁区间,跨局列车的停运由有关铁路局商定,须经由外局线路迂回运输时,由中国铁路总公司批准。

3. 封锁区间施工

封锁区间施工时,施工领导人应确认已做好一切施工准备,按批准的施工方案,在车站《行车设备检查登记簿》内登记,通过车站值班员向列车调度员申请施工。车站值班员应尽快与列车调度员联系,并根据封锁或开通命令,在闭塞机或闭塞电话上揭挂或摘下封锁区间表示牌。列车调度员应保证施工时间,并向施工区间的两端站、有关单位的施工领导人及时发出实际施工命令。施工领导人接到调度命令,确认施工起止时刻,设好停车防护后,方可开工,并保证在规定时间内完成。施工单位及设备管理单位应严格掌握开通条件,经检查满足放行列车的条件,且设备达到规定的开通速度要求,办理开通登记后,通过车站值班员通知列车调度员开通区间。如因特殊情况不能按时开通区间或不能按规定的开通速度运行时,应提前通知车站值班员,要求列车调度员延长时间或限速运行。

临时封锁区间施工,施工领导人应通过车站值班员与列车调度员联系。列车调度员应以调度命令将准许施工起止时刻通知两端站车站值班员及施工领导人。施工领导人必须确认施工起止时刻,设好停车防护,并在规定的时刻终止前,将线路恢复到准许放行条件;施工结束后撤除防护信号,由施工负责人通知车站值班员开通线路。

施工封锁前,通过施工地点的最后一趟列车前进方向为不大于6‰的上坡道时,列车调度员可根据施工领导人的要求,在施工命令中规定该次列车通过施工地点后即可开工,列车到站后,再封锁区间。上述命令应抄交司机,该列车不得后退。

遇有施工又必须接发列车的特殊情况时,按以下规定办理:

车站采用固定进路的办法接发列车。施工开始前,车站须将正线进路开通,并对进路上所有道岔按规定加锁(有关道岔密贴的确认及具体的加锁办法,由铁路局规定);

引导接车并正线通过时,准许列车司机凭特定引导手信号的显示,以不超过60km/h速度进站;

准许车站不向司机递交书面行车凭证和调度命令。但车站仍按规定办理行车手续,并使用列车无线调度电话(其通信记录装置须作用良好)将行车凭证号码(路票为电话记录号码、绿色许可证为编号)和调度命令号码通知司机;得到司机复诵正确后,方可显示通过手信号。列车凭通过手信号通过车站。

在区间或站内线路、道岔上封锁施工作业时,施工单位在车站行车室设驻站联络员,施工地点设现场防护人员。驻站联络员和现场防护人员应由指定的、经过考试合格的人员担任。施工负责人可指派驻站联络员负责在车站办理施工封锁及开通手续,通报列车运行情况,并向车站值班员传达开通线路请求。驻站联络员和现场防护人员在执行防护任务时,应佩带防护标志,携带通信设备;现场防护人员还应携带必备的防护用品,随时观察施工现场和列车运行情况。发现异常情况时及时通报车站值班员和施工负责人。

驻站联络员要随时与防护人员保持联系,如联系中断,防护人员应立即通知施工负责人停止作业,必要时将线路恢复到准许放行列车的条件。

线间距不足6.5m地段施工维修而邻线行车时,邻线列车应限速160km/h及以下,并按规定设置防护。施工单位在提报施工计划时,应提出邻线限速的条件。邻线来车时,现场防护人员应及时通知停止作业人员,机具、物料或人员不得在两线间放置或停留,并应与列车保持安全距离,物料应堆码放置牢固。

凡妨碍行车的施工及故障地点的线路,均应设置防护。

未设好防护,禁止开工。线路状态未恢复到准许放行列车的条件,禁止撤除防护、放行列车。施工防护信号的设置与撤除,由施工负责人决定。

多个单位在同一个区间施工时,原则上应分别按规定进行防护,由施工主体单位负责划分各单位范围及分界。

4. 路用列车的开行

路用列车是专为运输铁路内部自用物资而开行的列车。

行车凭证。路用列车运行在非封锁区间时,仍按该区间的行车闭塞法运行。向施工封锁区间开行路用列车时,列车进入封锁区间的行车凭证为调度命令,该命令中应包括列车车次、运行速度、停车地点、停车时间、到达车站的时刻等有关事项,需限速运行时在命令中一并注明。

注意:向施工封锁区间开行路用列车,原则上每端只准进入一列,如超过时,其安全措施及运行办法由铁路局规定。路用列车应由施工单位指派胜任人员携带列车无线调度通信设备值乘,并在区间协助司机作业。路用列车进入施工地段时,应在施工防护人员显示的停车手信号前停车,根据施工负责人的要求,按调车办法,进入指定地点。路用列车在区间卸车时,卸车负责人应指挥列车停于指定地点。卸车完毕后,卸车负责人应负责检查装卸货物的装载、堆码状态,确认限界,清好道沿,关好车门通知司机开车。

八、站内设备的检查及故障处理

1)站内设备的检修

影响设备使用的检修均纳入天窗进行。在车站(包括线路所、辅助所)内及相邻区间、列车调度台检修行车设备,影响其使用时,事先须在《行车设备检查登记簿》内登记,并经车站值班员(列车调度员)签认或由扳道员、信号员取得车站值班员同意后签认(检修驼峰、调车场、货场等处不影响接发列车的行车设备时,签认人员在《站细》内规定),方可开始。

车站有关行车人员需要使用正在检修中的设备时,须经检修人员同意。设备检修完毕,检修人员应将其结果记入《行车设备检查登记簿》。

为了确保行车安全,对处于闭塞状态的闭塞设备和办理进路后处于锁闭状态的信号、联锁设备,严禁进行检修作业。

2)线路故障危及行车安全时的处理

沿线工务人员发现线路设备故障危及行车安全时,应立即连续发出停车信号和以停车手信号防护,还应迅速通知就近车站和工长或车间主任,并采取紧急措施修复故障设备;如不能立即修复时,应封锁区间或限速运行。

车站值班员接到区间发生故障的报告后,应立即通知有关列车停车,并报告列车调度员。

必要时进入该区间的第一趟列车由工务部门的工长或车间主任随乘。列车在故障地点停车后继续运行时,应根据随乘人员的指挥办理。

3)信号、通信设备故障危及行车安全时的处理

车站值班员发现或接到行车设备故障的报告后,应立即通知设备管理单位相关人员,并在《行车设备检查登记簿》内登记。列车调度员发现或接到调度台设备故障的报告后,应立即通知设备管理单位相关人员,并在《行车设备检查登记簿》内登记。设备管理单位应在《行车设备检查登记簿》签认,尽快组织修复。对暂时不能修复的,应登记停用内容和影响范围,并注明限制条件。

设备维修人员发现信号、通信设备故障危及行车安全时,应立即通知车站,并积极设法修复;如不能立即修复时,应停止使用,同时报告工长、车间主任或电务段、通信段调度,并在《行车设备检查登记簿》内登记。

4)铁路职工发现设备故障危及行车安全时的处理

铁路职工或其他人员发现设备故障危及行车和人身安全时,应立即向开来列车发出停车信号,并迅速通知就近车站、工务、电务或供电人员。

项目六　掌握信号显示相关规定

铁路信号的作用,是保证列车运行和调车作业安全、提高运输效率、改善行车工作人员的劳动条件。利用信号的不同显示,向列车或调车车列发出运行条件、线路状况等信息,以便司机和其他行车人员确认,从而操纵列车或掌控调车的速度,指挥列车通过、进站、出站或停车。因此,铁路信号是指挥列车运行及调车工作的命令,有关行车工作人员必须严格执行,不得臆测行车,以免酿成行车事故。

任务一　信号显示基本要求

任务单

任务名称	信号显示基本要求					
知识目标	熟悉铁路信号种类;熟悉信号显示定位;熟悉信号机的关闭时机;熟悉停车信号;熟悉未使用信号机处理措施					
能力目标	学会对信号进行分类、掌握信号定位、信号机关闭时机、停车信号和未使用信号机处理措施的规定					
任务描述	能够在行车工作过程中,正确分辨各种信号,掌握信号基本规定					
任务要求	能够分辨铁路信号种类;知道信号显示定位;掌握信号机的关闭时机;知道停车信号;掌握未使用信号机处理措施					
任务基础知识:信号机的图形符号	图形符号	表示的意义	字母表示	图形符号	表示的意义	字母表示
	○	绿色灯光	L	⊢O　O⊣	高柱信号	
	⊘	黄色灯光	U	O　O	矮柱信号	
	●	红色灯光	H	⊗	稳定灯光	
	◎	月白色灯光	B	⊗	闪光信号	
	⦿	蓝色灯光	A	⊢OO　OO⊣	接车信号	
	◐	白色灯光		⊗	空灯位	
	Ⓩ	紫色灯光	Z			

相关知识

信号是指示列车运行及调车作业的命令,有关行车人员必须严格执行。信号显示方式及使用方法,应按本规程规定执行。本规程以外的信号显示方式,须经中国铁路总公司批准,方可采用。信号机和表示器的灯光排列、颜色和外形尺寸,必须符合中国铁路总公司规定的标准。地区性联系用的手信号,由铁路局批准。

一、铁路信号的分类

(一)按感官分类

1. 视觉信号

视觉信号是以信号的颜色、形状、位置、显示数目和灯光状态等表示某种意义,如信号机、信号牌、信号表示器、信号标志、火炬及信号旗、信号灯等显示的信号。

视觉信号的基本颜色及要求：红色——停车；黄色——注意或减低速度；绿色——按规定速度运行。

对铁路信号颜色的选择，主要考虑能达到显示明显、易于辨认、便于记忆。在设有调车信号机的车站，为避免调车信号的显示影响列车运行，调车信号采用能区别于普通照明灯光的月白色和蓝色灯光。月白和蓝色灯光的显示距离较近，但能适应调车速度低的要求，同时也利于区别列车信号灯光的颜色。

红、黄、绿三种颜色，辅以月白和蓝色构成视觉信号的显示系统。信号颜色对人眼刺激，使人能方便辨认，因此选用不同的颜色表示不同的含义相当重要。光源是电灯发出的灯光，具有红、橙、黄、绿、青、蓝、紫颜色的光带，物理学上称为光谱。各种颜色的波长是不同的，其中红色的波长最长，而紫色的波长为最短。波长越长穿过周围介质的能力越大，在光度相同的条件下红色比蓝色显示要远得多，同时人们对红色的感觉也较敏感，所以采用红色作为停车信号之用。

黄色的波长仅次于红色，黄色玻璃透过光线的能力最强，显示距离较远。但由于用黄色信号的辨认正确率差一些，不如橙黄色高，所以信号采用橙黄色玻璃作为注意或减速运行的信号。

绿色和红色之间区别很大，易于辨认，其显示距离也远，所以作为按规定速度运行的信号。

蓝色玻璃的透过系数非常低，显示距离近，它和白色一样，只能作为辅助信号颜色用。因此，我国铁路规定红色、黄色、绿色作为信号的基本颜色；月白色和蓝色次之，作为调车信号和辅助信号的颜色。

2．听觉信号

听觉信号是以不同的器具发出的音响及音响长短等表达的信号，如号角、口笛、机车、轨道车及动车的鸣笛以及响墩发出的信号。

（二）按使用时间分类

1．昼间信号

根据信号设备的不同形状、数目或位置来表示信号的意义，如信号旗、臂板信号机的臂板等。

2．夜间信号

根据信号设备的不同灯光颜色或数量来表示信号的意义，如色灯信号机的灯光显示等。

3．昼夜通用信号

在昼间及夜间，信号显示方式一致，如色灯信号机的灯光显示，灯列式信号机的灯光排列等。

在昼间，由于自然光的照射，能在规定距离外确认信号设备的不同状态、数目或位置时，应使用昼间信号。在夜间或在昼间大雾、暴风雨雪等情况时，昼间信号达不到规定的显示距离时，即停车信号显示距离不足1000m，注意或减速信号显示距离不足400m，调车信号及手信号显示距离不足200m时，应使用夜间信号。

隧道内光线较暗，只采用夜间或昼夜通用信号。

为了保证信号显示明确，防止误认，在铁路沿线和站内不得设置妨碍确认信号机的红、黄、绿色的装饰彩布标语和灯光，如站内已装设妨碍确认信号灯光的设备时，应加以改装或采取遮光措施。

在规定的信号显示距离内，不得种植影响信号显示的树木。电气化区段接触网支柱的设置，亦不得影响信号的显示距离。

二、信号显示定位

进站、出站、进路信号机及线路所的通过信号机，均以显示停车信号为定位。自动闭塞区段的通过信号机,以显示进行信号为定位。接近、预告信号机及通过臂板,以显示注意信号为定位。

在自动闭塞区段内的车站(线路所),如将进站、正线出站信号机及其直向进路内的进路信号机转为自动动作时,以显示进行信号为定位。

三、信号机的关闭时机

(1)集中联锁车站的进站、进路、出站信号机、线路所通过信号机及自动闭塞区段的通过信号机,当机车或车辆第一轮对越过该信号机后自动关闭。

(2)调车信号机在调车车列全部越过调车信号机后自动关闭;当调车信号机外方不设或虽设轨道电路而占用时,应在调车车列全部出清调车信号机内方第一轨道区段后自动关闭,根据需要也可在调车车列第一轮对进入调车信号机内方第一轨道区段后自动关闭。

(3)引导信号应在列车头部越过信号机后及时关闭。

(4)非集中联锁车站的进站信号机及线路所通过信号机,在列车进入接车线轨道电路后自动关闭;出站信号机应在列车进入出站方面轨道电路后自动关闭。

(5)非集中联锁车站,由手柄操纵的信号机:进站信号机在确认列车全部进入接车线警冲标内方;出站信号机在列车全部越过最外方道岔并确认列车全部进入出站方面轨道电路区段后,恢复手柄,关闭信号。

(6)特殊站(场)执行上述规定有困难时,由铁路局规定。

四、停车信号

进站、出站、进路和通过信号机的灯光熄灭、显示不明或显示不正确时,均视为停车信号。接近信号机的灯光熄灭、显示不明或显示不正确时,均视为进站信号机为关闭状态。

五、未使用信号机处理措施

新设尚未开始使用及应撤除尚未撤掉的信号机,均应装设信号机无效标,并应熄灭灯光;如为臂板信号机,并须将臂板置于水平位置。信号机无效标为白色的十字交叉板,装在色灯信号机柱上或臂板信号机的臂板上。

在新建铁路线上,新设尚未开始使用的信号机(进站信号机暂用作防护车站时除外),可撤下臂板或将色灯机构向线路外侧扭转90°,并熄灭灯光,作为无效。

任务二　固定信号的运用

任务单

任务名称	固定信号的运用
知识目标	(1)掌握进站色灯信号机显示; (2)掌握出站色灯信号机显示; (3)掌握进路色灯信号机的显示; (4)掌握通过色灯信号机显示; (5)掌握预告色灯信号机显示; (6)掌握接近色灯信号机显示; (7)掌握调车色灯信号机显示;

续上表

知识目标	(8)掌握驼峰色灯信号机显示； (9)掌握驼峰色灯辅助信号机及驼峰色灯复示信号机显示； (10)掌握色灯复示信号机显示
能力目标	能够认识信号机显示,能够根据信号显示指挥列车运行方向和知道列车运行路径
任务描述	能根据信号机的形状判断信号机的类型,并能根据其显示的情况说明含义
任务要求	(1)掌握进站色灯信号机显示及意义； (2)掌握出站色灯信号机显示及意义； (3)掌握进路色灯信号机的显示及意义； (4)掌握通过色灯信号机显示及意义； (5)掌握预告色灯信号机显示及意义； (6)掌握接近色灯信号机显示及意义； (7)掌握调车色灯信号机显示及意义； (8)掌握驼峰色灯信号机显示及意义； (9)掌握驼峰色灯辅助信号机及驼峰色灯复示信号机显示及意义； (10)掌握色灯复示信号机显示及意义

 相关知识

一、进站色灯信号机显示

进站色灯信号机显示下列信号：

1. 三显示自动闭塞、半自动闭塞、自动站间闭塞区段进站色灯信号机

(1)一个绿色灯光——准许列车按规定速度经正线通过车站,表示出站及进路信号机在开放状态,进路上的道岔均开通直向位置(图 2-23)；

(2)一个黄色灯光——准许列车经道岔直向位置,进入站内正线准备停车(图 2-24)；

(3)两个黄色灯光——准许列车经道岔侧向位置,进入站内准备停车(图 2-25)；

(4)一个黄色闪光和一个黄色灯光——准许列车经过 18 号及其以上道岔侧向位置,进入站内越过下一架已经开放的信号机,且该信号机防护的进路,经道岔的直向位置或 18 号及其以上道岔的侧向位置(图 2-26)；

(5)一个红色灯光——不准列车越过该信号机(图 2-27)；

(6)一个绿色灯光和一个黄色灯光——准许列车经道岔直向位置,进入站内越过下一架已经开放的接车进路信号机准备停车(图 2-28)。

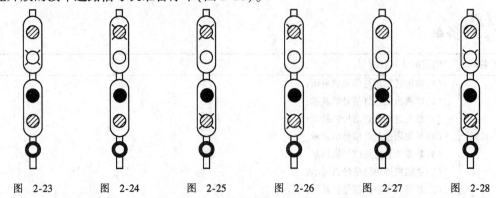

图 2-23　　图 2-24　　图 2-25　　图 2-26　　图 2-27　　图 2-28

2.四显示自动闭塞区段进站色灯信号机

(1)一个绿色灯光——准许列车按规定速度经道岔直向位置进入或通过车站,表示运行前方至少有三个闭塞分区空闲(图2-23);

(2)一个黄色灯光——准许列车按限速要求越过该信号机,经道岔直向位置进入站内正线准备停车(图2-24);

(3)两个黄色灯光——准许列车按限速要求越过该信号机,经道岔侧向位置进入站内准备停车(图2-25);

(4)一个黄色闪光和一个黄色灯光——准许列车经过18号及其以上道岔侧向位置,进入站内越过次一架已经开放的信号机,且该信号机所防护的进路,经道岔的直向位置或18号及其以上道岔的侧向位置(图2-26);

(5)一个红色灯光——不准列车越过该信号机(图2-27);

(6)一个绿色灯光和一个黄色灯光——准许列车按规定速度越过该信号机,经道岔直向位置进入站内,表示次一架信号机已经开放一个黄灯(图2-28)。

进站及接车进路色灯信号机的引导信号显示一个红色灯光及一个月白色灯光——准许列车在该信号机前方不停车,以不超过20km/h速度进站或通过接车进路,并须准备随时停车(图2-29)。

二、出站色灯信号机显示

出站色灯信号机显示下列信号:

1.三显示自动闭塞区段

(1)一个绿色灯光——准许列车由车站出发,表示运行前方至少有两个闭塞分区空闲(图2-30);

(2)一个黄色灯光——准许列车由车站出发,表示运行前方有一个闭塞分区空闲(图2-31);

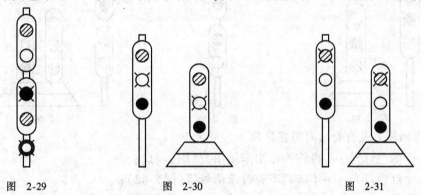

图 2-29　　　　　图 2-30　　　　　图 2-31

(3)一个红色灯光——不准列车越过该信号机(图2-32);

(4)两个绿色灯光——准许列车由车站出发,开往半自动闭塞或自动站间闭塞区段(图2-33);

(5)在兼作调车信号机时,一个月白色灯光——准许越过该信号机调车(图2-34)。

2.四显示自动闭塞区段

(1)一个绿色灯光——准许列车由车站出发,表示运行前方至少有三个闭塞分区空闲(图2-35);

(2)一个绿色灯光和一个黄色灯光——准许列车由车站出发,表示运行前方有两个闭塞分区空闲(图2-36);

(3)一个黄色灯光——准许列车由车站出发,表示运行前方有一个闭塞分区空闲(图2-37);
(4)一个红色灯光——不准列车越过该信号机(图2-38);
(5)两个绿色灯光——准许列车由车站出发,开往半自动闭塞或自动站间闭塞区段(图2-39);
(6)在兼作调车信号机时,一个月白色灯光——准许越过该信号机调车(图2-40)。

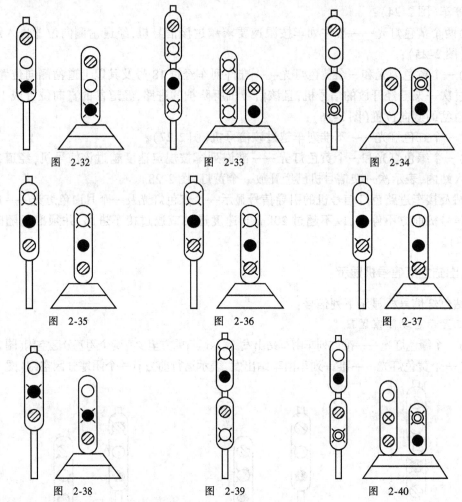

图 2-32　　　　　图 2-33　　　　　图 2-34

图 2-35　　　　　图 2-36　　　　　图 2-37

图 2-38　　　　　图 2-39　　　　　图 2-40

3. 半自动闭塞或自动站间闭塞区段
(1)一个绿色灯光——准许列车由车站出发(图2-41);
(2)一个红色灯光——不准列车越过该信号机(图2-42);
(3)两个绿色灯光——准许列车由车站出发,开往次要线路(图2-43);

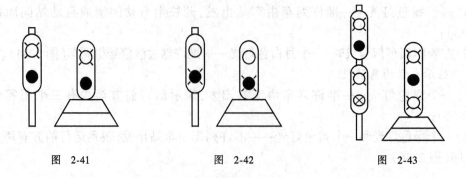

图 2-41　　　　　图 2-42　　　　　图 2-43

(4)在兼作调车信号机时,一个月白色灯光——准许越过该信号机调车(图2-44)。

三、进路色灯信号机显示

(1)接车进路色灯信号机的显示与进站色灯信号机相同。

(2)三显示自动闭塞、半自动闭塞、自动站间闭塞的发车进路色灯信号机显示下列信号(四显示自动闭塞区段除外)。

①一个绿色灯光——准许列车由车站经正线出发,表示出站和进路信号机均在开放状态(图2-45);

②一个黄色灯光——准许列车运行到次一架色灯信号机之前准备停车(图2-46);

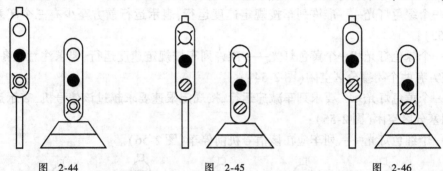

图 2-44　　　　　　图 2-45　　　　　　图 2-46

③一个绿色灯光和一个黄色灯光——准许列车越过该信号机,表示该信号机列车运行前方次一架进路信号机在开放状态(图2-47);

④一个红色灯光——不准列车越过该信号机(图2-48)。

(3)四显示自动闭塞区段发车进路色灯信号机显示下列信号:

①一个绿色灯光——表示该信号机列车运行前方至少有两架信号机经道岔直向位置在开放状态(图2-45);

②一个绿色灯光和一个黄色灯光——表示该信号机列车运行前次一架信号机经道岔直向位置在开放状态(图2-47);

③一个黄色灯光——准许列车运行到次一架信号机之前准备停车(图2-46);

④一个红色灯光——不准列车越过该信号机(图2-48)。

(4)接车进路、发车进路及接发车进路色灯信号机兼作调车信号机时,一个月白色灯光——准许越过该信号机调车(图2-49)。

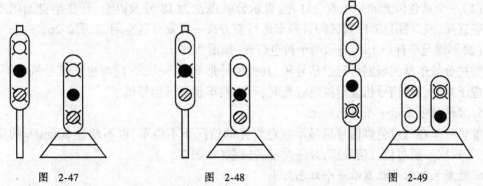

图 2-47　　　　　　图 2-48　　　　　　图 2-49

(5)同时具有接车和发车进路功能的接发车进路色灯信号机的显示与接车、发车进路色灯信号机相同。

四、通过色灯信号机显示

通过色灯信号机显示下列信号：

1. 三显示自动闭塞区段

（1）一个绿色灯光——准许列车按规定速度运行，表示运行前方至少有两个闭塞分区空闲（图2-50）；

（2）一个黄色灯光——要求列车注意运行，表示运行前方有一个闭塞分区空闲（图2-51）；

（3）一个红色灯光——列车应在该信号机前停车（图2-52）。

2. 四显示自动闭塞区段

（1）一个绿色灯光——准许列车按规定速度运行，表示运行前方至少有三个闭塞分区空闲（图2-53）；

（2）一个绿色灯光和一个黄色灯光——准许列车按规定速度运行，要求注意准备减速，表示运行前方有两个闭塞分区空闲（图2-54）；

（3）一个黄色灯光——要求列车减速运行，按规定限速要求越过该信号机，表示运行前方有一个闭塞分区空闲（图2-55）；

（4）一个红色灯光——列车应在该信号机前停车（图2-56）。

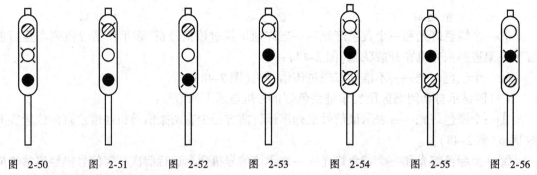

图 2-50　　图 2-51　　图 2-52　　图 2-53　　图 2-54　　图 2-55　　图 2-56

3. 半自动闭塞及自动站间闭塞区段

（1）一个绿色灯光——准许列车按规定速度运行（显示方式参照图2-50，但机构为二显示）；

（2）一个红色灯光——不准列车越过该信号机（显示方式参照图2-52，但机构为二显示）。

4. 线路所防护分歧道岔的色灯信号机

开放经道岔侧向位置的进路时显示下列信号：

（1）一个黄色闪光和一个黄色灯光：表示分歧道岔为18号及以上，开往半自动闭塞或自动闭塞区间，或开往自动闭塞区间且列车运行前方次一闭塞分区空闲，如图2-26。

（2）不满足条件（1）时，显示两个黄色灯光，如图2-25。

防护分歧道岔的线路所通过信号机，其机构外形和显示方式，应与进站信号机相同，引导灯光应予封闭。该信号机显示红色灯光时，不准列车越过该信号机。

5. 容许信号显示一个蓝色灯光

准许列车在通过色灯信号机显示红色灯光的情况下不停车，以不超过20km/h的速度通过，运行到次一通过色灯信号机，并随时准备停车（如图2-57）。

6. 遮断色灯信号机显示一个红色灯光

不准列车越过该信号机；不着灯时；不起信号作用（如图2-58）。遮断及其预告信号机采用方形背板，并在机柱上涂有黑白相间的斜线，以区别于一般信号机，如图2-58、图2-60。

五、预告色灯信号机显示

(1)一个绿色灯光——表示主体信号机在开放状态(图2-59a));
(2)一个黄色灯光——表示主体信号机在关闭状态(图2-59b))。

遮断信号机的预告信号机显示一个黄色灯光——表示遮断信号机显示红色灯光;不着灯时,不起信号作用(图2-60)。

六、接近色灯信号机显示

接近色灯信号机显示下列信号:
(1)一个绿色灯光——表示进站信号机开放一个绿色灯光或一个绿色灯光和一个黄色灯光(图2-61);

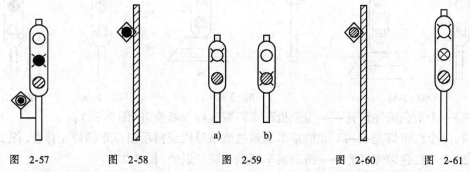

图 2-57　　　图 2-58　　　图 2-59　　　图 2-60　　　图 2-61

(2)一个绿色灯光和一个黄色灯光——表示进站信号机开放一个黄色灯光(图2-62);
(3)一个黄色灯光——表示进站信号机在关闭状态或表示进站信号机显示两个黄色灯光或一个黄色闪光和一个黄色灯光(图2-63)。

七、调车色灯信号机显示

调车色灯信号机显示下列信号:
(1)一个月白色灯光——准许越过该信号机调车(图2-64);
(2)一个月白色闪光灯光——装有平面溜放调车区集中联锁设备时,准许溜放调车(图2-65);

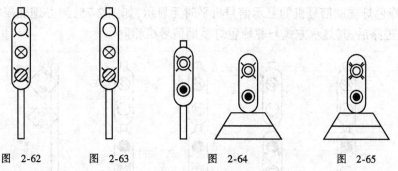

图 2-62　　　图 2-63　　　图 2-64　　　图 2-65

(3)一个蓝色灯光——不准越过该信号机调车(图2-66)。

不办理闭塞的站内岔线,在岔线入口处设置的调车信号机,可用红色灯光代替蓝色灯光(图2-67a))。

在尽头式到发线上,设置的起阻挡列车运行作用的调车信号机,应采用矮型三显示机构,用红色灯光代替蓝色灯光(图2-67b))。当该信号机的红色灯光熄灭、显示不明或显示不正确时,应视为列车的停车信号。

八、驼峰色灯信号机显示

驼峰色灯信号机显示下列信号:
(1)一个绿色灯光——准许机车车辆按规定速度向驼峰推进(图2-68);
(2)一个绿色闪光灯光——指示机车车辆加速向驼峰推进(图2-69);

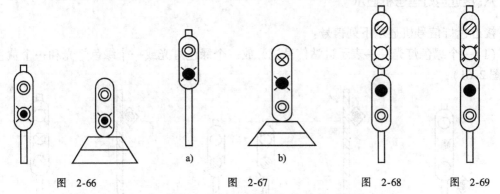

图 2-66　　图 2-67　　图 2-68　　图 2-69

(3)一个黄色闪光灯光——指示机车车辆减速向驼峰推进(图2-70);
(4)一个红色灯光——不准机车车辆越过该信号机或指示机车车辆停止作业(图2-71);
(5)一个红色闪光灯光——指示机车车辆自驼峰退回(图2-72);
(6)一个月白色灯光——指示机车到峰下(图2-73);
(7)一个月白色闪光灯光——指示机车车辆去禁溜线(图2-74)。

九、驼峰色灯辅助信号机及驼峰色灯复示信号机显示

(1)驼峰色灯信号机的复示信号机平时无显示;当办理驼峰推送进路后,其显示方式与驼峰色灯信号机相同,如图2-75。当办理驼峰推送进路后,其显示方式与驼峰色灯信号机相同。

(2)驼峰色灯辅助信号机及驼峰色灯复示信号机显示一个黄色灯光—指示机车车辆向驼峰预先推送,如图2-76;当办理驼峰推送进路后,其灯光显示与驼峰色灯信号机显示相同。驼峰色灯辅助信号机平时显示红色灯光,对到达列车起停车信号作用。

(3)驼峰色灯辅助信号机的复示信号机平时无显示,如图2-75;当办理驼峰推送进路或驼峰预先推送进路后,其显示方式与驼峰色灯辅助信号机相同。

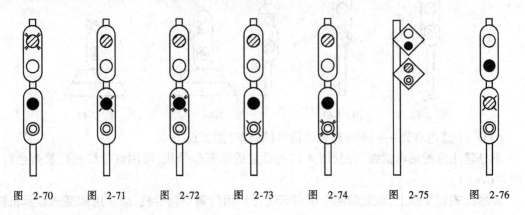

图 2-70　　图 2-71　　图 2-72　　图 2-73　　图 2-74　　图 2-75　　图 2-76

十、色灯复示信号机显示

色灯复示信号机显示分下列几种：

（1）进站、接车进路、接发车进路信号机的色灯复示信号机采用灯列式机构，显示下列信号：

①两个月白色灯光与水平线构成60°角显示——表示进站信号机显示列车经道岔直向位置向正线接车信号（图2-77）；

②两个月白色灯光水平位置显示——表示进站信号机显示列车经道岔侧向位置接车信号（图2-78）；

③无显示——表示进站信号机在关闭状态（图2-79）。

（2）出站及进路色灯复示信号机显示下列信号：

①一个绿色灯光——表示出站或进路信号机在开放状态（图2-80）；

②无显示——表示出站或进路信号机在关闭状态。

（3）调车色灯复示信号机显示下列信号：

①一个月白色灯光——表示调车信号机在开放状态（图2-81）；

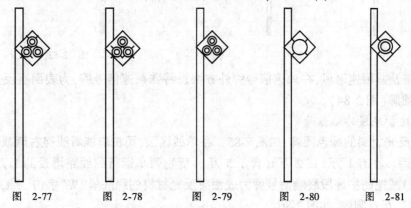

图 2-77　　　图 2-78　　　图 2-79　　　图 2-80　　　图 2-81

②无显示——表示调车信号机在关闭状态。

进站、出站、进路、驼峰及调车色灯复示信号机均采用方形背板，以区别于一般信号机。

任务三　移动信号及手信号的运用

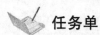 任务单

任务名称	移动信号及手信号的运用
知识目标	（1）熟悉移动信号显示； （2）熟悉响墩及火炬信号； （3）熟悉手信号
能力目标	熟悉移动信号显示、响墩及火炬信号、手信号；能够设置移动信号和响墩及火炬信号，能够正确及时地显示手信号
任务描述	能够根据现场的实际情况对移动信号进行设置、显示及说明其意义
任务要求	（1）掌握移动信号显示及意义； （2）掌握响墩及火炬信号显示及意义； （3）掌握手信号显示及意义

相关知识

一、移动信号显示

移动信号显示方式如下:

1. 停车信号

昼间——红色方牌;夜间——柱上红色灯光(图2-82)。

2. 减速信号

(1)表面有反光材料的黄底黑字圆牌,标明列车限制速度,如图2-83。

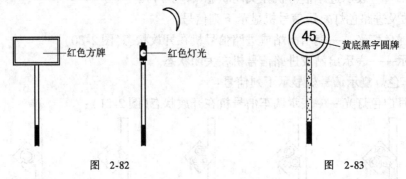

图 2-82　　　　　　　　　　　　　　图 2-83

(2)施工及其限速区段,在减速信号牌外方增设特殊减速信号牌,为表面有反光材料的黄底黑"T"字圆牌(图2-84)。

3. 减速防护地段终端信号

表面有反光材料的绿色圆牌,如图2-85。在单线区段,司机应能看线路右侧减速信号牌背面的绿色圆牌。在有1万t或2万t(含1.5万t)货物列车运行的线路增设的1万t或2万t(含1.5万t)减速防护地段终端信号牌为表面有反光材料的绿底黑"W"字(1万t)或黑"L"字(1.5万t和2万t)圆牌,如图2-86。

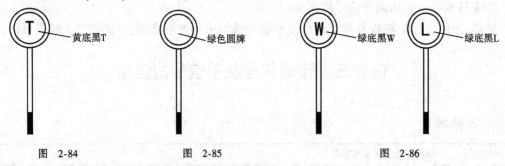

图 2-84　　　　　图 2-85　　　　　　　　　图 2-86

4. 站内线路上检修车辆时,两端来车方向的防护

在站内线路上检查、修理、整备车辆时,应在列车两端来车方向的左侧钢轨上,设置带有脱轨器的固定或移动信号牌(灯)进行防护,前后两端的防护距离均应不小于20m(图2-87);不足20m时,应将道岔锁闭在不能通往该线的位置。

二、响墩及火炬信号

响墩设置与显示:响墩爆炸声及火炬信号的火光(见图2-88、图2-89),均要求紧急停车。停车后如无防护人员,机车乘务人员应立即检查前方线路,如无异状,列车以在瞭望距离内能随时停车的速度继续运行,但最高不得超过20km/h。在自动闭塞区间,运行至前方第一个通过(进站)信号机前,如无异状,即可按该信号机显示的要求执行,在半自动闭塞或自动站间闭塞区间,经过1km后,如无异状,可恢复正常速度运行。

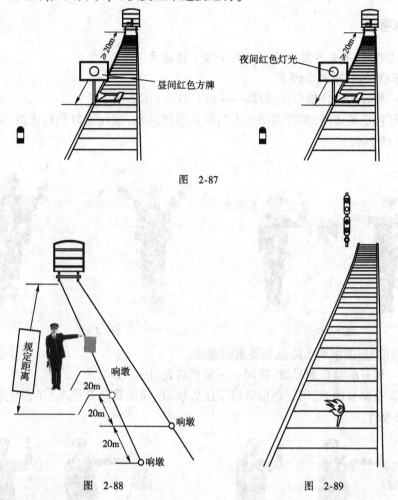

图 2-87

图 2-88

图 2-89

三、无线调车灯显信号

无线调车灯显制式的信号显示,如图2-90所示。
使用无线调车灯显制式的信号显示方式如下:
(1)一个红灯——停车信号。
(2)一个绿灯——推进信号。
(3)绿灯闪数次后熄灭——起动信号。
(4)绿、红灯交替后绿灯长亮——连接信号。
(5)绿、黄灯交替后绿灯长亮——溜放信号。
(6)黄灯闪后绿灯长亮——减速信号。
(7)黄灯长亮——十、五、三车距离信号。
①十车距离信号(加辅助语音提示);
②五车距离信号(加辅助语音提示);

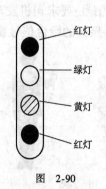

图 2-90

③三车距离信号(加辅助语音提示)。
(8)两个红灯——紧急停车信号。
(9)先两个红灯后熄灭一个红灯——解锁信号。

四、手信号

1. 列车运行时,有关人员应遵守下列手信号的显示

(1)停车信号:要求列车停车。

昼间——展开的红色信号旗;夜间——红色灯光(图2-91)。

昼间无红色信号旗时,两臂高举头上向两侧急剧摇动;夜间无红色灯光时,用白色灯光上下急剧摇动(图2-92)。

图 2-91

图 2-92

(2)减速信号:要求列车降低到要求的速度。

昼间——展开的黄色信号旗;夜间——黄色灯光(图2-93)。

昼间无黄色信号旗时,用绿色信号旗下压数次;夜间无黄色灯光时,用白色或绿色灯光下压数次(图2-94)。

图 2-93

图 2-94

(3)发车信号:要求司机发车。

昼间——展开的绿色信号旗上弧线向列车方面作圆形转动;夜间——绿色灯光上弧线向列车方面作圆形转动(图2-95)。

在设有发车表示器的车站,按发车表示器显示发车。

(4)通过手信号:准许列车由车站(场)通过。

昼间——展开的绿色信号旗;夜间——绿色灯光(图2-96)。

(5)引导手信号:准许列车进入车场或车站。

昼间——展开的黄色信号旗高举头上左右摇动;夜

图 2-95

间——黄色灯光高举头上左右摇动(图2-97)。

图 2-96　　　　　　　　　　　图 2-97

(6)特定引导手信号显示方式:昼间为展开绿色信号旗高举头上左右摇动,夜间为绿色灯光高举头上左右摇动(图2-98)。

2.调车手信号的显示

调车手信号的显示方式如下:

(1)停车信号。

昼间——展开的红色信号旗;夜间——红色灯光(图2-91)。

昼间无红色信号旗时,两臂高举头上向两侧急剧摇动;夜间无红色灯光时,用白色灯光上下急剧摇动(图2-92)。

(2)减速信号。

昼间——展开的绿色信号旗下压数次;夜间——绿色灯光下压数次(显示方式参照图2-94)。

(3)指挥机车向显示人方向来的信号。

昼间——展开的绿色信号旗在下部左右摇动;

夜间——绿色灯光在下部左右摇动(图2-99)。

图 2-98　　　　　　　　　　　图 2-99

(4)指挥机车向显示人方向稍行移动的信号。

昼间——拢起的红色信号旗直立平举,再用展开的绿色信号旗左右小动;夜间——绿色灯光下压数次后,再左右小动(图2-100)。

(5)指挥机车向显示人反方向去的信号。

昼间——展开的绿色信号旗上下摇动;夜间——绿色灯光上下摇动(图2-101)。

(6)指挥机车向显示人反方向稍行移动的信号。

昼间——拢起的红色信号旗直立平举,再用展开的绿色旗上下小动;夜间——绿色灯光上下小动(图2-102)。

图 2-100

图 2-101　　　　　　　　　　　　图 2-102

对显示第(2)、(3)、(4)、(5)、(6)项中转信号时,昼间可用单臂,夜间可用白色灯光依式中转。

3．联系用手信号的显示

联系用手信号的显示方式如下：

(1)道岔开通信号:表示进路道岔准备妥当。

昼间——拢起的黄色信号旗高举头上左右摇动;夜间——白色灯光高举头上(图2-103)。

机车出入段进路道岔准备妥当后,显示如下道岔开通信号:

昼间——展开的黄色信号旗高举头上左右摇动;夜间——黄色灯光高举头上左右摇动(图2-104)。

图 2-103　　　　　　　　　　　　图 2-104

(2)股道号码信号:要道或回示股道开通号码。

一道:昼间——两臂左右平伸;夜间——白色灯光左右摇动(图2-105)。

二道:昼间——右臂向上直伸,左臂下垂;夜间——白色灯光左右摇动后,从左下方向右上方高举(图2-106)。

图 2-105　　　　　　　　　　　　图 2-106

三道：昼间——两臂向上直伸；夜间——白色灯光上下摇动（图2-107）。

四道：昼间——右臂向右上方，左臂向左下方各斜伸45°角；夜间——白色灯光高举头上左右小动（图2-108）。

五道：昼间——两臂交叉于头上；夜间——白色灯光作圆形转动（图2-109）。

六道：昼间——左臂向左下方，右臂向右下方各斜伸45°角；夜间——白色灯光作圆形转动后，再左右摇动（图2-110）。

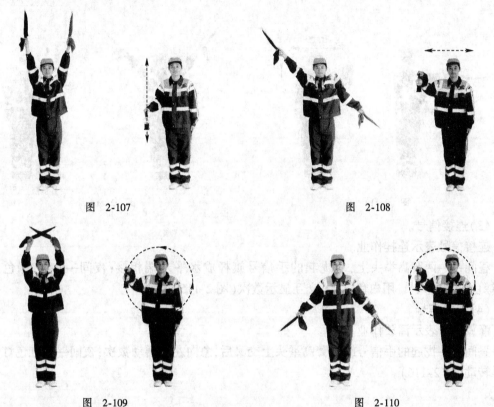

图 2-107　　　　　　　　　　　图 2-108

图 2-109　　　　　　　　　　　图 2-110

七道：昼间——右臂向上直伸，左臂向左平伸；夜间——白色灯光作圆形转动后，左右摇动，然后再从左下方向右上方高举（图2-111）。

八道：昼间——右臂向右平伸，左臂下垂；夜间——白色灯光作圆形转动后，再上下摇动（图2-112）。

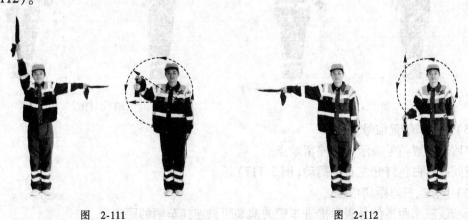

图 2-111　　　　　　　　　　　图 2-112

九道：昼间——右臂向右平伸，左臂向右下斜45°角；夜间——白色灯光作圆形转动后，再高举头上左右小动（图2-113）。

十道：昼间——左臂向左上方，右臂向右上方各斜伸45°角；夜间——白色灯光左右摇动后，再上下摇动作成十字形（图2-114）。

十一至十九道，须先显示十道股道号码，再显示所要股道号码的个位数信号。

二十道及其以上的股道号码，各站根据需要自行规定，并纳入《站细》。

图 2-113　　　　　　　　　　图 2-114

(3)连接信号。

连接信号表示连挂作业。

昼间——两臂高举头上，使拢起的手信号旗杆成水平末端相接；夜间——红、绿色灯光（无绿色灯光的人员，用白色灯光）交互显示数次（图2-115）。

(4)溜放信号。

溜放信号表示溜放作业。

昼间——拢起的手信号旗两臂高举头上交叉后，急向左右摇动数次；夜间——红色灯光作圆形转动（图2-116）。

图 2-115　　　　　　　　　　图 2-116

(5)停留车位置信号。

停留车位置信号表示车辆停留地点。

夜间——白色灯光左右小摇动（图2-117）。

(6)十、五、三车距离信号。

十、五、三车距离信号表示推进车辆的前端距被连挂车辆的距离。

昼间——展开的绿色信号旗单臂平伸；夜间——绿色灯光。在距离停留车十车(约110m)时连续下压三次，五车(约55m)时连续下压二次，三车(约33m)时下压一次(图2-118)。

图 2-117　　　　　　　　　　　图 2-118

(7)取消信号。

取消信号通知将前发信号取消。

昼间——拢起的手信号旗，两臂于前下方交叉后，急向左右摇动数次；夜间——红色灯光作圆形转动后，上下摇动(图2-119)。

(8)要求再度显示信号。

要求再度显示信号前发信号不明，要求重新显示。

昼间——拢起的手信号旗右臂向右方上下摇动；夜间——红色灯光上下摇动(图2-120)。

图 2-119　　　　　　　　　　　图 2-120

(9)告知显示错误的信号。

告知显示错误的信号，告知对方信号显示错误。

昼间——拢起的手信号旗两臂左右平伸，同时上下摇动数次；夜间——红色灯光左右摇动(图2-121)。

4. 信号旗持旗规定

在显示手信号时，凡昼间持有手信号旗的人员，应将信号旗拢起，左手持红旗，右手持绿旗(扳道员右手持黄旗)；不持信号旗的人员徒手按各条规定方式显示信号。

5. 试验列车自动制动机的手信号显示

试验列车自动制动机的手信号显示方式如下：

(1)制动。

昼间——用检查锤高举头上；夜间——白色灯光高举(图2-122)。

(2)缓解。

昼间——用检查锤在下部左右摇动；夜间——白色灯光在下部左右摇动(图2-123)。

(3)试验完了。

昼间——用检查锤作圆形转动;夜间——白色灯光作圆形转动(图 2-124)。

图 2-121　　　　　　　　　　图 2-122

图 2-123　　　　　　　　　　图 2-124

车站人员显示上述信号时,昼间可用拢起的信号旗代替。司机应注意瞭望试验信号,并按规定鸣笛回答。

如列车制动主管未达到规定压力,试验人员要求司机继续充风时,按照缓解的信号同样显示。

6. 突发故障时的手信号显示

突然发现接触网故障,需要机车临时降弓通过时,发现的人员应在规定地点显示下列手信号:

(1)降弓手信号。

昼间——左臂垂直高举,右臂前伸并左右水平重复摇动;夜间——白色灯光上下左右重复摇动(图 2-125)。

(2)升弓手信号。

昼间——左臂垂直高举,右臂前伸并上下重复摇动;夜间——白色灯光作圆形转动(图 2-126)。

图 2-125　　　　　　　　　　图 2-126

任务四 掌握信号表示器及标志的使用规范

 任务单

任务名称	掌握信号表示器及标志的使用规范
知识目标	(1)熟悉道岔表示器的显示； (2)熟悉脱轨表示器的显示； (3)熟悉进路表示器的显示； (4)熟悉发车线路表示器的显示； (5)熟悉调车表示器的显示； (6)熟悉车挡表示器； (7)熟悉线路标志及信号标志； (8)熟悉线路安全保护标志； (9)熟悉列车标志
能力目标	学会在实际工作中识别信号表示器及标志的显示，并能够设置信号表示器及标志的显示
任务描述	能够识别信号表示器及标志，并能够根据需要设置信号表示器及标志的显示
任务要求	(1)掌握道岔表示器的显示； (2)掌握脱轨表示器的显示； (3)掌握进路表示器的显示； (4)掌握发车线路表示器的显示； (5)掌握调车表示器的显示； (6)掌握车挡表示器； (7)掌握线路标志及信号标志； (8)掌握线路安全保护标志； (9)掌握列车标志

 相关知识

一、道岔表示器的显示

道岔表示器的显示方式如下：
(1)昼间无显示；夜间为紫色灯光——表示道岔位置开通直向(图2-127)。

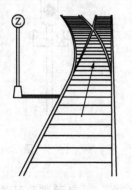 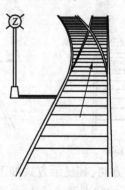

图 2-127

(2)昼间为中央划有一条鱼尾形黑线的黄色鱼尾形牌;夜间为黄色灯光——表示道岔位置开通侧向(图2-128)。

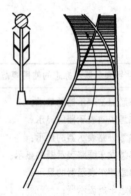

图 2-128

(3)在调车区为集中联锁时,进行连续溜放作业的分歧道岔应有道岔表示器,平时无显示。当进行溜放作业时,其显示方式如下:

①紫色灯光——表示道岔开通直向(图2-129a));
②黄色灯光——表示道岔开通侧向(图2-129b))。

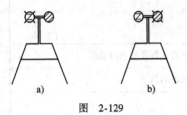

图 2-129

二、脱轨表示器的显示

脱轨表示器的显示方式如下:
(1)带白边的红色长方牌及红色灯光——表示线路在遮断状态(图2-130)。
(2)带白边的绿色圆牌及月白色灯光——表示线路在开通状态(图2-131)。

三、进路表示器的显示

进路表示器仅在其主体信号机开放后,才能着灯,用于区别进路开通方向或双线区段反方向发车,不能独立构成信号显示。

(1)两个发车方向,当信号机在开放的条件下,分别按左、右两个白色灯光,区别进路开通方向,如图2-132。

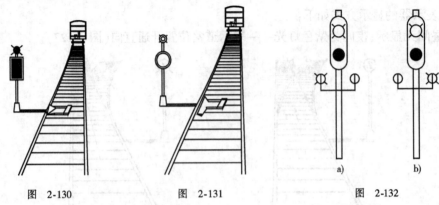

图 2-130　　　图 2-131　　　图 2-132

(2)三个发车方向,其显示方式如下:
①信号机在开放状态及机柱左方显示一个白色灯光——表示进路开通,准许列车向左侧

线路发车(图2-133);

②信号机在开放状态及机柱中间显示一个白色灯光——表示进路开通,准许列车向中间线路发车(图2-134);

③信号机在开放状态及机柱右方显示一个白色灯光——表示进路开通,准许列车向右侧线路发车(图2-135)。

(3)四个及其以上发车方向,进路表示器按灯光排列表示。

四个发车方向(A、B、C、D方向)显示方式如下:

①信号机在开放状态及表示器左方横向显示两个白色灯光——表示进路开通,准许列车向左侧A方向线路发车(图2-136);

②信号机在开放状态及表示器左方斜向显示两个白色灯光——表示进路开通,准许列车向左侧B方向线路发车(图2-137);

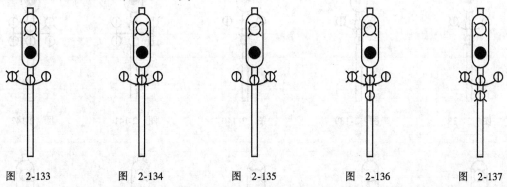

图 2-133　　　图 2-134　　　图 2-135　　　图 2-136　　　图 2-137

③信号机在开放状态及表示器右方斜向显示两个白色灯光——表示进路开通,准许列车向右侧C方向线路发车(图2-138);

④信号机在开放状态及表示器右方横向显示两个白色灯光——表示进路开通,准许列车向右侧D方向线路发车(图2-139)。

(4)五个发车方向(A、B、C、D、E方向)显示方式如下:

①同四个发车方向的第①项——表示进路开通,准许列车向左侧A方向线路发车(图2-136);

②同四个发车方向的第②项——表示进路开通,准许列车向左侧B方向线路发车(图2-137);

③信号机在开放状态及表示器中间竖向显示两个白色灯光——表示进路开通,准许列车向中间C方向线路发车(图2-140);

④同四个发车方向的第③项——表示进路开通,准许列车向右侧D方向线路发车(图2-138);

⑤同四个发车方向的第④项——表示进路开通,准许列车向右侧E方向线路发车(图2-139)。

(5)六个发车方向(由左至右A、B、C、D、E、F方向)显示方式如下:

①信号机在开放状态及表示器左方竖向显示两个白色灯光——表示进路开通,准许列车向左侧A方向线路发车(如图2-141)。

②信号机在开放状态及表示器左方横向显示两个白色灯光——表示进路开通,准许列车向左侧B方向线路发车(如图2-142)。

③信号机在开放状态及表示器左方斜向显示两个白色灯光——表示进路开通,准许列车向左侧 C 方向线路发车(如图 2-143)。

④信号机在开放状态及表示器右方斜向显示两个白色灯光——表示进路开通,准许列车向右侧 D 方向线路发车(如图 2-144)。

⑤信号机在开放状态及表示器右方横向显示两个白色灯光——表示进路开通,准许列车向右侧 E 方向线路发车(如图 2-145)。

⑥信号机在开放状态及表示器右方竖向显示两个白色灯光——表示进路开通,准许列车向右侧 F 方向线路发车(如图 2-146)。

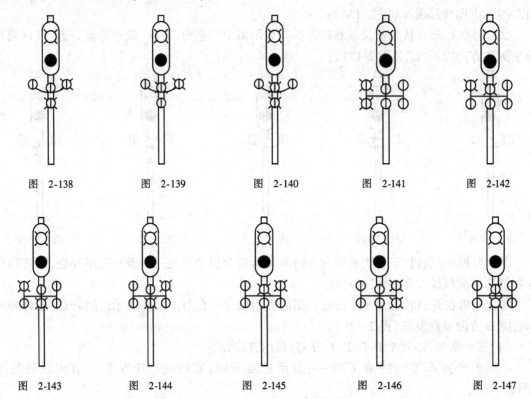

图 2-138　　　图 2-139　　　图 2-140　　　图 2-141　　　图 2-142

图 2-143　　　图 2-144　　　图 2-145　　　图 2-146　　　图 2-147

(6)七个发车方向(由左至右 A、B、C、D、E、F、G 方向)显示方式如下:

①同六个发车方向的第①项——表示进路开通,准许列车向左侧 A 方向线路发车(如图 2-141)。

②同六个发车方向的第②项——表示进路开通,准许列车向左侧 B 方向线路发车(如图 2-142)。

③同六个发车方向的第③项——表示进路开通,准许列车向左侧 C 方向线路发车(如图 2-143)。

④信号机在开放状态及表示器中间竖向显示两个白色灯光——表示进路开通,准许列车向中间 D 方向线路发车(如图 2-147)。

⑤同六个发车方向的第④项——表示进路开通,准许列车向右侧 E 方向线路发车(如图 2-144)。

⑥同六个发车方向的第⑤项——表示进路开通,准许列车向右侧 F 方向线路发车(如图 2-145)。

⑦同六个发车方向的第⑥项——表示进路开通,准许列车向右侧 G 方向线路发车(如图 2-146)。

(7)双线区段仅用于区分反方向发车,其显示方式如下:

①信号机在开放状态且表示器不着灯——准许列车正方向发车(图 2-148a))。

②信号机在开放状态及表示器显示一个白色灯光——准许列车反方向发车(图 2-148b))。

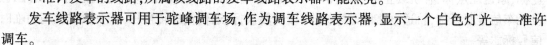

图 2-148

四、发车线路表示器的显示

(1)发车线路表示器在线群出站信号机开放后显示一个白色灯光——准许该线路上的列车发车(图 2-149)。

不准许发车的线路,所属该线路的发车线路表示器不能点亮。

发车线路表示器可用于驼峰调车场,作为调车线路表示器,显示一个白色灯光——准许调车。

(2)发车表示器经常不着灯;显示一个白色灯光——表示车站人员准许发车(图 2-150)。

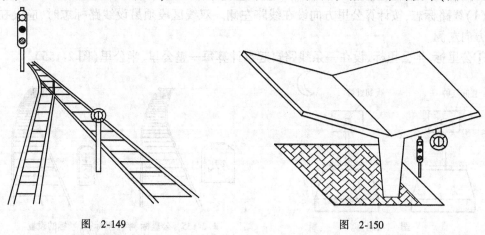

图 2-149　　　　　　　　图 2-150

五、调车表示器的显示

调车表示器的显示方式如下:

(1)向调车区方向显示一个白色灯光——准许机车车辆自调车区向牵出线运行(图 2-151);

(2)向牵出线方向显示一个白色灯光——准许机车车辆自牵出线向调车区运行(图 2-152);

(3)向牵出线方向显示两个白色灯光——准许机车车辆自牵出线向调车区溜放(图 2-153)。

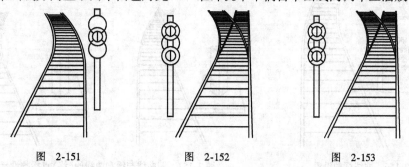

图 2-151　　　　图 2-152　　　　图 2-153

六、车挡表示器

车挡表示器设置在线路终端的车挡上,昼间一个红色方牌;夜间显示一个红色灯光(图2-154)。

安全线及避难线可不设置车挡表示器。

七、线路标志及信号标志

线路标志:公里标、半公里标、曲线标、圆曲线和缓和曲线的始终点标、桥梁标、隧道(明洞)标、坡度标,以及铁路局、工务段、线路车间、线路工区和供电段的界标。

信号标志:警冲标,站界标,预告标,引导员接车地点标,司机鸣笛标,电化区段的电力机车禁停标,断电标,合电标,接触网终点标,准备降下受电弓标,降下受电弓标,升起受电弓标,作业标,减速地点标,补机终止推进标,机车停车位置标,四显示区段机车信号接通标,四显示区段机车信号断开标,轨道电路调谐区标志,级间转换标,通信模式转换标,以及除雪机用的临时信号标志等。

线路、信号标志内侧设在距线路中心应不小于3.1m处(警冲标除外)。

(1)线路标志,按计算公里方向设在线路左侧。双线区段须另设线路标志时,应设在列车运行方向左侧。

①公里标、半公里标,设在一条线路自起点计算每一整公里、半公里(图2-155)。

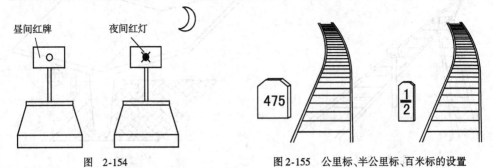

图 2-154　　　　　　　　图2-155 公里标、半公里标、百米标的设置

②曲线标,设在曲线中点处,标明曲线中心里程、半径大小、曲线和缓和曲线长度(图2-156)。

③圆曲线和缓和曲线始(终)点标,设在直缓、缓圆、圆缓、缓直各点处,标明所向方向为直线、圆曲线或缓和曲线(图2-157)。

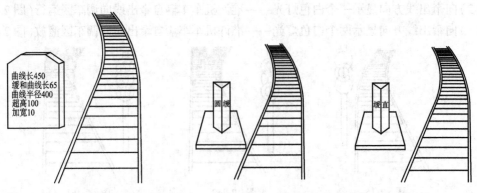

图2-156 曲线标的设置　　　　　图2-157 圆曲线与缓和曲线始(终)点标的设置

④桥梁标,设在桥梁两端桥头处,标明桥梁编号、中心里程和长度(图2-158)。

⑤隧道(明洞)标,直接标注在隧道(明洞)两端洞门端墙上,标明隧道号或名称、中心里程和长度(图2-159)。

图2-158 桥梁标的设置

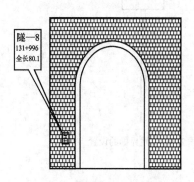

图2-159 隧道(明洞)标的设置

⑥坡度标,设在线路坡度的变坡点处,两侧各标明其所向方向的上、下坡度值及其长度(图2-160)。

⑦铁路局、工务段、线路车间、线路工区和供电段的管界标,设在各单位管辖地段的分界点处,两侧标明所向的单位名称(图2-161)。

(2)信号标志,设在列车运行方向左侧(警冲标除外)。

①警冲标,设在两会合线路线间距离为4m的中间。线间距离不足4m时,设在两线路中心线最大间距的起点处(图2-162)。在线路曲线部分所设道岔附近的警冲标与线路中心线间的距离,应按限界的加宽增加。

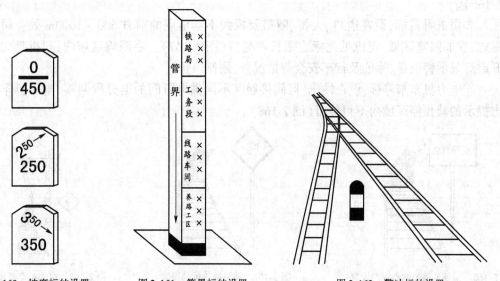

图2-160 坡度标的设置　　图2-161 管界标的设置　　图2-162 警冲标的设置

②站界标,设在双线区间列车运行方向左侧最外方顺向道岔(对向出站道岔的警冲标)外不小于50m处,或邻线进站信号机相对处(图2-163)。

③预告标,设在进站信号机外方900m、1000m及1100m处(图2-164),但在设有预告信号机及自动闭塞的区段,均不设预告标。

在双线区间,退行的列车看不见邻线的预告标时,在距站界外1100m处特设一个预告标

(图2-165)。

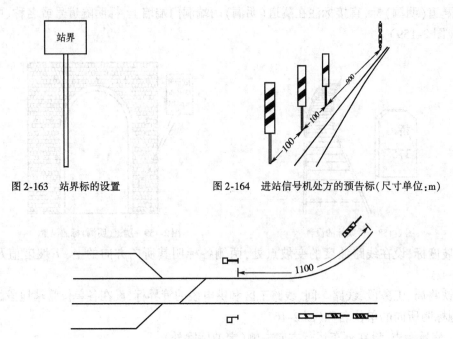

图2-163 站界标的设置　　图2-164 进站信号机处方的预告标(尺寸单位:m)

图2-165 双线区间,设在站界处方的预告标(尺寸单位:m)

④引导员接车地点标,列车在距站界200m以外,不能看见引导人员在进站信号机或站界标处显示的手信号时,须在列车距站界200m外能清晰地看见引导人员手信号的地点设置(图2-166)。

⑤司机鸣笛标,设在道口、大桥、隧道及视线不良地点的前方500~1000m处。司机见此标志,在非限鸣区域,司机见此标志须长声鸣笛(图2-167)。在限鸣区域内,司机见此标志应开启灯显示警设备、除危及行车安全等情况外,限制鸣笛。

⑥电力机车禁停标,设在站场、区间接触网不同供电臂间的电分段两端、电力机车在此标志提示的禁止停区域内不得停留(图2-168)。

图2-166 引导员接车地点标的设置　　图2-167 司机鸣笛标的设置　　图2-168 电力机车禁停标

⑦在电气化区段分相绝缘器前方,分别设断电标(图2-169)、禁止双弓标(图2-170)。对于最高运行速度大于120km/h的旅客列车、特快货物班列及最高运行速度为120km/h的货物列车、快速货物班列运行的线路,在断电标的前方增设特殊断电标(图2-169)。在接触网电分相后方设合电标(图2-171)。设置位置如图2-172所示。在双线电气化区段,在"合"、"断"电标背面,可分别加装"断"、"合"字标,作为反方向行车的"断"、"合"电标使用。

⑧接触网终点标,设在站内接触网边界(图2-173)。

⑨在电气化线路接触网故障降弓地段前方,分别设准备降下受电弓标(图2-174)、降下受电弓标(图2-175);对于最高运行速度大于120km/h的旅客列车、特快货物班列及最高运行速度为120km/h的货物列车、快速货物班列运行的线路,在降下受电弓标的前方增设特殊降弓标(图2-175)。在降弓地段后方,设升起受电弓标(图2-176)。设置位置如图2-177。

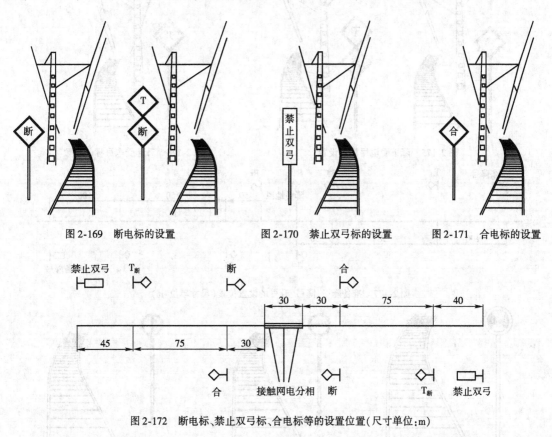

图2-169 断电标的设置　　图2-170 禁止双弓标的设置　　图2-171 合电标的设置

图2-172 断电标、禁止双弓标、合电标等的设置位置(尺寸单位:m)

图2-173 接触网终点标的设置

图2-174 准备降下受电弓标的设置

⑩作业标,设在施工线路及其邻线距施工地点两端500～1000m处(图2-178)。司机见此标志须提高警惕,长声鸣笛。

⑪减速地点标,设在需要减速地点的两端各 20m 处。正面表示列车应按规定限速通过地段的始点;背面表示列车应按规定限速通过地段的终点(图 2-179)。

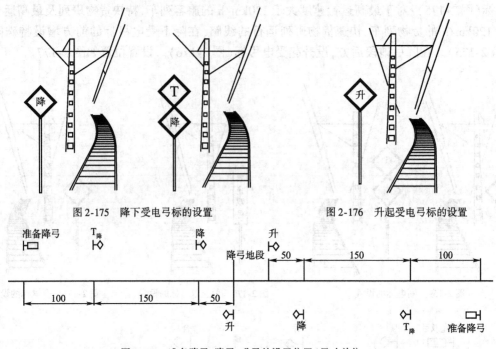

图 2-175　降下受电弓标的设置　　　　图 2-176　升起受电弓标的设置

图 2-177　准备降弓、降弓、升弓的设置位置(尺寸单位:m)

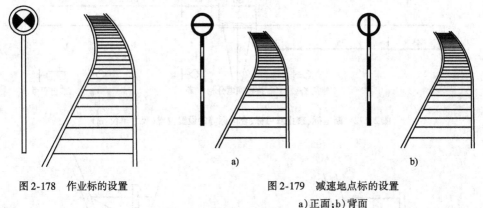

图 2-178　作业标的设置　　　　图 2-179　减速地点标的设置
　　　　　　　　　　　　　　　　　　a)正面;b)背面

⑫补机终止推进标(图 2-180)、机车停车位置标(图 2-181),设置位置由铁路局决定。
⑬四显示机车信号接通标(机车信号接通标),即涂有白底色、黑竖线、黑框的反光菱形板及黑白相间的立柱标志(图 2-182)。
⑭四显示机车信号断开标,即涂有白底色、中间断开的黑横线、黑框的反光菱形板及黑白相间的立柱标志(图 2-183)。
⑮四显示区段调谐区标志:
Ⅰ型为反向区间停车位置标,涂有白底色、黑框、黑"停"字、斜红道,标明调谐区长度的反光菱形板标志(图 2-184)。
Ⅱ型为反方向行车困难区段的容许信号标,涂有黄底色、黑框、黑"停"字、斜红道,标明调谐区长度的反光菱形板标志(图 2-185)。

图 2-180　补机终止推进标的设置

Ⅲ型用于反方向运行合并轨道区段之间的调谐区或因轨道电路超过允许长度而设立分隔点调谐区标志，涂有蓝底色、白"停"字、斜红道、标明调谐区长度的反光菱形板标志（图2-186）。

以上三种调谐区标志均使用黑白相间的立柱。

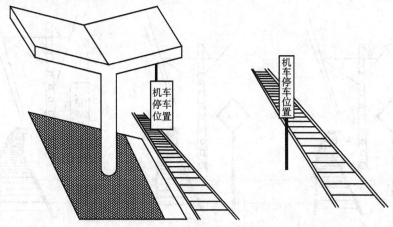

图2-181 机车停车位置标的设置

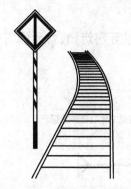 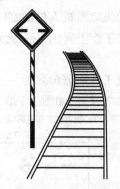

图2-182 四显示机车信号接通标的设置　　　图2-183 四显示机车信号断开标的设置

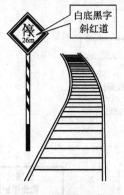  

图2-184 反向区间停车　　图2-185 反方向行车困难区段的　　图2-186 分隔点调谐区
　　　　位置标的设置　　　　　　　容许信号标的设置　　　　　　　标志的设置

⑯级间转换标：在CTCS-0/CTCS-2级转换边界一定距离前方的级间转换应答器组对应的线路左侧设级间转换标志。该标志采用涂有白底色、黑框、写有黑"C0"、"C2"标记的反光菱形板及黑白相间的立柱（如图2-187、图2-188）。

⑰通信模式转换标:在始发站列车停车标内方或需要转换通信模式的相应地点设机车综合无线通信设备通信模式转换提示标志,标志牌顶边距轨面2.5m。该标志面采用涂有白底色、黑框、写有黑"通信转换"字样的方形板(如图2-189)。

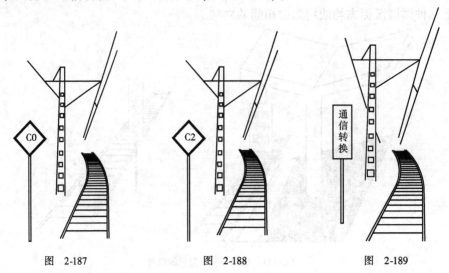

图 2-187　　　　　　图 2-188　　　　　　图 2-189

⑱通知操纵除雪机人员的临时信号标志如下：

a.除雪机工作阻碍标——表示前面有道口、道岔、桥梁等建筑物,妨碍除雪机在工作状态下通过；

b.除雪机工作阻碍解除标——表示已通过阻碍地点。

上述标志的设置,如图2-190所示。

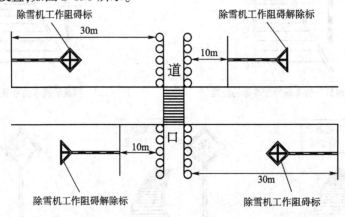

图2-190　操纵除雪机人员的临时信号标的设置(长度单位:m)

八、线路安全保护标志

1. 安全保护区标桩

铁路线路安全保护区的范围,按《铁路运输安全保护条例》的规定执行。线路安全保护区标桩,分为A型(图2-191a))、B型(图2-191b))两种。

A型标桩为基本型,沿铁路线路安全保护区边界每200m左右设置一个,特殊地段可增加或减

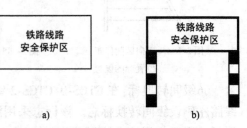

图2-191　线路安全保护区标桩的设置

少设置数量,人烟稀少地区可不设置。

B 型标桩为辅助型,适于在人员活动频繁地段的道口、桥隧两端、公路立交桥附近醒目地点、居民区附近和人身伤害事故多发地段的铁路线路安全保护区边界设置。

标桩在铁路线路两侧规定距离设置时,应与线路另一侧标桩相错埋设。

2. 警示、保护标志

在下列地点应设置警示、保护标志:

(1)在未完全封闭的铁路桥梁、隧道的两端,设严禁通过标(图2-192a));

(2)在铁路桥梁跨越河道上下游规定的地点,设严禁采砂标(图2-192b));

(3)在铁路信号、通信光(电)缆埋设、铺设地点,设电缆标(图2-192c));

(4)在电气化铁路接触网、自动闭塞供电线路和电力贯通线路等电力设施附近易发生危险的地方,设严禁进入标(如图2-192d))。

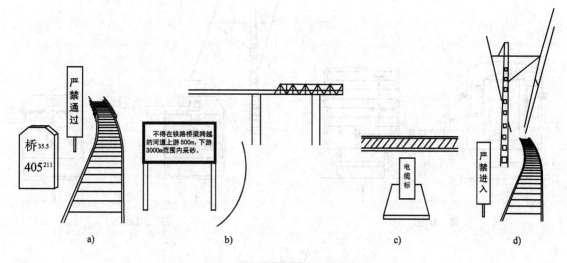

图2-192 警示、保护标志的设置

3. 人行过道路障桩

在铁路线路允许行人、自行车通过,禁止机动车通过的人行过道应设置人行过道路障桩(图2-193)。

九、列车标志

列车应根据其种类及运行的线路和方向,在头部和尾部分别显示不同的列车标志。列车标志的显示方式,昼间与夜间相同,但昼间不点灯,其显示方式如下:

(1)列车在双线区段正方向及单线区段运行时,机车前端一个头灯及中部右侧一个白色灯光(图2-194)。列车尾部两个侧灯,向后显示红色灯光,向前显示白色灯光;挂有列尾装置时,为列尾装置向后显示红白相间的反射标志和一个红色闪光灯光(图2-195)。

(2)列车在双线区段反向运行时,机车前端一个头灯及中部右侧一个红色灯光(图2-196);列车尾部标志与本条第(1)项同。

(3)列车推进运行时,列车前端两个侧灯,向前显示红色灯光,向后显示白色灯光;挂有列尾装置时,为列尾装置向前显示红白相间的反射标志和一个红色闪光灯光(图2-197)。

机车后端中部左侧一个红色灯光(图2-198、图2-199)。

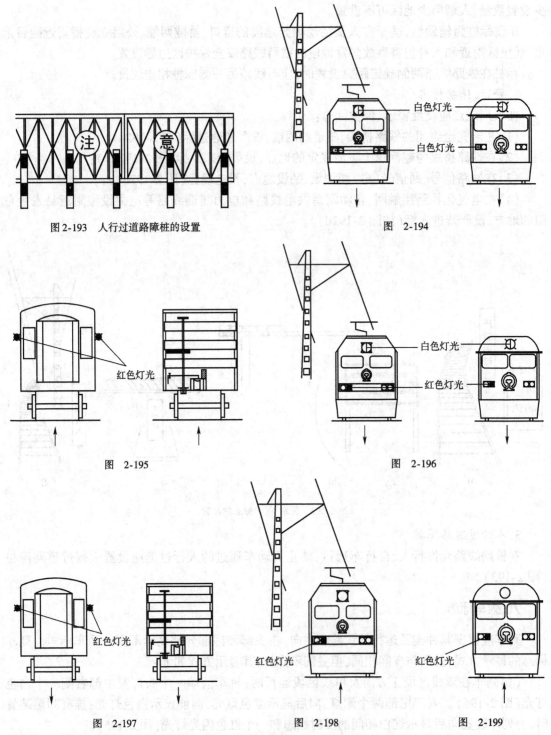

图 2-193 人行过道路障桩的设置

图 2-194

图 2-195

图 2-196

图 2-197

图 2-198

图 2-199

列车在双线区段正向推进运行时,列车前端向前显示左侧一个红色灯光,右侧一个白色灯光,向后显示左侧一个白色灯光;挂有列尾装置时,为列尾装置显示红白相间的反射标志和一个红色闪光灯光(图2-200)。

(4)列车后部挂有补机时,机车后部标志与第(3)项同。

(5)单机在双线区段正方向及单线区段运行时,机车前部标志与第(1)项同;后部标志与第(3)项同。

(6)单机在双线区段反方向运行时,机车前端标志与第(2)项同;后部标志与第(3)项同。

(7)调车机车及机车出入段时,机车前部标志与第(1)项同;机车后端中部左侧一个白色灯光(图 2-201)。

(8)重型轨道车运行时,前端一个白色灯光(图 2-202);后端一个红色灯光(图 2-203)。

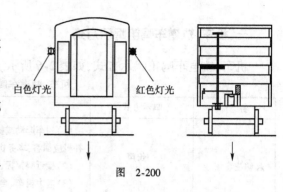

图 2-200

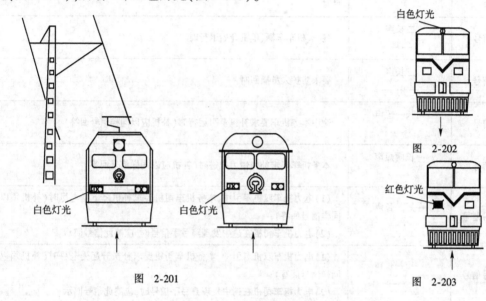

图 2-201

图 2-202

图 2-203

任务五　听觉信号的使用规范

 任务单

任务名称	听觉信号的使用规范
知识目标	(1)熟悉机车、轨道车鸣笛示方式; (2)熟悉口笛、号角鸣示方式
能力目标	学会在行车工作中,使用机车、轨道车鸣笛鸣示和熟悉口笛、号角鸣示
任务描述	能够辨识和使用机车、轨道车鸣笛鸣示,熟悉口笛、号角鸣示
任务要求	(1)掌握机车、轨道车鸣笛鸣示方式; (2)掌握口笛、号角鸣示方式

 相关知识

听觉信号,长声为 3s,短声为 1s,音响间隔为 1s。重复鸣示时,须间隔 5s 以上。

一、机车、轨道车鸣笛鸣示方式

机车、轨道车鸣笛鸣示方式,如表2-6所示。

机车、轨道车鸣笛鸣示方式　　　　　　表2-6

名　称	鸣示方式	使　用　时　机
起动注意信号	一长声 —	(1)列车起动或机车车辆前进时(双机牵引或使用补机时,本务机车鸣笛后,补机应回答,本务机车再鸣笛一长声后起动); (2)接近鸣笛标、道口、桥梁、隧道、行人、施工地点或天气不良时; (3)电力机车、自轮运转特种设备在检修及整备中,准备降下或升起受电弓时
退行信号	二长声 — —	列车、机车车辆、单机开始退行时
召集信号	三长声 — — —	要求防护人员撤回时
牵引信号	一长一短声 — ·	途中本务机车要求补机牵引运行时(补机应以同样信号回答)
惰行信号	一长两短声 — · ·	本务机车要求补机惰力推进时(补机应以同样信号回答)
途中降弓信号	一短一长声 · —	(1)电力机车双机牵引中,本务机车司机要求补机降下受电弓时(补机须以同样信号回答); (2)电力机车司机在途中发现降弓手信号时,应鸣此信号回示
途中升弓信号	一短一长声 · —	(1)电力机车双机牵引中,本务机车司机要求补机升起受电弓时(补机须以同样信号回答); (2)电力机车司机在途中发现升弓手信号时,应鸣此信号回示
呼唤信号	二短一长声 · · —	(1)机车要求出入段时; (2)在车站要求显示信号时
警报信号	一长三短声 — · · ·	发现线路有危及行车安全的不良处所时
试验自动制动机及复示信号	一短声 ·	(1)试验制动机开始减压时; (2)接到试验制动结束的手信号,回答试风人员时; (3)调车作业中,表示已接受调车长所发出的手信号时
缓解及溜放信号	二短声 · ·	(1)试验制动机缓解时; (2)要求列车乘务组缓解人力制动机时; (3)复示溜放调车信号时
拧紧人力制动机信号	三短声 · · ·	(1)要求列车乘务组拧紧人力制动机时; (2)要求就地制动时
紧急停车信号	连续短声 · · · · · · ·	司机发现(或接到通知)邻线发生障碍,向邻线上运行的列车发出紧急停车信号时;邻线列车司机听到此种信号后,应紧急停车

二、口笛、号角鸣示方式

口笛、号角鸣示方式,如表2-7所示。

口笛、号角鸣示方式　　　　　　　　　　　　　　　　　　　　　表 2-7

用　途　及　时　机		鸣　示　方　式	
发车、指示机车向显示人反方向移动		一长声	—
指示机车向显示人方向移动		一短一长声	・—
指示发车		一长一短声	—・
试验制动机减压		一短声	・
试验制动机缓解		二短声	・・
试验制动机完了及安全信号		一短一长二短声	・—・・
一道		一短声	・
二道		二短声	・・
三道		三短声	・・・
四道		四短声	・・・・
五道		五短声	・・・・・
六道		一长一短声	—・
七道		一长二短声	—・・
八道		一长三短声	—・・・
九道		一长四短声	—・・・・
十道		二长声	——
二十道		二短两长声	・・——
十、五、三车距离信号	十车	三短声	・・・
	五车	二短声	・・
	三车	一短声	・
连接及停留车位置		一长一短一长声	—・—
停车		连续短声	・・・・・
要求司机鸣笛		二长三短声	——・・・
试拉		一短声	・
减速		连续二短声	・・
溜放		三长声	———
取消		二长一短声	——・
再显示		二长二短声	——・・
列车接近通报信号	上行	二长声	——
	下行	一长声	—

项目七 铁路技术设备运用和管理

任务一 认知铁路技术设备

任务单

任务名称	认知铁路技术设备
知识目标	掌握关于限界和线路间距的规定
能力目标	在实际工作中,能够熟练运用给定的限界图查定限界,能够运用收集的基础资料完成对车站内各线路的间距确定、区间线路间距的确定
任务描述	(1)给定一个限界图,查定限界; (2)给定一个站场平面示意图,确定线间距离
任务要求	(1)能够熟练地运用限界图; (2)完成对站场平面示意图中各线路间距的标注

相关知识

一、限界及线路间距的定义

1. 限界

铁路限界是为了确保机车车辆在铁路线路上运行的安全,防止机车车辆撞击邻近线路的建筑物和设备,而对机车车辆和接近线路的建筑物、设备所规定的不允许超越的轮廓尺寸线。铁路基本限界包括机车车辆限界和建筑接近限界。

(1)机车车辆限界:就是机车车辆横断面的最大极限,也就是机车车辆不同部位的宽度、高度的最大尺寸和底部零件至轨面的最小距离。具体来说,就是当机车车辆停留在平直铁道上,车体的纵向中心线和线路的纵向中心线重合时,其任何部分不得超出规定的极限轮廓线。机车车辆无论空、重状态,均不得超出机车车辆限界。

(2)建筑限界:就是一个与线路中心线垂直的横断面,其规定了保证机车车辆安全通行所必需的横断面的最小尺寸。一切建筑物、设备,均不得侵入铁路建筑限界。

(3)线路间距:是指相邻的两条线路中心线之间的距离。

2. 限界的作用

规定建筑限界以后,在铁路沿线修建的房屋及安设的关系设备就要遵守建筑限界的规定;规定机车车辆限界后,在制造铁路机车、车辆装备时就要遵守机车车辆限界的规定,同时在装载货物时也要遵守机车车辆限界的规定,也可以根据机车车辆限界的规定来确定超限货物的等级。

二、铁路建筑限界及机车车辆限界规定

1. 铁路的建筑限界

2014版《铁路技术管理规程》(普速铁路部分)对铁路建筑限界作了详尽的规定,根据不同的线路条件分为 $v \leq 160 \text{km/h}$ 客货共线铁路建筑限界、$v > 160 \text{km/h}$ 客货共线铁路建筑限界、双层集装箱运输装载限界及双层集装箱运输铁路建筑限界三大类。对于 $v \leq 160 \text{km/h}$ 客货共线铁路建筑限界具体分为基本建筑限界图、基本建筑限界(车库门等)、隧道建筑限界图(内燃牵引区段)、隧道建筑限界图(电力牵引区段)、桥梁建筑限界图(内燃牵引区段)、桥梁建筑限界图(电力牵引区段)六类;对于 $v > 160 \text{km/h}$ 客货共线铁路建筑限界,具体分为基本建筑限界图、桥隧建筑限界图(内燃牵引区段)、桥隧建筑限界图(电力牵引区段)三类;双层集装箱运输装载限界及双层集装箱运输铁路建筑限界,具体分为双层集装箱运输装载上部限界图、双层集装箱运输基本建筑限界图、双层集装箱运输桥隧建筑限界图(内燃牵引区段)、双层集装箱运输桥隧建筑限界图(电力牵引区段)四类。现以 $v \leq 160 \text{km/h}$ 客货共线铁路建筑限界基本建筑限界图来说明建筑限界知识。如图2-204所示。

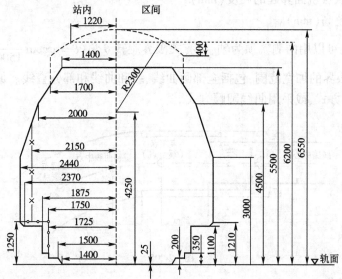

—×—×—×— 信号机、高架候车室结构柱和接触网、跨线桥、天桥、电力照明、雨棚等杆柱的建筑限界(正线不适用);

—○—○—○— 站台建筑限界(正线不适用);

———— 各种建筑物的基本限界;

---------- 适用于电力牵引区段的跨线桥、天桥及雨棚等建筑物;

·········· 电力牵引区段的跨线桥在困难条件下的最小高度。

图2-204 基本建筑限界图(单位:mm)

旅客站台上柱类建筑物距站台边缘不小于1500mm,建筑物距站台边缘不小于2000mm。旅客站台分为低站台、高站台;低站台高度为300mm、500mm,高站台高度为1250mm。货物站台的高度为900~1100mm。在非电气化区段的车站上,车辆调动频繁的站场内,天桥的高度不小于5800mm。

货物高站台边缘(只适用于线路的一侧)在高出轨面的1100~4800mm范围,距线路中心线距离可按1850mm设计。

当机车车辆通过曲线时,机车车辆长度方向中心位置会向曲线圆心方向(内侧)产生偏移,这就要求曲线内侧上建筑限界相应加宽;同样,当机车车辆通过曲线时,机车车辆端部会向曲线外侧偏移,这就要求曲线外侧上建筑限界相应加宽。曲线上建筑限界加宽办法如下:

曲线内侧加宽(mm):

$$W_1 = \frac{40500}{R} + \frac{H}{1500}h$$

曲线外侧加宽(mm):

$$W_2 = \frac{44000}{R}$$

曲线内外侧加宽共计(mm):

$$W = W_1 + W_2 = \frac{84500}{R} + \frac{H}{1500}h$$

式中:R——曲线半径(m);
H——计算点自轨面算起的高度(mm);
h——外轨超高(mm)。

$\frac{H}{1500}h$ 的值也可以用内侧轨顶为轴,将有关限界旋转 θ 角($\theta = \arctan\frac{h}{1500}$)求得。

曲线上建筑限界的加宽范围,包括全部圆曲线、缓和曲线和部分直线。加宽方法可采用图 2-205 所示阶梯形方式,或采用曲线圆顺方式。

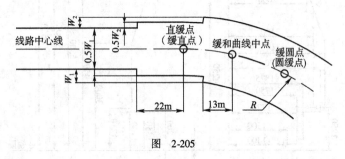

图 2-205

2. 机车车辆限界

2014 版《铁路技术管理规程》(普速铁路部分)规定了机车车辆上部限界图、机车车辆下部限界图、通过驼峰车辆减速器(顶)(制动或工作位置)的货车下部限界图、通过驼峰车辆减速器(顶)(缓解位置)的调车机车下部限界图,本书以前两项为例说明。

(1)机车车辆上部限界图(见图 2-206)
(2)机车车辆下部限界图(见图 2-207)

三、线路中心线间距离的有关规定

线间距:是两条线路中间线之间的距离。不同用途的线路要求与其相邻线路间的距离也是不同的,线间距的大小取决于两条线路通过列车的速度、通过列车的种类、线路间是否有关系设备、是否有人员作业等因素。反过来说,当某个车站的线间距固定以后,也从某种程度上决定了线路的用途,车站就可以在此基础上规定各条线路的使用限制。铁路线间距见表 2-8。

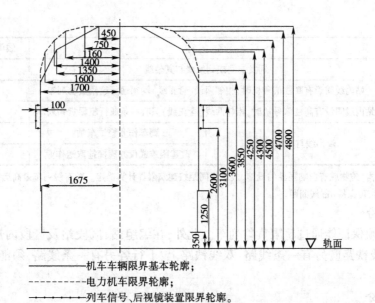

———— 机车车辆限界基本轮廓;
------- 电力机车限界轮廓;
—·—·— 列车信号、后视镜装置限界轮廓。

图 2-206 机车车辆上部限界图(尺寸单位:mm)

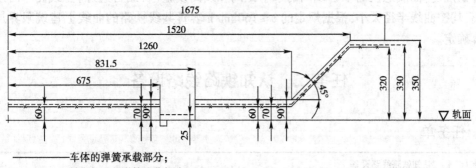

———— 车体的弹簧承载部分;
------- 转向架上的弹簧承载部分;
—×—×— 非弹簧承载部分;
—··—··— 机车闸瓦、撒砂管、喷油嘴最低轮廓。

图 2-207 机车车辆下部限界图(尺寸单位:mm)

铁 路 线 间 距　　　　　　　　表 2-8

顺序	名　　称			线间最小距离(mm)
1	区间双线	$v \leqslant 120$km/h		4000
		120km/h $< v \leqslant$ 160km/h		4200
		160km/h $< v \leqslant$ 200km/h		4400
2	三线及四线区间的第二线与第三线			5300
3	站内正线			5000
4	站内正线与相邻到发线	无列检作业		5000
		有列检作业或上水作业	$v \leqslant 120$km/h 一般	5500
			$v \leqslant 120$km/h 改建特别困难	5000
			120km/h $< v \leqslant$ 160km/h 一般	6000
			120km/h $< v \leqslant$ 160km/h 改建特别困难	5500
			160km/h $< v \leqslant$ 200km/h 一般	6500
			160km/h $< v \leqslant$ 200km/h 改建特别困难	5500

续上表

顺序	名称		线间最小距离(mm)
5	到发线间或到发线与其他线		5000
6	站内线间设有高柱信号机时,相邻两线(含正线)均须通行超限货物列车		5300
7	站内线间设有高柱信号机时,相邻两线(含正线)只有一条通行超限货物列车		5000
8	牵出线与其相邻线	调车作业繁忙车站	6500
		改建困难或仅办理摘挂取送作业	5000

注:线间有建(构)筑物或有影响限界的设施,最小线间距按建筑限界计算确定。既有线列车最高运行速度提速到140～160km/h 时,可保持4m 线间距。

1. 直线部分

站内正线须保证能通过超限货物列车。此外,在编组站、区段站及区段内选定的 3～5 个中间站上,单线铁路应另有一条线路,双线铁路上、下行各另有一条线路,须能通行超限货物列车。

2. 曲线部分

普铁规定:曲线地段的中心线间的水平距离和线间设施(含站台边缘)至线路中心线的最小距离,均按曲线半径大小,根据规定的 $v \leqslant 160$km/h 客货共线铁路的曲线上建筑限界加宽办法计算确定。

任务二 认知铁路线路设备

任务单

任务名称	认知铁路线路设备
知识目标	(1)熟悉铁路线路的类型和要求; (2)熟悉线路的平、纵断面要求
能力目标	学会在实际工作中运用标准确定线路的类型,并准确确定道岔的型号
任务描述	给定一张站场平面示意图,对照《铁路运输设备》中学到的铁路线路、桥梁及隧道相关知识,完成相应任务要求
任务要求	(1)分析给定站场图形中线路类型; (2)对给定的站场图形进行道岔编号; (3)对给定的站场图形进行的道岔确定号数; (4)会确定线路的有效长

相关知识

一、铁路线路

1. 铁路线路的种类

铁路线路分为正线、站线、段管线、岔线、安全线及避难线。

(1)正线是指连接车站并贯穿或直股伸入车站的线路。

(2)站线是指到发线、调车线、牵出线、货物线及站内指定用途的其他线路。

(3)段管线是指机务、车辆、工务、电务、供电等段专用并由其管理的线路。

(4)岔线是指在区间或站内接轨,通向路内外单位的专用线路。

(5)安全线是为防止列车或机车车辆从一进路进入另一列车或机车车辆占用的进路而发生冲突的一种安全隔开设备。

①岔线、段管线与正线、到发线接轨时。但岔线与站内到发线接轨,当站内有平行进路及隔开设备及隔开道岔并有联锁装置时,可不设安全线。如图2-208a)所示。

②在进站信号机外制动距离内进站方向为超过6‰的下坡道的车站,应在正线或到发线的接车方向末端设置安全线,如图2-208b)所示。

③合资铁路、地方铁路及专用铁路与国家铁路车站接轨,其接轨处或接车线末端应设隔开设备(设有平行进路并有联锁时除外)。

④安全线向车挡方向不应采用下坡道,其有效长度一般不小于50m。

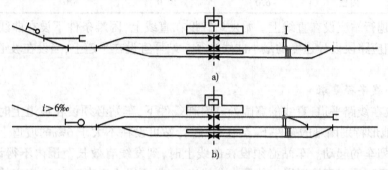

图2-208 安全线示意图

(6)避难线是在长大下坡道上能使失控列车安全进入的线路。在山丘或丘陵陡峻地区,区间线路纵断面特殊不利时,为了防止在陡长下坡道上失去控制的列车发生冲突或颠覆,应根据线路情况,按牵引计算确定在区间或站内设置避难线。避难线类型有以下3种:

①尽端式避难线。主要是依靠逐步升高的坡度来抵消失控列车的动能,迫使其停车。其优点是线路建筑长度较短,结构简单,易于养护,安全性好;缺点是失控列车在较陡的避难线上停车后,可能发生倒溜,易于造成区间堵塞影响线路通行能力。

②环形避难线。装有弹簧道岔的圆形线路,依靠线路曲线阻力来抵消失控列车的动能,使其进入圆形线路的失控列车在圆形线路内运行,直至完全停车。其优点是可适应角平坦的地形,失控列车进入环线不堵塞区间,不影响线路通行能力;缺点是线路建筑长度较长,且曲线半径小,列车速度高,安全性较差。

③砂道避难线。依靠砂道阻力来抵消失控列车的动能,其主要优点是造价低,缺点是对线路通行能力或到发线的使用影响较大,维修养护困难。

2.线路的曲线半径

曲线半径是线路的重要因素之一,曲线半径的大小影响线路最高通行速度。通行速度越高要求线路的最小曲线半径越大,所以高速铁路线路曲线半径要大于普速铁路的曲线半径。

普通铁路规定:Ⅰ、Ⅱ级铁路区间线路最小曲线半径及最大限制坡度规定,见表2-9和表2-10。

限速地段曲线半径,应符合有关设计规范的规定。

一般条件下,区间线路最大坡度不宜大于20‰;困难条件下,不应大于35‰。动车组走行线的最大坡度不宜大于30‰,特殊困难条件下不应大于35‰;当动车组走行线最大坡度大于

30‰时,宜铺设无砟轨道。

铁路区间线路最小曲线半径(m) 表2-9

铁路等级	I			II	
路段设计行车速度(km/h)	200	160	120	120	80
一般	3500	2000	1200	1200	600
困难	2800	1600	800	800	500

铁路区间线路最大限制坡度(‰) 表2-10

铁路等级		I		II	
		一般	困难	一般	困难
牵引种类	电力	6.0	15.0	6.0	20.0
	内燃	6.0	12.0	6.0	15.0

中间站、越行站应设在直线上。始发站宜设在直线上,困难条件下设在曲线上时,曲线半径不应小于相应路段设计速度的最小曲线半径。站坪宜设在平道上,当设在坡道上时,一般不大于1‰。

3. 车站曲线半径要求

车站应设在线路平道、直线的宽阔处。困难条件下,车站必须设在坡道上时,其坡度不应超过1‰;在地形特别困难的条件下,会让站、越行站可设在不大于6‰的坡道上,且不应连续设置,并保证列车的起动。车站必须设在曲线上时,到发线有效长范围内不得设在反向曲线上,其曲线半径不得小于该区段内的最小曲线半径,且不得小于表2-11中规定的数值。

车站平面最小曲线半径 表2-11

路段设计行车速度(km/h)	最小曲线半径(m)		
	区段站	中间站、会让站、越行站	
		一般	困难
80	800	600	600
120	800	1200	800
160	1600	2000	1600
200	2000	3500	2800

二、路基及轨道

1. 路基

路基是轨道的基础,它直接承受轨道及机车车辆的压力,路基的状态直接影响线路的质量,《铁路技术管理规程》对路基的宽度、路肩的宽度、路肩高程、路基的保护等作了规定。

(1)路基面的宽度,应考虑远期发展的铁路等级、维修和机械化作业,并根据路拱断面、轨道类型、道床标准形式及尺寸、线间距、电缆槽、接触网支柱、路肩宽度等计算确定。

有砟轨道路肩宽度:线路设计速度为200km/h区段的路肩宽度不小于1.0m;线路设计速度为160km/h及以下的铁路路堤不应小于0.8m,路堑不应小于0.6m。牵出线的中心线至路肩边缘的宽度不得小于3.5m。曲线地段路基外侧加宽办法,按铁路有关规定规范执行。路基应避免高堤深堑。路肩高程受洪水或潮水位控制时,其路肩高程不低于设计洪水位加波浪侵袭高加壅水高再加0.5m。

路基两侧应留有足够宽度的铁路用地,保证路基稳定,满足维修检查通道、栅栏设置、绿色通道建设及防沙工程的要求。

(2)路基应按铁路等级采用优质填料填筑坚实,基床及过渡段应强化处理,并设置良好的防排水设备和完善的防排水系统,以及安全可靠的防护设施和支挡结构,工后沉降应满足相应的限值要求。对不良地质条件、特殊土及特殊环境等地段的路基,应采取可靠的加固处理措施,困难时应以桥梁等结构物代替。应及时、彻底加固整治路基病害,对于一时难以彻底整治的病害,应加强路基监视和检查,并分期整治。在路基范围内埋设电缆和接触网支柱基础时,必须保证路基的稳定和坚固及排水等设施的正常使用。

路基宜优先采用有利于环保的植物(以灌木为主)保护,并结合混凝土、土工合成材料等其他防护措施进行防护,但不能影响列车司机瞭望,倒树不应侵入限界和接触网的安全距离。

2.轨道

轨道由钢轨、轨枕、连接零件、防爬设备、道床、道岔等组成。

(1)钢轨

①重量规定。

钢轨重量每延米重量是表示钢轨类型与强度的指标。新建、改建铁路正线采用60kg/m钢轨的跨区间无缝线路;重载铁路正线宜采用60kg/m及以上类型钢轨的无缝线路。钢轨优先采用100m(60kg/m)、75m(75kg/m)长定尺轨。对于高速铁路、正线及到发线轨道应采用一次铺设跨区间无缝线路,正线钢轨应采用100m长定尺的60kg/m钢轨。

设计速度120km/h以上铁路正线有砟轨道应采用Ⅲ型轨枕和与轨枕配套的弹条扣件、一级碎石道砟。新建300km/h及以上铁路、长度超过1km的隧道及隧道群地段,可采用无砟轨道。

②轨距规定。

轨距是钢轨头部踏面下16mm范围内两股钢轨工作边之间的最小距离。轨距对于行车安全有直接影响,我国铁路采用的是国际标准轨距,直线轨距标准为1435mm,由于机车车辆在曲线上会产生横向偏移,故要求曲线部分轨距要相应加宽,见表2-12规定。

曲线轨距加宽值 表2-12

曲线半径 R(m)	加宽值(mm)	曲线半径 R(m)	加宽值(mm)
$R \geqslant 295$	0	$245 > R \geqslant 195$	10
$295 > R \geqslant 245$	5	$R < 195$	15

注:曲线轨距加宽值不符合上述规定时,应有计划地进行改造。

实际工作中,轨距不可避免地会与标准产生一定的偏差,这在一定限度内是允许的,验收线路时,线路、道岔轨距相对于上述标准的静态允许偏差规定见表2-13。

线路、道岔轨距静态允许偏差 表2-13

线路允许速度(km/h)	$v \leqslant 120$	$120 < v \leqslant 160$	$160 < v \leqslant 200$
线路(mm)	+6 -2	+4 -2	±2
道岔(mm)	+3 -2	+3 -2	±2

③水平规定。

在直线地段,线路两股钢轨顶面应保持同一水平。但机车车辆通过曲线部分时会产生离心力,这时曲线外轨会承受这样的离心力,为了平衡离心力,曲线部分的外轨会适当超高,曲线地段的外轨超高,应按有关规定的办法和标准确定。最大实设超高:双线地段不得超过150mm,单线地段不得超过125mm。

验收线路时,线路两股钢轨水平,较上述标准的静态允许偏差规定见表2-14。

钢轨水平静态允许偏差 表2-14

线路允许速度(km/h)	$v \leqslant 120$	$120 < v \leqslant 160$	$160 < v \leqslant 200$
正线及到发线(mm)	4	4	3
道岔(mm)	4	4	3

④轨缝规定。

钢轨接头的预留轨缝应根据钢轨长度,当地历史最高、最低轨温及更换钢轨或调整轨缝时的轨温经计算确定。

绝缘接头的最小轨缝为6mm,最大轨缝为构造轨缝。长度大于或等于25m钢轨铺设在历史最高、最低轨温差大于100℃的地区时,预留轨缝应进行个别设计。

(2)道岔

①铺设要求。道岔应铺设在直线上,正线道岔不得与竖曲线重叠,其他道岔应尽量避免与竖曲线重叠。正线道岔钢轨应与线路上的钢轨采用同一类型。其他道岔钢轨在不得已情况下采用与线路钢轨不同类型时,须保证道岔钢轨强度不低于线路钢轨强度,并在道岔前后各铺一节与道岔同轨型的钢轨。

②道岔辙叉号数。道岔辙叉号数等于辙叉角的余切值,道岔辙叉号数大小直接影响机车车辆侧向通过该道岔的限制速度,道岔辙叉号数越大允许侧向通过速度越大。道岔辙叉号数选择应符合下列规定:

a.正线道岔的直向通过速度不应小于路段设计行车速度。

b.用于侧向通过列车的单开道岔的辙叉号数,应根据列车侧向通过的最高速度合理选用。

c.侧向接发停车旅客列车的单开道岔,不得小于12号。

d.侧向接发停车货物列车并位于正线的单开道岔,在中间站不得小于12号,在其他车站不得小于9号。

e.列车轴重大于25t的铁路正线单开道岔不得小于12号。

f.其他线路的单开道岔不得小于9号。

g.狭窄的站场采用交分道岔不得小于9号,但尽量不用于正线,必须采用时不得小于12号。

h.峰下线路的对称道岔不得小于6号,三开道岔不得小于7号。

i.段管线的对称道岔不得小于6号。

既有道岔的类型及辙叉号数不符合上述规定时,应按该道岔的号数限制行车速度,且应有计划地进行改造。

③可动心轨道岔的采用。按辙叉心是否可动,道岔可分为固定型辙叉道岔和可动心轨道岔两种。线路允许速度120km/h及以下区段的正线道岔,采用固定型辙叉道岔;线路允许速度120km/h以上至160km/h及以下,或货车轴重25t及以上区段的正线道岔,采用可动心轨道岔或固定型辙叉道岔;线路允许速度160km/h以上区段的正线道岔,须采用可动心轨道岔。

④道岔编号规定:
a. 车站根据需要应划分道岔组、道岔区,岔组、道岔区范围的划分应在《站细》内规定。
b. 道岔编号,从列车到达方向起顺序编号,上行编为双号,下行编为单号。
c. 尽头线上向终点方向顺序编号。
d. 划分车场的车站,每个车场的道岔应单独编号。
e. 一个车站的道岔不得有相同的编号。

⑤道岔管理规定:
a. 站内线路的道岔及车站与其他单位所管线路相衔接的道岔(包括防护道岔),由车站负责管理。
b. 人工扳动的道岔或道岔组,应由值班扳道员一人负责管理。个别道岔无专人负责的,由指定的人员兼管。根据需要,可将数个道岔组成道岔区,设扳道长领导道岔区的工作。
c. 车站集中操纵的道岔,应由车站值班员负责管理,未设车站值班员的由信号长(员)负责管理,驼峰集中操纵的道岔,应由驼峰值班员负责。
d. 日常应对道岔进行清扫。人工扳动道岔的清扫分工,应在《站细》内规定;集中操纵道岔的清扫分工由铁路局规定。
e. 集中操纵的道岔联锁失效时,改用手摇把人工操纵,手摇把要实行统一编号、集中管理,建立登记签认制度;电动转辙机手摇把管理办法应在《站细》内规定。联锁道岔应配备紧固、加锁装置,以备联锁失效时用以锁闭道岔。
f. 联锁失效时防止扳动的办法,应在《站细》内规定。未设联锁而需加锁的道岔也应安装加锁装置。加锁装置包括锁板、勾锁器、闭止把加锁、带柄标志加锁。道岔加锁的钥匙管理办法应在《站细》内规定。

⑥道岔定位的规定:
道岔的定位是指道岔除使用、清扫、检查、修理时外,经常向某一方向开通的位置。车站道岔的定位应在《站细》内记明。道岔定位的原则是:
a. 单线车站正线进站道岔,为由车站两端向不同线路开通的位置。
b. 双线车站正线进站道岔,为各该正线开通的位置。
c. 区间内正线道岔及站内正线上其他道岔(引向安全线、避难线的除外),为正线开通的位置。
d. 引向安全线、避难线的道岔,为安全线、避难线开通的位置。
e. 到发线上的中岔,为到发线开通的位置。
f. 其他由车站负责管理的道岔,由车站规定。
g. 段管线的道岔的定位由各段自行规定。
集中操纵的道岔及不办理接发列车的非集中联锁的道岔可不保持定位(到发线上的中岔和引向安全线、避难线的道岔除外)。

任务三　掌握信号、通信设备的运用及管理要求

任务单

任务名称	掌握信号、通信设备的运用及管理要求
知识目标	(1)熟悉信号机的类型和作用,掌握信号机的显示方法和意义; (2)会进行信号机的设置,会编制联锁表
能力目标	学会在实际工作中运用信号作防护
任务描述	根据下图中线路站场设置,完成下述任务要求
任务要求	(1)分析给定站场图形中信号机的类型; (2)对给定的站场图形进行信号机编号; (3)对给定的站场图形进行股道有效长的推算; (4)对给定的站场图形编制联锁图表

相关知识

一、《技规》中对信号、通信设备的一般要求

(1)为保证信号、通信设备的质量,应设电务段、通信段等电务维修机构。电务段、通信段管辖范围应根据信号、通信设备等条件确定。

(2)电务维修机构应具备设备检修、修配、测试场所,配置相应的仪器仪表、工装机具以及交通工具、应急通信设备等。在动车组、机车和轨道车的检修地点应设列控车载设备、机车信号、列车运行监控装置(LKJ)、轨道车运行控制设备(GYK)及车载无线通信设备等的检修与测试场所。设有车辆减速器的驼峰调车场应设驼峰机械修配场所。铁路电务设备维护工作应按设备技术状态进行维修,并按周期进行中修和大修。电务车载设备结合动车组、机车和轨道车各级检修修程,同步进行检修。

(3)对设有加锁加封的信号设备,应加锁加封,必要时可设置计数器,使用人员应负责其完整。对加封设备启封使用或对设有计数器的设备每计数一次时,使用人员均须在《行车设备检查登记簿》内登记,写明启封或计数原因。加封设备启封使用后,应及时通知信号部门加封。使用计算机技术控制的信号设备实现加锁加封功能时,应使用密码方式操作。

(4)集中联锁车站和自动闭塞区段,信号集中监测系统对信号设备运用状态进行实时监测,实现故障及超限告警。

(5)信号、通信设备及机房,应采取综合防雷措施,设置机房专用空调。信号及通信设备,应装有防止强电及雷电危害的浪涌保护器等保安设备,电子设备应符合电磁兼容有关规定。

(6)机车信号设备、列车运行监控装置(LKJ)、轨道车运行控制设备(GYK)和车载无线通

信设备等的电源,均应取自车上直流控制电源系统;直流输出电压为110V时,电压波动允许范围为-20%~+5%。

二、信号设备

1. 信号装置分类

信号装置一般分为信号机和信号表示器两类。

信号机按类型分为色灯信号机、臂板信号机和机车信号机。信号机按用途分为进站、出站、通过、进路、预告、接近、遮断、驼峰、驼峰辅助、复示、调车信号机。

信号表示器分为道岔、脱轨、进路、发车、发车线路、调车及车挡表示器。

各种信号机的类型在前文中已有表述。

2. 显示距离要求

各种信号机及表示器,在正常情况下的显示距离:

①进站、通过、接近、遮断信号机,不得小于1000m;

②高柱出站、高柱进路信号机,不得小于800m;

③预告、驼峰、驼峰辅助信号机,不得小于400m;

④调车、矮型出站、矮型进路、复示信号机,容许、引导信号及各种表示器,不得小于200m。

在地形、地物影响视线的地方,进站、通过、接近、预告、遮断信号机的显示距离,在最坏的条件下,不得小于200m。

3. 采用矮型信号机的情况

铁路信号机应采用色灯信号机。色灯信号机应采用高柱信号机,在下列处所可采用矮型信号机:

①不办理通过列车的到发线上的出站、发车进路信号机;

②道岔区内的调车信号机及驼峰调车场内的线束调车信号机;

③自动闭塞区段,隧道内的通过信号机。

特殊情况需设矮型信号机时,须经铁路局批准。

4. 信号机、位置设置要求

①信号机设在列车运行方向的左侧或其所属线路的中心线上空。反方向运行进站信号机可设在列车运行方向的右侧;其他特殊地段因条件限制,需设于右侧时,须经铁路局批准。

在确定设置信号机地点时,除满足信号显示距离的要求外,还应考虑到该信号机不致被误认为邻线的信号机。

②车站必须装设进站信号机。进站信号机应设在距进站最外方道岔尖轨尖端(顺向为警冲标)不小于50m的地点,因调车作业或制动距离需要延长时,一般不超过400m。

双线自动闭塞区间反方向进站信号机前方应设置预告标。

③在车站的正线和到发线上,应装设出站信号机。出站信号机应设在每一发车线的警冲标内方(对向道岔为尖轨尖端外方)适当地点。

在调车场的编发线上,必要时可设线群出站信号机。

④通过信号机应设在闭塞分区或所在区间的分界处。自动闭塞区段的通过信号机,不应设在停车后可能脱钩、牵引供电分相的处所,也不宜设在起动困难的地点。

自动闭塞区段信号机设置位置和显示关系应根据列车牵引计算确定,并应满足列车运行速度规定的制动距离和线路通过能力的要求。

在自动闭塞区段内,当货物列车在设于上坡道上的通过信号机前停车后起动困难时,在该信号机上应装设容许信号。在进站信号机前方第一架通过信号机上,不得装设容许信号。

在三显示自动闭塞区段的进站信号机前方第一架通过信号机柱上,应涂三条黑斜线;四显示自动闭塞区段的进站信号机前方第一、第二架通过信号机的机柱上,应分别涂三条、一条黑斜线,以与其他通过信号机相区别。

5. 各类型信号机的设置条件

①有人看守道口设遮断信号机;在有人看守的桥隧建筑物及可能危及行车安全的坍方落石地点,根据需要设遮断信号机。该信号机距防护地点不得小于50m。

②半自动闭塞、自动站间闭塞区段,进站信号机为色灯信号机时,设色灯预告信号机或接近信号机。

③遮断信号机和半自动闭塞、自动站间闭塞区段线路所通过信号机,设预告信号机。

列车运行速度超过120km/h的区段,设置两段接近区段:在第一接近区段和第二接近区段的分界处,设接近信号机;在第一接近区段入口内100m处,设置机车信号接通标。

④出站信号机有两个及以上的运行方向,而信号显示不能分别表示进路方向时,在信号机上装设进路表示器。

发车进路兼出站信号机,根据需要可装设进路表示器,区分进路方向。

双线自动闭塞区段,有反方向运行条件时,出站信号机设进路表示器。

⑤发车信号辨认困难的车站,在便于司机瞭望的地点可装设发车表示器。

⑥为满足调车作业的需要,设调车色灯信号机。

在作业繁忙的调车场上,因受地形、地物影响,调车机车司机看不清调车指挥人的手信号时,设调车表示器。

⑦设有线群出站信号机时,在线群每一条发车线路的警冲标内方适当地点,装设发车线路表示器。

⑧设有两个及以上车场的车站,转场进路设进路色灯信号机。

⑨进站及接车进路色灯信号机,均设引导信号。

⑩驼峰应装设驼峰色灯信号机。驼峰色灯信号机可装设驼峰色灯辅助信号机。驼峰色灯信号机或辅助信号机的显示距离不能满足推峰作业要求时,根据需要可再装设驼峰色灯复示信号机。

驼峰色灯辅助信号机,可兼作出站或发车进路信号机,并根据需要装设进路表示器。

⑪进站、出站、进路信号机及线路所通过信号机,因受地形、地物影响,达不到规定的显示距离时,设复示信号机。

设在车站岔线入口处的调车色灯信号机,达不到规定的显示距离时,根据需要可装设调车复示信号机。

⑫非集中操纵的接发车进路上的道岔,设道岔表示器,集中操纵的道岔、调车场及峰下咽喉的道岔,不装设道岔表示器;其他道岔根据需要装设道岔表示器。

集中联锁调车区进行连续溜放作业的分歧道岔设道岔表示器。

集中联锁以外的脱轨器及引向安全线或避难线的道岔,设脱轨表示器。

6. 信号机安设距离不足时的处理

特殊地段因条件限制,同方向相邻两架指示列车运行的信号机(预告、遮断、复示信号机

除外)间的距离小于制动距离时,按下列方式处理:

①在列车运行速度不超过120km/h的区段,当两架信号机间的距离小于400m时,前架信号机的显示,必须完全重复后架信号机的显示;当两架信号机间的距离在400m及以上,但小于800m时,后架信号机在关闭状态时,则前架信号机不准开放。

②在列车运行速度超过120km/h的区段,两架有联系的信号机间的距离小于列车规定速度级差的制动距离时,应采取必要的降级或重复显示措施。

三、联锁设备

1. 联锁设备的分类及设置

联锁设备分为集中联锁(计算机联锁和继电联锁)和非集中联锁(色灯电锁器联锁和臂板电锁器联锁)。

编组站、区段站和电源可靠的其他车站,采用集中联锁。列车调度指挥系统(TDCS)区段,车站应设集中联锁。

2. 联锁设备应满足的条件

站内正线及到发线上的道岔,均须与有关信号机联锁。区间内正线上的道岔,须与有关信号机或闭塞设备联锁。各种联锁设备(驼峰除外)应满足下列条件:

(1)当进路上的有关道岔开通位置不对或敌对信号机未关闭时,该信号机不能开放;信号机开放后,该进路上的有关道岔不能扳动,其敌对信号机不能开放。

(2)半自动闭塞、自动站间闭塞及三显示自动闭塞区段,正线上的出站信号机未开放时,进站信号机不能开放通过信号;主体信号机未开放时,预告信号机不能开放。

(3)装有转换锁闭器,电动、电液转辙机的道岔,当第一连接杆处(分动外锁闭道岔为锁闭杆处)的尖轨与基本轨间、心轨与翼轨间有4mm及其以上水平间隙时,不能锁闭或开放信号机。

(4)区间辅助所内正线上的道岔,未开通正线时,两端站不能开放有关信号机。设在辅助所的闭塞设备与有关站闭塞设备应联锁。

3. 联锁设备应保证的技术要求

(1)集中联锁设备应保证以下技术要求:当进路建立后,该进路上的道岔不可能转换;当道岔区段有车占用时,该区段的道岔不可能转换;列车进路向占用线路上开通时,有关信号机不可能开放(引导信号除外);能监督是否挤岔,并于挤岔的同时,使防护该进路的信号机自动关闭,被挤道岔未恢复前,有关信号机不能开放;集中联锁设备,在控制台(或操纵、表示分列式的表示盘及监视器)上应能监督线路与道岔区段是否占用、进路开通及锁闭,复示有关信号机的显示。

(2)非集中联锁设备应保证以下技术要求:非集中联锁设备,应保证车站值班员能控制接、发车进路和信号机的开放与关闭;非集中联锁设备,在控制台上应有接、发列车的进路开通表示;采用色灯电锁器联锁时,还应有进站信号机的开放、关闭和出站信号机、引导信号的开放表示;到发线设有轨道电路时,应有到发线的占用表示。

四、闭塞设备

为防止同向运行的列车在区间内追尾及对向列车在单线区间迎面冲突,必须保证在一个区间内同时只能有一个列车占用,实现这个条件的信号设备就是闭塞设备。

1. 闭塞设备分类

闭塞设备分为自动闭塞、自动站间闭塞和半自动闭塞。

2.各种闭塞设置条件

(1)在单线区段,应采用半自动闭塞或自动站间闭塞,繁忙区段可根据情况采用自动闭塞;

(2)在双线区段,应采用自动闭塞。

在一个区段内,原则上应采用同一类型的闭塞方式。

在列车运行速度超过 120 km/h 的双线区段,采用速差式自动闭塞,列车紧急制动距离由两个及两个以上闭塞分区长度保证。

五、通信

铁路通信网是覆盖铁路的统一、完整的专用通信网,为运输生产和经营管理提供语音、数据和图像通信业务。铁路通信应符合国家、铁道行业的有关技术标准和质量要求,确保全程全网安全、可靠、迅捷、畅通。

铁路通信应根据下列主要通信业务,配置相应通信设备:普通电话(固定、移动);专用电话(固定、移动),包括调度电话、车站(场)电话、站间行车电话等;会议电话;广播;数据承载;数据终端(铁路电报,列车调度命令信息无线传送,车次号校核信息无线传送,列车尾部风压信息传送,列车安全防护预警信息传送等);图像通信(会议电视、综合视频监控等);应急通信;时钟、时间同步基准信号。

1.各类通信设备的通话权限

(1)列车(有线)调度电话准许列车调度员、机车(动车组)调度员、车辆调度员、机务段(客运段)调度员(值班员)、客运调度员、车站值班员(车站调度员)、供电(电力)调度员、电力牵引变电所值班人员、道口看守员加入通话;根据需要允许动车组随车机械师(简称随车机械师)(车辆乘务员)、机车(动车组)司机、列车长、自轮运转特种设备司机、救援列车主任和施工负责人及巡守人员利用区间通信设施加入通话。站间行车电话及扳道电话,禁止其他电话接入。

(2)在无线列调区段,列车无线调度电话系统准许列车调度员、机车(动车组)调度员、车站值班员、助理值班员、机车(动车组)司机、自轮运转特种设备司机、列车长、纳入联控的道口看守人员、随车机械师(车辆乘务员)加入通话;允许救援列车主任在执行救援任务时,临时加入通话;未纳入联控的道口看守、防护人员、车站客运值班员和巡守人员在紧急情况下,可临时加入通话。

(3)在 GSM-R 移动通信区段,根据调度指挥的需要设置组呼。列车 GSM-R 无线调度电话系统准许列车调度员、车站值班员、助理值班员、信号员、机车(动车组)司机、自轮运转特种设备司机、纳入联控的道口看守人员加入组呼通话,根据需要允许列车长、随车机械师(车辆乘务员)、客运值班员、救援列车主任加入组呼通话;未纳入联控的道口看守、防护人员和巡守人员在紧急情况下,可加入组呼通话。

2.各类通信设备的设置要求

(1)铁路各调度区段应设置调度通信系统,提供调度电话、车站(场)电话、站间行车电话等专用电话业务,满足铁路运输组织和生产指挥的需要。调度通信网络应保持相对独立和专用。

(2)应配置语音记录装置,对列车调度电话、列车无线调度通信设备(车站台、调度台、机车台等)、站间行车电话进行录音。

(3)机车、动车组及自轮运转特种设备,根据运行区段装备相应的车载无线通信设备。司机、随车机械师、列车长、乘警均应配备无线对讲设备,在 GSM－R 区段运行时还应配备 GSM-R 手持终端,动车组列车停靠的车站,车站客运值班员应配备与司机通信联络用的无线对讲设备。

(4)在编组站、区段站,应装设平面调车、驼峰调车等站场无线通信设备。列车无线调度通信系统的场强覆盖、服务质量应符合铁路相关技术标准、规范的规定,并满足车载无线通信设备检修、维护的需要。在铁路运输生产中,凡设置使用无线电设备的单位,都必须遵守国家和铁路无线电管理的有关规定。对铁路专用无线电频率,应采取必要的监测和保护措施。铁路自动电话网的本地网设置应与铁路局设置相适应。

(5)根据需要,设置综合视频监控系统。综合视频监控系统结构和质量,应符合铁路相关技术标准、规范的规定。铁路应急通信由中国铁路总公司、铁路局应急通信中心设备和现场设备组成。应急通信应充分利用既有各种通信资源和手段,在处理突发事件时,提供事件现场与指挥中心的语音、数据、图像通信。

(6)区间通信柱(通话柱)的设置,由铁路局根据运用需要和实际情况确定。区间通话柱应尽量靠近线路,并安装在防护网内,与线路中心的水平距离应能保证使用人员的人身安全和养路机械的施工作业要求,每隔 1.5km 左右安装一个;在自动闭塞区段,其安装位置尽量与通过信号机的位置相对应。

任务四　运用及管理车站站场、客运、货运设备

任务单

任务名称	运用及管理车站站场、客运、货运设备
知识目标	掌握铁路对站场、客运、货运设备的运用及管理的相关规定,掌握车站主要设备,了解上水和排污设备的设置
能力目标	通过学习,能够对不同等级、不同类型的车站设置相应的设备;能够根据给定的车站站场示意图区分、识别技术设备;能够绘制站场平面示意图
任务描述	对于给定的站场平面示意图,能够说出其中的站场设备、客运设备、货运设备区分编组站、区段站、中间站、客运站及货运站的车站设备不同特点;绘制简单的车站平面示意图
任务要求	(1)熟悉铁路部门对站场、客运、货运设备的运用及管理的相关规定; (2)查阅资料,对比组编站、区段站、中间站、客运站及货运站的车站设备不同特点; (3)绘制车站平面示意图

相关知识

一、车站的分类

(1)车站按技术作业分为编组站、区段站、中间站。
(2)车站按业务性质分为营业站、非营业站,其中营业站分为客运站、货运站、客货运站。

二、站场设备的运用与管理

车站应设有配线,并办理接发车、会让和客货运业务。编组站、区段站和较大的中间站,可

根据线路的配置状况及用途划分车场。

1. 车站需要设置的主要设备

车站根据业务性质、运量大小及技术作业的需要,设置下列主要设备:

(1)到发线。

(2)调车线。

(3)牵出线。

(4)机车运转整备线、车辆站修线及救援列车停留线、自轮运转特种设备停留线等。

机车运转整备线,指站内供机车上水、上砂、给油、检查等整备作业的线路。

车辆站修线,指站内供车辆部门施行货车辅修和摘车轴检、临修的线路。

救援列车停留线,指固定停留救援列车的线路,设在中国铁路总公司指定的车站上。救援列车停留线应与正线或到发线贯通,并不得停放其他机车车辆,使用时无须转线即可出动。

(5)办理货物装卸作业的车站,应有货物装卸线,并根据需要设置高架货物线、换装线、轨道衡线、货车洗刷线、油罐列车整备线、机械冷藏车加油线及特殊危险货物车辆停留线。

对大量卸粗杂、溜散货物的车站应设高架货物线;货物发送量较大的车站应有检查货物装载量的轨道衡线;办理大量牲畜、畜产品、水产鲜食品及危险货物的卸车站,一般应设货车洗刷线路;油罐车基地应有专门整备油罐列车的整备线;调车场内应有专门停留装载爆炸品、气体类危险货物车辆的线路,以及机械冷藏车加油线等。

(6)机务段所在地车站,应设有机车出入段专用的机车走行线和机待线。

机车走行线应按照机车出入段与接发列车、调车作业干扰最小原则设置;机待线用于出段列车等待挂头或入段机车等待入段。

(7)与动车组运用所(简称动车所)、动车段相连接的车站,应设动车组走行线(当设有机车走行线并具有相同进路时,可以合设)。

(8)动车组长期停放的车站应设动车组存车线。

(9)通信、信号、联锁、闭塞设备。

(10)编组站、区段站应根据作业需要,修建简易驼峰、半自动化驼峰或自动化驼峰,设置车辆减速器、减速顶、加速顶等调速设备。

(11)根据接发列车、调车作业的需要设置隔开设备等安全设施。

隔开设备为确保接发列车和调车作业不发生交叉干扰,保证行车和车站作业安全。

(12)调车作业繁忙的车站,应设置站场扩音设备、站场无线通信设备、货运票据和调车作业通知单传递(输)装置,车场内线路间、牵出线和推峰线调车人员经常走行区域应填平(不得高于道床),并设有排水和高架照明设备,车场间应有硬路面的通道。

(13)列车预确报、现在车管理等信息系统设备。

(14)无线调车灯显设备、无线调车机车信号和监控系统(STP)。

(15)设置货物列车尾部安全防护装置(简称货物列车列尾装置)主机的维修、检测设备等。

(16)编组站、区段站和开行动车组列车的客货混跑线路入口车站应设超偏载检测装置、轨道衡、超限检测仪、货车装载视频监控设备等货运安全检测设备。

(17)机车乘务组、动车组司机及随车机械师、客运乘务组进行中途换乘作业的车站,应配备值班室、休息室和必要的配套设施。

(18)有货物列车列检作业的编组站到发线间地面应具备方便作业条件。

某站平面示意图,如图 2-209 所示。

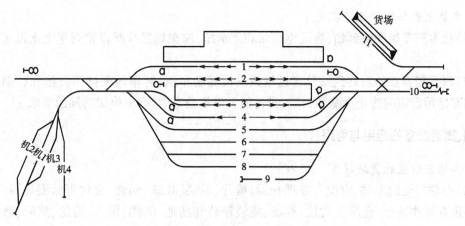

图 2-209　某站平面示意图

1、3、4-到发线;2-正线;5、6、7、8-调车线;9-站修线;10-牵出线;11-货物线;
机1-机车走行线;机2、机3-整备线;机4-卸油线

2．股道的编号

为便于日常维修、管理、与使用,车站各条线路要统一进行编号。编号的原则如下:

(1)单线区段内的车站,从靠近站舍的线路起,向远离站舍方向顺序编号。

(2)双线区段内的车站,从正线起顺序编号,上行一侧编为双号,下行一侧为单号。

(3)尽头式车站,向终点方向由左侧开始顺序编号,如站舍位于线路一侧时,从靠近站舍的线路起,向远离站舍方向顺序编号。

(4)一个车站(分场时为一个车场)的股道不准有相同的编号。

三、客运设备的运用与管理规定

1．车站应设置的客运设备

(1)客运站房,应根据客运量设有便于购买车票、办理行李包裹、候车、问询、引导、广播、时钟、携带品寄存,以及为旅客服务的文化、卫生及生活上的必要设备。

(2)根据规定还应设置实名制验证和制证设备、安全检查设备、客运信息查询设备、视频监控设备、行李包裹到达查询设备、垃圾存放设备、消防设备等。根据需要设置电梯、自动扶梯、无障碍通道和相应的助残设施和污物处理、自动售检票及取票设备等。

(3)办理客运业务的车站应设旅客站台,并应有照明、引导、广播、时钟和视频监控设备。

(4)车站应设置围墙或栅栏。

(5)办理行李包裹业务的车站应设行包通道,站台长度应满足行包装卸作业需要。

(6)大、中型客运站站前应有广场,站台应有雨棚,跨越线路应采用天桥或地道。

(7)在铁路总公司指定的空调发电车加油点,动车组、客车卸污点所在车站,应设置加油车、吸污车、垃圾运送车走行通道,也可与其他通道合设。

2．客运站台距线路中心线距离及安全标线规定

(1)旅客列车停靠的高站台边缘距线路中心线的距离为1750mm,安全标线距站台边缘1000mm。

(2)非高站台安全线与站台边缘距离:列车通过速度不大于120km/h时为1000mm;列车通过速度120~160km/h时为1500mm;列车通过速度160~200km/h时为2000mm。也可在距站台边缘1200mm(困难条件下1000mm)处设置防护设施。

3.车站上水和排污设备规定

(1)旅客列车始发终到站、客运枢纽站和上水站,应在到发线间设置列车上水设施和节水装置。

(2)根据需要在始发终到站及客运枢纽站设置动车组、客车地面排污设施和移动卸污设备。地面排污设施应防止泄漏和污染,排污能力满足动车组、客车停留时间的要求。

四、货运设备的运用与管理

1.车站应设置的货运设备

(1)办理货运的车站,应设有办理托运、检斤、制票、收款、问询、交付等必要设备,并应根据需要设有货物站台、仓库及货位、堆场、集装箱装卸场地、雨棚、排水、消防、照明、通路及围墙、货运安全检测及防护、视频集中监控、信息化系统等设备。

(2)货物装卸作业量较大的车站,应分设综合性货场和专业性货场;根据需要设爆炸品、剧毒品的专用货场和仓库、轨道衡、货车洗刷、散堆装货物抑尘等设备。

(3)办理集装箱的车站,根据需要配备集装箱专用装卸设备和超偏载检测设备。

(4)货车洗刷除污地点,应设有处理污染及排泄设备。

(5)在尽头站台处应设有车钩缓冲装置。

(6)货物装卸作业应采用机械化设备。

2.重载铁路编组站应设置的设备

(1)列车组合车场和空车分解车场。

(2)根据需要设置机车整备、车辆检修、线路维护、通信信号设备维修、供电设备维修、应急救援等设施。

3.集装箱中心站应设置的设备

(1)应按整列装车的要求设置线路有效长及配套设施。

(2)根据需要设置集装箱装卸、储存、称重、交付、检修、清洗、多式联运、综合物流等设备及信息管理。

任务五　掌握机车车辆设备的运用及管理要求

任务单

任务名称	掌握机车车辆设备的运用及管理要求
知识目标	学习铁路部门对机车车辆设备的运用及管理相关规定,熟悉机车车辆、动车组及有关设备
能力目标	通过学习,认识铁路机车、车辆、动车组运用规定,在实际工作中能够根据规定配合机车车辆部门执行机车车辆运用规定
任务描述	认识机务段、车辆段设施设备,收集机车车辆、动车组的图片
任务要求	(1)熟悉铁路部门对机车车辆设备的运用及管理相关规定; (2)对比规定,认识机务段和车辆段的设施设备; (3)利用网络,收集各种机车车辆、动车组的图片,并辨认不同类型及型号的机车车辆和动车组

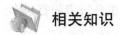 **相关知识**

一、机车设备和机车的相关规定

1. 机车设备的相关规定

(1)为保证机车良好的技术状态,应有进行检修和整备作业的机务段、机车检修段等机务维修机构。

机务段宜设置在客、货列车始发终到较多,车流大量集散的枢纽地区,有利于机车的集中配置使用。段内停放机车和整备作业的线路应平直,线路纵断面的坡度不得超过1‰。

(2)机务段、机车检修段根据承担机车运用、整备、检修的范围配备必要的机车运用、整备、检查、检测、修理设施和设备。

机车整备根据需要应有股道管理自动化系统和整备库(棚)、检测棚、整备线检查坑和作业平台等设施,设置机车补充砂、水、润滑油、燃料及转向、检查、检测、清洗、保养、卸污、化验等机车整备设备;配备机车检修必要的设施、设备;电力机车整备线的接触网应有分段绝缘器、隔离开关设备及联锁标志灯等。

机车检查、检测、修理根据需要应有机车检修库和配件修理、辅助加工、动力、起重、运输、检测、试验、存储等厂房及设备,应设置行车安全设备检测、维修的设施和设备。

配属、支配使用内燃机车的机务段根据运用整备需要还应有1~2个月的机车燃料储存油库。

(3)机车车辆轮渡应有船舶、栈桥、墩架、船舶整备和检修等设备,并应经常保持良好状态。轮渡船舶应按国家规定进行检验和检修。

2. 机车的相关规定

(1)机车按牵引动力方式分为电力机车、内燃机车;传动方式主要有交流传动和直流传动。

(2)机车应按规定设有识别的标记:路徽、配属局段简称、车型、车号、最高运行速度、制造厂名及日期。在机车主要部件上应有铭牌,在监督器上应有检验标记。电气化区段运行的机车应有"电化区段严禁攀登"的标识。内燃机车燃料箱上应标明燃料油装载量。

机车须配备机车信号、列车运行安全监控系统(LKJ、列车运行状态信息车载设备TAX箱、机车语音记录装置、列车运行状态信息系统车载设备、机车车号识别设备)、车载无线通信设备、机车列尾控制设备等。机车应逐步配备机车车载安全防护系统、机车限鸣示警系统及空气防滑装置等。机车应向车辆的空气制动装置提供风源,具有双管供风装置的机车应向车辆空气弹簧等其他用风装置提供风源;具有直供电设备的机车应向车辆提供电源。

电力机车还应配备自动过分相装置,并根据需要装设弓网检测装置等。

根据需要机车还可配备车内通信、空调、卫生及供氧等设备。

(3)机车应实行计划预防修,实施主要零部件的专业化集中修和定期检测状态修。检修周期应根据机车实际技术状态和走行公里或使用时间确定;机车检修周期及技术标准按中国铁路总公司机车检修规程执行。

交流传动机车定期检修的修程分为六年检、二年检、年检、半年检、季检、月检。直流传动机车定期检修的修程分为大修、中修、小修和辅修。

(4)机车实行年度鉴定。

根据鉴定办法的规定对所有机车进行每年一次的检查、整修和评比。机务段应根据机车年度鉴定的结果进行全面分析,制定改善机车技术状态的有效措施。

(5)机车乘务制度分为包乘制和轮乘制。机车乘务制度由铁路局确定。

(6)牵引列车的机车在出段前,必须达到运用状态,主要部件和设备必须作用良好,符合中国铁路总公司有关机车运用、维修的规定,并符合下列要求:

①车钩中心水平线距钢轨顶面高度为815~890mm。

②轮对:

a. 轮对内侧距离为1353mm,允许偏差为±3mm。

b. 轮箍或轮毂不松弛。

c. 轮箍、轮毂、辐板(辐条)、轮辋无裂纹。

d. 轮缘的垂直磨耗高度不超过18mm,并无碾堆。

e. 车轮踏面擦伤深度不超过0.7mm。

f. 车轮踏面上的缺陷或剥离长度不超过40mm,深度不超过1mm。

g. 轮缘厚度在距踏面基线向上 H 距离处测量应符合表2-15的规定(轮缘原设计厚度在25mm及以下,由铁路局规定):

机车轮缘厚限度　　　　　　　　　　　　　　　　　　　表2-15

序号	车轮踏面类型	测量点与踏面基线之间距离 H(mm)	轮缘厚限度(mm)
1	JM2、JM3	10	34~23
2	JM	12	33~23

h. 车轮踏面磨耗深度不超过7mm;采用轮缘高度为25mm磨耗型踏面时,磨耗深度不超过10mm。

(7)机务段对入段机车按规定进行整备、检测、维修。机车信号、列车运行监控装置、车载无线通信设备、机车列尾控制设备等须由相关专业维修机构进行检测,并及时互通信息。

各相关单位应对机车车载安全防护系统等行车安全设备记录的运行信息进行转储、分析。

二、车辆设备和车辆的相关规定

1. 车辆设备的相关规定

(1)为了保证车辆良好的技术状态,应有进行检修和整备作业的车辆段等车辆修理工厂、车辆段。

车辆段应设在编组站、国境站和枢纽,以及货车大量集散和始发终到旅客列车较多的地区。车辆段应有车辆修理库、油漆库、配件检修库和预修库、车辆停留线和轮对存放库,并按车辆检修作业要求配备相应的起重、动力、配件处理等检修、储油、压力容器、试验、化验、探伤、照明及废油、污水和污物处理等设施和设备,以及检测、维修车辆运行安全监测系统,轴温报警、客车尾部安全防护装置,车辆信息化系统、车辆集中调及管道清洗消毒设施和设备。段内的车辆检修、整备、停留的线路应平直,线路纵断面的坡度不得超过1‰。

(2)车辆运用维修机构还有客车技术整备场所、车辆技术检查作业场所、站修场所、探测站,翻车机、散装货物解冻库等。

①客车技术整备场所须有车辆停留线、整备库、临修库、材料配件库,并有相应的检修地沟、地面电源、污水和污物处理,车顶空调作业等满足检修要求的设施和设备,根据需要还须有

带动力电源的空调检修库、轮对镟修、暖气预热等设施和设备。设置电动脱轨器、微机控制列车制动机试验设备和客车尾部安全防护装置检测设施。

②车辆技术检查作业场所须设有值班室、动态检车室、待检室、待班室、材料配件库及站场对讲、广播、地面试风系统、集控联锁安全防护装置；客列检还须设置列车预确报、现在车管理等信息系统设备终端。有货车技术检查作业的车站或枢纽应设站修场所。

③站修场所须有修车库、材料配件库、轮对存放库，并有满足车辆检修作业要求的设备及风管路、水管路、电焊回路、照明等设施；根据需要还应有轮对镟修设备。

④配备车辆运行安全监测系统的线路按规定设置探测站。中国铁路总公司设全路车辆运行安全监管中心，铁路局设车辆运行安全中心监测站和行车调度复示终端，车辆段设车辆运行安全管理工作站，货车技术作业场所设车辆运行安全中心复示站，根据需要设置动态检车室。

⑤翻车机、散装货物解冻库应进行定期检修和测试。新设、大修及重大技术改造的翻车机、散装货物解冻库应符合规定的技术条件，并经检测合格后方可投入使用。其他装卸设备应满足爱护铁路车辆的有关要求。

2. 车辆的相关规定

(1)车辆按用途分为客车、货车及特种用途车(如试验车、发电车、轨道检查车、检衡车、除雪车等)。货车按用途分为通用货车(敞车、棚车、平车)、专用货车(粮食车等)、特种货车(除雪车等)。铁路货车是指在我国铁道上用于运送货物和特殊需要在货物列车中使用的单元工具，在国民经济发展中起着重要的作用。铁路货车转向架、车钩缓冲装置、制动装置等关键技术协调发展，高强度耐候钢、不锈钢和转K2、转K4、转K5、转K6型转向架、紧凑型轴承、17型高强度车钩、大容量缓冲器、牵引杆、120-1型制动阀、脱轨自动制动装置、高分子耐磨配件等多项新技术、新结构、新材料均取得突破，车辆取消了辅修，段修周期由1.5年延长到2年，厂修周期由8年延长到12年，车辆运用安全可靠性大大提高。

(2)车辆应按规定设有识别的标记：路徽、车型、车号、制造厂名及日期、定期修理的日期及处所、自重、载重、容积、换长等；车辆应有车号自动识别标签等；客车及固定配属的货车上应有所属局段的简称；客车还应有车种、定员、最高运行速度标志；罐车还应有容量计表标记；电气化区段运行的客车、机械冷藏车等应有"电化区段严禁攀登"的标识。

(3)车辆实行定期检修，并逐步扩大实施状态修、换件修和主要零部件的专业化集中修。车辆修程，客车和特种用途车实行以走行公里为主、时间周期为辅的计划预防修，最高运行速度不超过120km/h的客车修程分为厂修、段修、辅修，最高运行速度超过120km/h的客车修程分为A4、A3、A2、A1；货车修程分为厂修、段修、辅修。

检修周期及技术标准，按中国铁路总公司车辆检修规程执行。

(4)机械冷藏车在中国铁路总公司指定的加油站及有上水设备的车站进行补油、上水；固定配属的成组专列油罐列车须定期施行整备维修。

(5)车辆须装有自动制动机和人力制动机。车辆的制动梁、下拉杆、交叉杆、横向控制杆及抗侧滚扭杆必须有保安装置。

客车应装有轴温报警装置，安装客车行车安全监测系统；最高运行速度120km/h及以上的客车应装有盘形制动装置和防滑器，空气制动系统用风应与空气弹簧和集便装置等其他装置用风分离；最高运行速度160km/h及以上的客车应采用密接式车钩和电空制动机。

客车内应有紧急制动阀及压力表，并均应保持作用良好，按规定时间进行检查、校对并施封。

货车应装有空重车自动调整装置,轴重23t及以上的货车应装有脱轨自动制动装置。

(6)车辆轮对在装配前,应对车轴各部位进行探伤检查。检修时,按规定对轴颈、防尘板座、轮座、制动盘座及轴身进行探伤检查。最高运行速度超过120km/h客车的轮对装车前,应进行动平衡试验。

(7)车辆轮对的内侧距离为1353mm,其允许偏差为±3mm,$120km/h < v \leqslant 160km/h$客车其允许偏差为±2mm。车辆轮辋宽度小于135mm的,按中国铁路总公司车辆检修规程执行。

(8)对旅客列车和机械冷藏车组应实行包乘制,检修应实行包修制和专修制;对固定装卸地点循环使用的特快货物班列、快速货物班列、整列集装箱车、罐车、矿石车、煤炭运输车,以及需实行固定配属的专用货车,实行固定配属制;其他货车实行按区段维修保养负责制。

3.客车、发电车运用规定

(1)各种空调客车和动车组空调配电室的钥匙由车辆段与客运段进行一次交接,电茶炉、空调、电热采暖的操作和使用由客运部门负责。

(2)客车轴温报警器由客运人员监护,发生报警,立即通知车辆乘务员和列车长,由车辆乘务员处理。

(3)客车配电室、通过台、车厢内严禁用水冲地板。各电器配线和用电器严禁用湿布擦拭。

(4)使用电茶炉的客车和动车组,禁止用电茶炉的水搞卫生。

(5)客运人员应对车辆电器定期除尘,车辆部门要经常对电器进行检修和维护。

(6)发电车编挂列车时,按调度命令执行。

(7)发电车的停留及注意事项:

①发电车应停留在指定线路上,并在两端50m地点进行防护或将道岔开通邻线并加锁。

②发电车在作业时,线路两端除进行防护外,并禁止该线的调车作业。

③发电车禁止通过驼峰和进行溜放。

(8)发电车的厂、段、辅修、轴检,由水电段按检修规定日期向车辆段提请计划。

4.红外线设备运用规定

(1)红外线传输通道按调度回线等级管理。通信管理机构提供以局监测中心为核心的星形网络,要为每一探测站提供信息传输、通话及备用三条通道。电力部门要为红外线设备提供可靠的两条电源。在自动闭塞及电力贯通区段应提供自动闭塞和电力贯通两条电源,其他地区供电不得低于二级。电务、电力部门接到发生故障通知后,立即查找原因并在最短时间内恢复正常。应按检修计划进行维修,维修时应保证红外线正常使用。有计划维修需要停用或发生临时故障时,要提前或及时电话通知所属车辆段。

(2)工务部门:凡涉及影响红外线设施及探测的线路施工,必须事前通知所属车辆段采取相应措施。

(3)车站接发车人员发现燃轴立即拦停列车,并及时报告列车调度员。

(4)机车司机接到车辆燃轴预报,依照"有列检所的由列检所处理;没有列检所的由机车司机确认能否继续安全运行"的规定,认真确认,妥善处理。如在区间发生激热时,由司机(客运列车由车辆检车员)确认,可继续运行时,到前方站甩车,不能继续运行时,按《技规》272条及本文对该条补充规定办理。

(5)红外线值班员和有复示终端的列车调度员、车站值班员,对列车中激热报警,确认后用列车无线调度电话通知司机立即停车。车辆运行安全监测中心红外线值班员,发现车辆激热立即电话通知列车调度员拦停列车的同时,速将"燃轴甩车通知单"交列车调度员,作为甩车依据。列车调度员在接到红外线监测中心值班员请求拦停列车的报告后,必须立即指示有关车站值班员拦停列车。拦停列车标准用语,车站值班员呼叫:"××××次列车司机,列车有激热,立即停车",司机回答:"××××次列车司机明白"。车站呼叫司机未应答时车站应连续呼叫。

(6)列车发现燃轴时,车站值班员应将车次、时间、燃轴车辆的车号、空重、连挂位置、轴箱位数、燃轴程度等报告列车调度员,按调度命令执行。

(7)处理燃轴车辆时,对燃轴车辆的轴箱严禁泼水、撒沙或使用灭火机。

三、动车组设备的相关规定

1. 动车段、动车所等维修机构的相关规定

(1)为保证动车组良好的技术状态,应有进行检修和整备作业的动车段、动车所等维修机构。

(2)动车段、动车所应具备动车组运用检修、行车安全设备检修、客运整备能力及相应的存车条件;承担动车组三、四、五级修程的动车段还应具备动车组相应修程的检修能力。

动车段、动车所应设有动车组管理信息系统。

(3)动车所应设置存车线、检查库、轨道桥、立体作业平台、临修库、洗车线、备件存放库、轮对故障动态检测棚、空压机室等设施;应配备相应设备,对转向架、车下设备、车上以及车顶设备进行检查、维护、更换、检修和清洗等作业的相应设备,满足动车组一、二级检修需求。

(4)动车段可根据需要设置检修库线、材料运输线、试验线、牵出线、解编线等线路,整车检修库、转向架检修库、车体检修库、油漆库、调试整备库、电机电器间、制动空压机间、空调检修间、备件立体存储库等设施;并应配备整列架车机、移动式接触网、大部件起重运输设备、电务车载设备,以及各类部件解体、清洁、测试、检修、组装、调试等设备,满足动车组相应级别检修需求。

2. 动车组运用和维修的相关规定

(1)动车组应按规定设有识别的标记:路徽、配属局段简称、车型、车号、定员、自重、载重、全长、最高运行速度、制造厂名和日期、定期修理日期、修程和处所。电气化区段运行的动车组应有"电化区段严禁攀登"的标识。

动车组应具有列车运行安全监控功能,对重要的运行部件和功能系统进行实时监测、报警和记录,并能及时向动车段、动车所传输。

动车组须配备机车综合无线通信设备(CIR)、列控车载设备、车载自动过电分相装置等,满足相应速度等级运行需要。

(2)动车组重联或长编组时,工作受电弓间距为200~215m。在特殊情况下,工作受电弓间距不满足200~215m时,须校核分相布置及工作受电弓间距匹配情况,并通过上线运行试验确认。

(3)动车组实行以走行公里周期为主、时间周期为辅的计划性预防修;检修方式以换件修为主,主要零部件采用专业化集中修。动车组修程分为一、二、三、四、五级,检修周期及技术标准按中国铁路总公司动车组检修规程执行。

(4)动车组日常运用的上水、保洁、排污等整备作业一般应在动车所完成。不在动车所停留的动车组,需进行上水、保洁、排污等整备作业时,其停留地点根据需要应具备相应的条件。

(5)动车组每运行1500km以内入配属段库内进行整备一次,其检修时间不得少于8h。在对方站折返时,需满足折返列车技术检查时间。

(6)动车组检修必须在有地沟线进行作业。

(7)动车组拖车检修按特快客车技术标准掌握,由车辆部门配属和负责检修、保养。动车辅助发电室及载客的客室部分铁地板以上设备和电池、油路、电路保养与检修由车辆部门负责,其他部分由机务部门负责。

(8)动车组由配属段包检包修,途中遇有特殊情况及一般故障需由折返车辆段协助时,由车辆乘务员根据情况提前预报或到站申请。折返站技术作业由乘务员负责。当动车组动车有故障需加挂发电车或用代用动车组时,各客列检要按特快客车的作业办法进行作业。

(9)动车组在库内检修作业后应进行不摘解制动软管的全部试验。动车与拖车间连接的拖车制动软管定期摘解排水、除尘。

(10)动车组动车发生故障需要回段检修时,需加挂或换挂 DF4 型或 DFH3 型机车担当牵引任务;该机车的加挂、换挂、制动软管摘解、电器插销的摘挂、接头、出入库等作业,按旅客列车牵引机车作业的有关规定办理。

(11)动车组动车轴温报警器由车辆部门负责检修,动车乘务人员负责本动车轴温状态巡视,红外线负责动车预报。

(12)动车组日常维修入车辆段,动车小辅修和中修在机务段进行。

四、自轮运转特种设备的相关规定

(1)自轮运转特种设备是在铁路营业线上运行的铁路轨道车、救援起重机及铁路施工、维修专用车辆(包括架桥机、铺轨机、接触网作业车、大型养路机械等)。

(2)自轮运转特种设备须符合国家和铁道行业有关标准。轨道车等自轮运转特种设备按列车运行时,轨道车运行控制设备(GYK)、列车无线调度通信设备应作用良好,运行状态下应满足机车车辆限界的规定。

(3)自轮运转特种设备的设计、制造、审查、监造、验收、试验、运用、检修及过轨技术检查,按有关规定执行。

思 考 题

1. 简述列车的定义、分类和等级。
2. 在编组列车过程中,执行禁止编入列车的车辆有哪些规定?
3. 在编组列车过程中,执行货物列车中车辆的编挂有哪些规定?
4. 什么是调车工作"九固定"?
5. 调车计划的布置、交接方法有哪些?
6. 如何进行调车信号的显示与确认?
7. 调车速度的要求有哪些?
8. 机车车辆停留的防溜措施有哪些?
9. 自动闭塞区间运行方法列车行车凭证是什么?
10. 半自动闭塞区间运行方法列车行车凭证是什么?
11. 电话闭塞区间运行方法列车行车凭证是什么?
12. 列车运行条件有哪些规定?
13. 货物列车在技术站发车前的主要工作有哪些?
14. 接车与发车的规定有哪些?
15. 列车在区间被迫停车如何处理?
16. 施工及路用列车开行有哪些规定?
17. 铁路信号有哪些种类?
18. 简述进站色灯信号机显示及意义。
19. 简述出站色灯信号机显示及意义。
20. 简述进路色灯信号机的显示及意义。
21. 简述通过色灯信号机显示及意义。
22. 简述预告色灯信号机显示及意义。
23. 简述接近色灯信号机显示及意义。
24. 简述调车色灯信号机显示及意义。
25. 铁路线路有哪几类?
26. 各种信号机及表示器,在正常情况下的显示距离是多少?
27. 道岔辙叉号数选择应符合哪些规定?
28. 限界的种类有哪些?普速铁路车站内线间距有哪些规定?
29. 铁路线路的种类有哪些?道岔的定位是如何规定的?
30. 信号的显示距离有何要求?各类型信号机设置条件是什么?
31. 车站是如何进行分类的?车站应设置哪些主要设备?
32. 机车车辆运用、维修机构有哪些?

第三部分
铁路运输调度规则运用

《铁路运输调度规则》在日常工作中简称为《调规》，它与《高速铁路调度暂行规则》是铁路行车组织工作所要遵循的基本规章之一，它们根据《中华人民共和国铁路法》、《铁路技术管理规程》及有关规章制定。它们统一了全国普速铁路和高速铁路运输调度工作的标准和要求；它还具体规定运输调度的组织机构、职责范围、工作制度和调度工作设备配置的基本要求，规定了运输调度日常工作必须遵循的基本原则、责任范围、工作方法、作业程序和相互关系，明确了运输调度人员招聘(选拔)、培训的基本条件和基本要求。

本部分主要介绍了《铁路运输调度规则》和《高速铁路调度暂行规则》中的相关内容。《铁路运输调度规则》各章的内容分别是总则、组织机构及职责范围、调度基本工作制度、车流调整、调度日(班)计划、日常运输组织工作、调度安全工作、调度基础和调度分析工作、调度工作设备及图表、车站作业计划与考核、客运调度工作、客运调度主要职责范围、客车运用、客运调度命令发布范围、客运调度报告制度、常用行车调度命令用语、常用运行揭示调度命令基本用语等内容。《高速铁路调度暂行规则》各章的内容分别是总则、组织机构及岗位设置、铁道部调度指挥中心高铁调度职责范围、高铁调度所高铁调度职责范围、调度日计划、日常运输组织、调度安全工作、调度基础、常用行车调度命令基本用语、常用运行揭示调度命令基本用语等。

本教材依据上述内容在编写时择取了日常工作中常用的部分，整合为九个项目，即：铁路调度基本工作，车流调整，调度系统日(班)计划与日常运输组织工作，调度日(班)计划与日常运输组织工作组织，调度安全工作，调度基础、分析和设备工作及图表绘制识别，车站作业计划与考核工作，客运调度工作，调度命令的编制与下达，高速铁路调度工作。

项目一　铁路调度基本工作

铁路运输具有高度集中、各个工作环节紧密联系、协同配合的特点。铁路运输组织工作，必须贯彻安全生产、集中领导、统一指挥、逐级负责的原则。

铁路运输调度是铁路日常运输组织的指挥中枢，分别代表各级领导组织指挥日常运输工作。铁路运输调度担负着确保运输安全、组织客货运输、保证国家重点运输、提高客货运输服务质量的重要责任，对完成铁路运输生产经营任务，提高铁路运输企业效益起着重要作用。凡与行车组织有关日常生产活动都必须在运输调度的统一组织指挥下进行。

《铁路运输调度规则》是各级运输调度管理的基本规则和工作标准。铁路各级运输调度及有关部门的相关工作，必须符合《铁路运输调度规则》的规定。

任务　铁路调度组织机构和工作制度及内容

任务单

任务名称	绘制调度指挥组织结构图
知识目标	(1)熟悉铁路调度组织机构的构成和结构； (2)熟悉铁路调度组织工作制度及内容
能力目标	学会在实际工作中根据调度结构的特点和工作制度内容完成铁路运输调度工作
任务描述	根据铁路总公司、铁路局车务段或车站等各个层级的机构设置和工作制度，绘制铁路运输企业从铁路总公司到车站的调度指挥组织结构图
任务要求	(1)分析铁路总公司调度工作的工作岗位名称及工作职责； (2)分析铁路局调度工作的工作岗位名称及工作职责； (3)分析车站调度工作的工作岗位名称及工作职责； (4)分析各个岗位的工作制度和要求； (5)完成铁路运输企业从铁路总公司到车站的调度指挥组织结构图

相关知识

一、铁路运输调度的组织机构及职责范围

(一)铁路调度系统的组织机构设置

铁路运输调度工作实行分级管理、集中统一指挥的原则，铁路总公司设调度部，铁路局设调度所，技术站设调度室。

调度所应设综合、安全、技术教育、生产分析、统计室，行车、计划、货运、客运、特运、施工、机车、车辆、供电、工务、电务调度室。

铁路总公司调度部值班调度设值班处长、调度员；铁路局调度所值班调度设值班主任、值

班副主任、主任调度员、调度员；技术站调度室值班调度设值班站长、车站调度员（设调度室的技术站应设室主任、副主任）。

根据分级管理、统一指挥的原则，铁路总公司、铁路局、技术站调度分别代表铁路总公司总经理、铁路局局长、车站站长，分别负责全国铁路、铁路局和车站的日常运输组织指挥工作。在铁路日常行车安全管理工作上，铁路总公司依法对铁路局调度的指挥安全实施监督管理，铁路局对本局调度指挥安全工作全面负责，车站对本站调度指挥安全工作全面负责。

铁路总公司调度部值班处长、铁路局调度所值班主任、车站值班站长分别领导一班工作。在组织日常运输工作中，下级调度必须服从上级调度的指挥；铁路总公司、铁路局、车站各工种调度及有关人员分别由值班处长、值班主任、值班站长统一组织指挥。

在确保安全生产的前提下，铁路总公司调度部统一指挥各铁路局和专业公司完成运输生产经营任务；铁路局调度所统一指挥管内运输生产单位完成运输生产经营任务；技术站调度室统一指挥本站完成运输生产经营任务。

（二）铁路总公司调度主要职责范围

（1）负责全路日常客运、货运和车流组织工作。组织各铁路局有计划、及时地输送旅客，平衡各铁路局货车保有量，经济合理地使用机车车辆，充分利用运输能力，挖掘运输潜力，提高运输效率和效益。

（2）编制和下达全路调度轮廓计划和日（班）计划，督促、检查各铁路局按日（班）计划均衡地完成运输生产经营任务。

（3）监督检查各铁路局按列车编组计划编车、按列车运行图行车、按运输生产经营计划组织运输，督促、组织各铁路局按铁路总公司批准的计划均衡地完成铁路局间分界站列车、车辆交接任务，及时处理铁路局间分界站出现的问题，实现铁路局间分界口畅通。

（4）掌握全国重点用户、港口和车站的装卸车，搞好与路外单位的协作。

（5）掌握旅客、军运及重点列车的始发运行情况；处理跨铁路局旅客列车的加开、停运、变更径路、客车甩挂，根据需要临时调拨客车、动车组。

（6）负责审批日常Ⅰ级施工和繁忙干线铁路总公司管理的施工项目日计划，组织各铁路局兑现施工日计划，做好施工期间的分界口车流调整工作。

（7）负责全路抢险救灾物资、人员运输组织工作，跟踪掌握输送情况。

（8）按阶段收取各铁路局调度工作报告，检查日常运输工作完成情况。

（9）掌握铁路总公司备用货车，批准铁路总公司备用货车的备用、解除，检查各铁路局对备用货车的管理情况。

（10）负责全路专用货车的统一调整，军运备品和集装箱的回送，篷布的运用和备用、解除。

（11）检查、通报安全情况，及时收取、掌握铁路交通事故、自然灾害等突发事件信息，启动应急预案，通报信息、组织救援、调整运输。

（12）负责全路日常运输工作完成情况和全路调度安全监督检查情况的分析工作，抓好典型，及时总结、推广调度工作先进经验。

（13）负责《铁路运输调度规则》的修订，检查指导全路调度基础管理和技术培训工作，不断加强和规范调度管理和队伍建设。

（14）负责全路调度信息化统一规划，积极采用、推广先进设备和技术，促进调度指挥工作现代化。

(三)铁路局调度所主要职责范围

(1)严格执行各项规章、安全管理制度和安全卡控措施,遵守和维护调度纪律,正确发布调度命令,及时处理影响行车安全的有关情况,确保调度指挥安全。

(2)组织铁路局管内各运输生产单位密切配合、协同动作,经济合理地使用机车车辆,充分利用运输能力,挖掘运输潜力,压缩运输成本,提高运输效率和效益,完成运输生产经营任务。

(3)负责编制和下达铁路局调度日(班)计划,并组织各站段落实,提高计划兑现率。

(4)组织调整铁路局管内的货流、车流,按阶段均衡地完成铁路总公司下达的车流调整计划和去向别装车计划,重点掌握排空、重点物资运输。

(5)按铁路总公司批准的计划组织列车在分界站均衡交接,保证机车与列车的紧密衔接,保持与邻局的密切联系,向邻局作出正确的列车预报,及时协商、解决发生的问题,保证分界站畅通。

(6)负责组织和监控列车运行,重点掌握旅客、专运、军(特)运、超限超重、挂有装载危险货物车辆等重点列车,督促、检查车站按列车编组计划、列车运行图、运输生产经营计划和重点要求编发列车,实现按图行车。

(7)掌握铁路局管内各站和主要用户、港口装卸车,搞好与路外单位的协作。重点抓好大客户、路企直通、战略装卸车点的运输组织工作,提高直达列车和成组装车比重,扩展运输能力。

(8)负责铁路局管内抢险救灾物资、人员运输组织工作,跟踪掌握输送情况。

(9)认真执行铁路总公司备用货车的管理制度,严格掌握铁路局管内备用货车的备用、解除。

(10)掌握铁路局管内客车配属、客流变化、旅客列车开行情况,重点掌握动车组、特快旅客列车、国际旅客列车及跨铁路局重点旅客列车的运行情况;组织站段按计划、及时地输送旅客,组织铁路局管内旅客列车的临时加开、停运、迂回运输、编组、车辆甩挂和实施票额调整。

(11)负责铁路局管内专用货车的调整,军运备品和集装箱的回送,篷布的运用和备用、解除。

(12)负责编制、下达施工日计划,发布运行揭示调度命令、施工调度命令,协调组织施工按计划进行,确保施工期间行车安全。

(13)检查、通报各站段安全正点情况,及时收取、上报铁路交通事故、自然灾害等突发事件信息,启动应急预案,通报信息、组织救援、调整运输。负责调动救援列车或向铁路总公司调度部请求调动跨铁路局的救援列车。

(14)及时收取、上报调度工作报告。

(15)检查各站段执行调度命令和规章制度的情况;对违令、违章的单位或人员,进行通报批评并提出处理意见。

(16)负责铁路局日常运输工作完成情况及调度安全工作情况分析,抓好典型,及时总结、推广运输生产先进经验。

(17)负责铁路局调度所基础管理和技术培训,指导站段调度工作,不断加强和规范调度管理和队伍建设。

(18)负责配合铁路局有关部门实施铁路局调度信息化建设规划,积极采用、推广先进设备和技术,促进调度指挥工作现代化。

(四)技术站调度室主要职责范围

(1)严格执行各项规章、安全管理制度和安全卡控措施,遵守和维护调度纪律,认真执行上级调度命令和指示,及时处理影响行车安全的有关情况,确保调度指挥安全。

(2)掌握货源、货流、车流,根据铁路局下达的日(班)计划,正确编制和组织实现车站的班计划和阶段计划,保证车站按列车编组计划和列车运行图编发列车,不间断地接发列车。

(3)经济合理地运用车站技术设备和能力,掌握调车机运用,组织有关部门、单位密切配合,协同动作,按作业计划、技术作业过程和时间标准,完成编组和解体列车的任务,提高作业效率,加速机车车辆周转。

(4)及时收集到达列车预确报,掌握车流变化,正确推算现车和指标,按阶段向铁路局调度所汇报车流和车站作业情况。

(5)组织旅客、军运、行邮、行包列车、"五定"班列、重载和重点货物列车的开行。

(6)主动与厂矿企业联系,及时预报车辆到达情况和取送车作业计划,掌握货位、装卸劳力情况,按计划均衡地完成装车和卸车任务,组织开行路企直通列车。组织新送(厂修)客车、货物作业车、检修车(修竣车)和专用车的取送,缩短待取、待送时间。

(7)发生影响行车的事故时,积极组织救援,减小事故对行车的影响。

(8)正确、及时填画技术作业图表,并运用计算机等先进设备组织指挥运输生产。

(9)认真分析考核车站日常作业计划的兑现情况和日常运输生产完成情况,及时向铁路局调度所和车站领导报告。

二、铁路运输调度的基本工作制度

(一)班中工作及管理制度

1. 交接班和班中会制度

各级调度应建立完善交接班和班中会制度。

铁路总公司、铁路局交接班和班中会,分别由值班处长、值班主任负责主持,各有关工种调度人员参加。各工种调度的交班内容和待办事项必须清楚、完整,不得遗漏。

接班会:传达有关命令、指示和重点事项,以及上一班安全、运输生产经营任务完成情况,研究制定本班确保安全、完成运输生产经营任务的具体措施。

交班会:各工种调度分别汇报本班安全、运输生产经营任务完成情况,分析存在的问题,总结经验教训。

班中会:每班至少召开一次,根据日(班)计划执行情况,研究确保完成本班和全日任务的具体措施。

2. 工作报告制度

通过工作报告,保持各级调度间的持续联系,加强与有关安全监察、专业部门之间的信息沟通,准确地掌握工作进度和不失时机地处理问题。

(1)车站调度向铁路局调度。

车站在列车到、开或通过后,及时报告车次、时分(具有自动采点设备除外)和列车状态。

列车始发站应及时报告列车解编进度、编组内容、列车编组变化情况及出发列车速报(车次、机车型号、机车号、司机姓名、现车辆数、牵引总重、换长);列车在非始发站摘挂作业,作业站要及时报告摘挂列车在站作业、占用股道及作业后的编组变化情况。

机车及股道占用情况。

车站有关工种人员每3小时向铁路局所属工种调度上报各项规定内容。

具备信息系统上报条件的车站,须通过系统及时准确上报。

安全情况和重要事项应随时报告。

(2)铁路局调度向铁路总公司调度。

10:00(22:00)前,铁路局值班主任向铁路总公司调度部报告接班后的管内运输情况,预计本班分界站列车交接、排空、机车运用情况,19:00(7:00)前以书面形式向铁路总公司调度部值班处长报告运输安全和运输生产经营任务完成情况的综合分析。

铁路局各工种调度每3小时向铁路总公司调度部所属各工种调度上报各项规定的内容。

安全情况和重要事项应随时报告。

当上级调度向下级调度和站段了解有关运输情况时,有关人员应及时认真汇报。

调度部门接到铁路交通事故、行车设备故障等安全情况的报告后,应按规定填写《铁路交通事故(设备故障)概况表》,及时通知给相关部门和安全监察部门,并建立(安监报1)相互签认和定期核对制度。

3. 调度所管理制度

调度所管理制度须包括安全、生产、施工、基础、培训管理等基本制度,并将基本管理制度纳入《调度所管理工作细则》,使调度人员日常组织指挥有法可依、有章可循,调度所日常工作须按照管理制度抓好落实。

(1)调度所安全管理基本制度和办法,应包括安委会、安全逐级负责、安全信息管理、安全检查监控、安全考核、安全分析等制度和调度命令、军事运输、专(特)运、超限超重列车、自轮运转特种设备运行、工程路用列车开行、防止列车错放方向、接触网停(送)电安全卡控、防止乘务员超劳、试验列车、试运转列车、天气不良行车安全、新图实施、危及行车安全信息处置、应急预案等管理办法。

(2)调度所运输生产基本管理办法,应包括车流调整、日(班)计划编制和实施、3~4小时列车运行调整计划编制和实施、临时旅客列车开行组织、承运车、装卸车、排空、重点物资运输、挖潜提效(旅客列车正点组织、战略装车点和路企直通等直达列车组织、车种代用和杂型车使用管理等)、成本控制(控制违编、欠轴、单机走行,压缩中停时、大点车管理等)及工作联系、生产考核、生产分析等管理办法。

(3)调度所施工组织管理办法,应包括施工组织领导,施工组织管理程序,施工日计划,运行揭示调度命令,施工调度命令的编制、审批、下达,施工期间运输组织、施工监控和施工分析等内容。

(4)调度所教育培训管理制度,应包括调度所人员业务培训、考试、技术比武、竞岗晋级、持证上岗和深入现场等制度。

(5)调度所日常基础管理制度和办法,应包括会议、考勤、值班、作息、请假、卫生(含物品定置管理)、保密、廉政建设、文明生产、安全保卫等所务制度;各工种调度一日工作程序标准;班组管理、文电管理、规章管理、技术资料管理、设备管理、台账管理、班组(岗位)竞赛评比等办法。

4. 电视电话会议制度

铁路总公司和铁路局每日分别召开运输生产电视电话会议,检查落实当日运输生产情况,布置、审批次日计划。

各铁路局值班主任每日7:00前向铁路总公司值班处长汇报第一班运输安全和班计划任

务完成情况及保证完成全日计划的措施;铁路总公司值班处长向铁路局值班主任布置第二班重点工作要求。

铁路总公司每日10:50召开全路运输生产电视电话会议,由各铁路局分管运输副局长(总调度长)汇报第一班运输安全和运输生产经营任务完成情况及保证完成全日运输生产经营任务的措施;铁路总公司向铁路局提出运输生产经营任务要求和工作重点。

铁路局每日至少召开一次全局运输生产电视电话会议,由各站段分管生产的副站(段)长汇报全日运输安全及运输生产经营任务完成情况;铁路局向各站段提出运输生产经营任务的要求和工作重点。

(二)值班检查制度

铁路局建立运输领导值班制度。

(1)值班人员:铁路局总调度长、运输处长(副处长)、调度所主任和书记。

(2)值班时间:工作日18:00至次日8:00;节假日8:00至次日8:00。

(3)值班要求:

①对重点运输任务,按等级认真盯控,确保安全正点、万无一失。

②对Ⅰ、Ⅱ级施工,严格监控,确保按施工日计划实施,对临时发生的问题采取果断措施及时正确处置。

③遇恶劣天气,提前预想,对设备运行、运输组织造成影响时,应立即启动应急预案,确保运输安全。

④遇旅客列车大面积晚点,技术站、分界站严重等线、运输不畅时,要详细了解、掌握情况,采取有效措施,尽快恢复列车运行秩序。

⑤发生事故或干线行车设备故障时,亲自组织处理,减少对运输秩序的影响。

加强铁路局间的协作,保证分界站畅通。铁路局间分界站会议每年至少召开一次,由两个铁路局轮流主持;必要时由铁路总公司组织,研究改进列车交接和日常施工等工作,制定、修改分界站协议。

为提高调度人员组织指挥水平,加强各级调度之间、调度与站段有关人员的工作联系,各级调度人员每季度深入现场应不少于一次;熟悉设备、人员情况,交换工作意见,改进工作作风,解决好日常运输安全生产中存在的问题。

深入现场前要有计划,返回后要有报告。

深入现场的活动可采取添乘机车、列车,召开座谈会、联劳会、同班会、跟班劳动、专题调查研究等多种形式。

调度人员应持机车添(登)乘证添(登)乘机车、列车,并准许在乘务员公寓食宿。

项目二 车流调整

为保持全路货车的合理分布及各线车流的相对稳定,车流调整工作必须实行高度集中、统一调整的原则。

铁路总公司调度部、铁路局调度所应指定专人负责车流调整工作,研究掌握货流、车流变化规律及有关技术设备的使用效能,认真推算车流,有预见、有计划地进行车流调整。

车流调整应遵循优先确保大客户、路企直通、战略装卸车点的运输需求原则。限制装车时应减少零散装车点的装车,组织集中装车时,应优先增加大客户、路企直通、战略装车点的装车。

任务　根据铁路运输实际情况进行车流调整

 任务单

任务名称	根据铁路运输实际情况进行车流调整
知识目标	掌握重车、空车、备用车、专用货车调整的原则
能力目标	学会分析铁路运输企业的实际情况,在掌握车流调整的原则下进行车流调整
任务描述	模拟铁路节假日运输和抢运救灾物资两种情况,根据车流调整的原则进行车流调整
任务要求	(1)分析重车调整的原则; (2)分析空车调整的原则; (3)分析备用车调整的原则; (4)分析专用货车调整的原则; (5)根据任务制定重、空、备用、专用货车调整的计划

 相关知识

一、重车车流调整的一般规定和特殊要求

(一)一般规定

车流调整分为:重车调整、空车调整和备用车调整,并通过日(班)计划组织实现。必要时,可下达临时调整计划。

重车调整是车流调整的重要内容。调整方法有去向别装车调整、限制装车、停止装车、变更重车输送径路和集中装车。

按去向别组织均衡装车是保持各铁路局车流稳定和运输秩序正常的基础。各铁路局、车站必须严格掌握装车去向,进行去向别装车调整时,要执行下列规定:

(1)运输工作不正常,需要减少或增加日装车计划时,应首先调整(减少或增加)自局管内的装车数量;如需减少或增加外局的装车数量时,须经铁路总公司批准。

(2)分界站接入某方向的重车不足或增多时,应首先采取增加或减少自局装往该去向装车数量的方法进行调整。如果重车不足或增多延续时间较长,自局调整又有一定困难时,应将情况及时报铁路总公司,由铁路总公司统一调整。

(二)特殊要求

为消除局部重车积压,可采取限制装车、停止装车和变更车流输送径路等措施。

(1)遇下列情况,应采取限制装车或停止装车措施:

①装车数超过区段通过能力和编组站作业能力时;

②装车数超过卸车地的卸车能力时;

③因自然灾害、事故,线路封锁中断行车时;

④因其他原因发生车辆积压或堵塞时。

(2)遇自然灾害、事故中断行车或重车严重积压、堵塞时,经铁路总公司调度命令批准,相关铁路局依据铁路总公司调度命令可变更跨铁路局的车流输送径路。

变更车流输送径路,应适应有关区段的通过能力,并指定变更径路的期限、列数、辆数和列车编组计划。

凡经上级调度命令批准,采取限装、停装或变更车流输送径路时,铁路局、车站均不准在限装或停装期间,承认通过及到达限装、停装区段(或车站)的途中换票和变更到站。

(3)遇下列情况可采取集中装车:

①某铁路局的管内重车严重不足时;

②某方向移交重车严重不足时;

③重点用户、港口、国境站急需到达物资或外运物资严重积压时;

④急需防洪、抢险、救灾重点物资时。

集中装车仅在所经区段通过能力和到站卸车能力允许的条件下,方准采用。

二、空车流调整

空车调整是为了合理地运用空车,保证装车需要的调整措施。空车调整必须做到缩短空车行程,组织车种代用,消除同车种对流。

各铁路局、车站必须从全局出发,严格遵守排空纪律,按照上级调度批准的车种、辆数均衡地完成排空任务。

空车调整方法有:正常调整、综合调整和紧急调整。

(1)正常调整:各铁路局根据车种别装车、卸车的差数,接空数和实际货车保有量确定排空车数。

(2)综合调整:货流、车流发生变化或重车流增加时,在不影响接空局重点物资装车需要的前提下,经铁路总公司批准,依据下达的日计划命令可采取以重、空车总数进行综合调整。重、空车数一经铁路总公司批准,各铁路局不得再增加重车代替空车数量。

(3)紧急调整:为保证特殊紧急运输任务需要所采取的非常措施,以调度命令或日(班)计划中重点事项的形式下达;各铁路局接到紧急空车调整命令后,必须按照规定的时间、车种、辆数完成排空任务。

三、备用货车调整

备用货车是为了保证完成临时紧急运输任务的需要,所储备的技术状态良好的铁路总公司所属空货车。

备用货车(以下简称备用车)分为特殊备用车、军用备用车、专用货车备用车和港口、国境站备用车。

特殊备用车是指因运输市场发生结构变化,为调剂车种、满足运输需要,对铁路总公司以备用车命令指定的大于本局月计划部分的某种空货车。

特殊备用车、军用备用车、专用货车备用车、港口和国境站备用车的备用、解除,必须经铁路总公司以备用车命令批准。非标准轨的货车备用、解除由所在铁路局负责处理。

备用、解除必须符合下列规定:

(1)特殊备用车须备满48小时,军用备用车、专用货车备用车和港口、国境站备用车须备满24小时,才能解除备用。因紧急任务需要解除备用车时,须经铁路总公司调度命令批准,可不受时间限制。

(2)备用车状况需经备用基地检车员检查。

确定或变更备用车基地站名和基地的最大容车量时,须由铁路局批准,以铁路局文件公布并报铁路总公司备案。

备用车必须停放在铁路局批准的备用车基地内。港口、国境站备用车必须停放在指定的港口、国境站。凡未停放在指定地点的,均不准统计为备用车。备用车在不同基地间不得转移,在同一基地内转移时,须由铁路局以备用车命令批准。

(3)铁路局、备用车所在站和基地检车员,均须分别建立备用车登记簿,按备用日期、时分、命令号码、地点、车种、辆数、车号、吨位等内容顺序进行登记。

(4)铁路总公司、铁路局调度分别建立备用车命令簿,单独规定备用车命令号码。

四、专用货车调整

专用货车(包括冷藏车、散装粮食车、家畜车、罐车、矿石车、散装水泥车、毒品专用车、集装箱专用平车、小汽车运输专用车、车种为"D"字的长大货物车和涂有"专用车"字样的一般货车)的调整方法,除按一般货车调整规定办理外,空车应按铁路总公司指定的方向、到站回送,有配属站的除铁路总公司另有指定外,均应向配属站回送。

专用货车的回送,要按规定填写回送单据。

为使冷藏车、罐车经常保持设备完整、性能良好,各铁路局原则上不得以冷藏车代用其他货车;各种罐车应分类使用,装运危险货物的罐车必须专车专用。

冷藏车必须代用时,须经铁路总公司特运调度命令批准,装运危险货物运输的罐车不得代用。

外国货车停运或在国境站积压时,要采取优先放行和换装措施;对暂时没有确定到站的进口货物,经铁路总公司准许,可换装在我国货车内待发或及时组织卸车。

凡外国空货车(包括利用装该国货物的车辆),应经由最短径路向所属国回送。经铁路总公司调度命令批准,可在国内顺路装车使用。

项目三　调度系统日(班)计划与日常运输组织工作

调度日(班)计划是日常运输组织工作的基础,应按列车编组计划、列车运行图、月度运输生产经营计划、施工计划进行编制,保证均衡地完成运输生产经营和施工任务,落实了调度日(班)计划,也就比较好地完成了日常运输组织工作。

任务　调度日常运输生产工作组织

任务单

任务名称	调度日常运输生产工作组织
知识目标	能说明调度日(班)计划的工作过程
能力目标	能根据要求完成调度日(班)计划的编制和日常运输组织工作
任务描述	根据日班计划的要求和日常运输组织工作,根据作业程序表和运输组织工作的基本要求,完成作业程序表的内容拓展即在作业程序上增加作业程序的具体内容
任务要求	(1)调度员一班工作的内容及基本要求; (2)重点掌握列车调度员工作的基本要求; (3)掌握如何完成日常运输组织工作

相关知识

一、调度日(班)计划的编制原则

(1)坚持安全生产的原则。
(2)贯彻国家运输政策,保证重点运输的原则。
(3)坚持一卸、二排、三装的运输组织原则。
(4)按列车编组计划编车,按列车运行图行车,按运输生产经营计划组织运输,按《站细》组织作业,最大限度地组织直达、成组运输的原则。
(5)按施工计划安排施工,坚持运输、施工兼顾的原则。
(6)经济合理地使用机车车辆和其他运输设备,提高运输效率和效益的原则。
(7)组织均衡运输的原则。

二、负责调度日(班)计划编制的人员

日(班)计划包括货运工作计划、列车工作计划、机车车辆工作计划和施工日计划。

日计划是由当日 18:00 至次日 18:00 一日内的日间运输工作计划。日计划分为两个班计划:当日 18:00 至次日 6:00 为第一班计划,次日 6:00 至 18:00 为第二班计划。铁路局可根据

第一班计划的执行情况和日计划任务,对第二班计划内容进行部分调整。

施工日计划是指由铁路局调度所施工调度室(简称施工调度室,下同)根据月度施工计划(含临时施工批复文件、电报,下同)及主管业务处提报的施工计划申请编制的次日0:00至24:00施工计划。

日计划的编制,铁路总公司由调度部长(副处长)负责;铁路局由调度所主任(副主任)负责。

铁路总公司每日应在9:00前向铁路局下达次日轮廓计划。

铁路总公司轮廓计划内容有:分界站交接列车数、重车数、车种别排空车数、到局别使用车数、通过限制口的装车数和重点要求。

三、铁路局编制日计划的依据

(1)铁路总公司下达的轮廓计划。

(2)月度运输生产经营计划、列车编组计划、列车运行图、机车周转图、机车车辆检修计划、站段有关技术作业时间标准。

(3)日请求车(军用应有军运任务通知书,超限超重货物应提出批示电报)和物资部门的要求。

(4)预计当日18:00各类运用车数、车站现在车数(重车分去向,其中到本局和邻局管内摘挂车流分到站;待卸车、空车分车种)和机车、机车乘务员分布情况。

(5)旅客列车的临时加开、停运、迂回运输、编组、车辆甩挂调度命令。

(6)列车预确报。

(7)分界站协议。

(8)月度施工计划及主管业务处提报的施工计划申请。

(9)设备维修作业计划。

四、铁路局日计划内容

(一)货运工作计划

(1)各站装车计划(包括发货单位、品类、到站、到局、运费、限制口、车种别装车数)。

(2)各站卸车计划(包括到站、车种、卸车数,整列货物要有收货人)。

(3)"五定"班列、集装箱、企业自备车、战略装车点、路企直通等直达列车和成组装车的列数、组数及辆数。

(4)装卸劳力、机械调配计划。

(5)篷布运用计划。

(6)专用货车的使用计划。

(二)列车工作计划

(1)列车到、发及运行计划,包括列车车次、发站、到站、发到时分、编组内容、特定运行径路,始发列车车辆来源、小运转列车运行计划,机车交路、机车型号及机车号。

(2)分界站列车交接计划,包括列车车次、到开时分、各列车中去向别重车数(到邻局的重车分到站)和车种别空车数。

(3)管内工作车输送计划、各站配空挂运计划和摘挂列车的装卸、甩挂作业计划。

(4)专用货车的调整、挂运计划。

(5)装载超限超重、军运物资(人员)、剧毒品货物车辆,有限制运行条件的机车车辆、自轮运转特种设备挂运和专列开行计划。

(6)旅客列车的临时加开、停运、迂回运输、编组、车辆甩挂计划。

(7)区间装卸作业计划。

(8)路用列车运行计划。

(三)机车车辆工作计划

(1)各区段机车周转图,包括机车交路、机车型号及机车号。

(2)机车沿线走行公里、机车运用台数和机车日车公里。

(3)机车出(人)厂、大、中、辅(小)、临修,回送计划及重点要求。

(4)各车辆检修基地扣修、修竣车辆取送计划。

(5)各沿线车站停留故障车辆检修计划。

(6)跨铁路局及铁路局管内客、货检修车回送计划及重点要求。

(7)施工日计划:

①施工编号、等级、项目。

②施工日期、作业内容、地点(含线别、区间、车站、行别、里程)和时间。

③施工限速、行车方式变化及设备变化。

④施工单位(含配合单位)、施工负责人。

⑤路用列车进出区间开行方案。

五、铁路局编制日(班)计划的具体要求

(一)铁路局编制日(班)计划的分工和工作

铁路局各工种调度人员,在每日14:30前向有关站段收集编制日(班)计划的资料,并向调度所主任(副主任)提供。

(1)货运调度员——预计当日18:00各站卸车数、装车数和去向别装车数、重点物资装车数;"五定"班列装卸情况,18:00待卸车,有关停、限装命令,卸车单位的卸车能力;次日请求车情况及货运工作轮廓计划。

(2)计划及列车调度员——预计当日18:00各站运用车(重车分去向,其中到本局和邻局管内摘挂车流分到站;待卸车、空车分车种)、备用车等分布情况;在途列车的编组内容和预计到达编组站、区段站、分界站的时分;"五定"班列编组情况和预计到达分界站的时分;预计18:00列尾主机分布情况。

(3)特运调度员——整列和零星军用请求车计划的车种、吨位、辆数、配车时间及挂运要求;装载超限超重、剧毒品货物车辆的分布及挂运条件、车次及挂运通知单;专用货车的备用、解除和调配计划;预计当日18:00行邮、行包列车装卸及编组情况,在途列车的编组内容和预计到达分界站的时分;预计18:00篷布分布情况。

(4)机车调度员——预计当日18:00运用机车和机车回送计划,机车检修情况,机车、机车乘务员分布动态情况;铁路局外单位工程机车、企业自备(租用)机车在铁路营业线施工、上线运行等情况。

(5)车辆调度员——预计当日18:00货车扣修、修竣、检修车分布站及回送情况;车辆段结存检修车、扣修、修竣车数及车种;次日检修车计划,检修能力,有限制运行条件故障车辆回送挂运电报和计划申请。

(6)供电调度员——牵引供电及电力供电、设备运行、次日维修计划情况。

(7)客运调度员——旅客列车的加开、停运、中途折返、迂回运输和客车底回送、车辆甩挂等情况。

(8)施工调度员——各站、各区段施工计划。

(9)工务调度员——工务路用列车开行计划、路料装卸作业计划、慢行处所及限速条件。

(10)电务调度员——电务设备运行维护情况和维修计划。

(二)编制货运工作计划的要求

(1)卸车计划——根据预计当日18:00管内工作车结存和次日产生的有效管内工作车数,确定次日卸车计划;根据18:00实际管内工作车确定次日应卸车数,并以此考核铁路局卸车完成情况;根据"管内工作车去向表"(运货4)确定各站的卸车任务。

(2)装车计划——必须在保证排空任务的前提下,由调度所主任(副主任)会同货运调度室主任(副主任)及有关人员,严格按照铁路总公司下达的货运轮廓计划及各站请求车情况确定装车日计划。

(3)第一班装、卸车计划,应达到全日计划的45%以上。

(三)编制列车工作计划的要求

(1)列车工作计划必须有全日车次和全日编组内容。

编制列车工作计划必须有可靠的资料,禁止编制无车流保证的空头计划。各区段日计划列数,要按列车运行图做到基本均衡。

(2)实行分号列车运行图时,选定列车车次、确定日计划列数应以分号列车运行图为基础,首先保证核心列车开行。当分号列车运行图的列车开满后,可开行基本列车运行图的列车车次;增开的跨铁路局列车车次,由相邻铁路局协商确定,报铁路总公司调度批准。

(3)列车运行图规定的货物列车是否开满,跨铁路局列车以分界站全日交接列车计算;铁路局管内列车以编组站或区段站全日发出列车计算;干支线衔接的区段,列车对数应分别计算;列车运行图规定在中间站始发和到达的列车未开满,但贯通全区段运行的列车已开满时,可视为列车运行图已开满。

(4)列车工作计划要确保排空列车的开行。第一班计划的排空车数必须达到全日计划的45%以上。

(5)始发列车计划应按列车运行图规定的时分制定;中转列车可按预计到达时分,在分号列车运行图中选定紧密衔接的适当运行线。

图定车次贯通到底的直达货物列车,在接续的区段站或编组站因晚点不能使用原图定运行线,在制定日(班)计划时,准许利用图定的直达或直通列车运行线开车,但必须保持原车次不变。

(6)摘挂列车与其他货物列车运行线不得互相串用。

(7)在中间站始发或终到的列车,如列车运行图规定为通过时分,在编制日(班)计划时,应另加起停车附加时分。

(8)开行临时定点列车的要求:

①基本列车运行图的列车开满后,方准加开临时定点的列车车次。

②始发列车无适当车次使用时,可制定临时定点列车计划,其旅行时间不得超过本区段内同类列车最长旅行时间。跨铁路局运行时,须征得邻局的同意。

③列车运行图中的摘挂列车已开满仍有剩余摘挂车流(有一个区间达到牵引定数70%或

满长)时,可加开临时定点的摘挂列车,但跨铁路局的加开列数不得超过1列。

④开行列车运行图以外的阶梯直达列车,只限于作业站间可临时定点。

⑤挂有限制运行条件机车车辆的列车、有时间限制的军用列车和在区间整列装卸的列车,不能利用列车运行图中的运行线时,可开行临时定点列车。

挂有限制运行条件机车车辆的列车,在制定日(班)计划时允许指定始发和到达时分,运行时分可在3～4小时列车运行调整计划中确定。

⑥途中停运的列车,恢复运行时应利用空闲运行线。如确无适当运行线可利用时,方准开行临时定点列车到达前方第一个技术作业站。

(9)列车运行图规定18:00后由分界站交出的列车,不准作18:00前的交车计划。

分界站当日未交出的晚点列车,必须纳入次日计划。接近18:00的晚点列车,来不及纳入次日计划时,准许18:00后晚点交出。

(10)原则上不准编制跨铁路局的超重、超长列车计划;有必要时,须征得邻局的同意,并经铁路总公司调度命令准许。

(11)挂有装载超限超重、剧毒品货物车辆和限制运行条件机车车辆的列车跨铁路局运行时,应向相邻铁路局重点预报。

(12)班计划一经确定,必须维护计划的严肃性,在执行中不准变更列车车次和整列方向别的编组内容;跨铁路局列车遇有特殊情况必须变更时,要预先征得相邻铁路局同意,并须报请铁路总公司调度批准。

(13)日(班)列车工作计划编制后,相邻铁路局调度所必须主动将分界站列车交接计划(包括车次、时分、编组内容、机车交路)核对一致后,方准上报铁路总公司批准。

(四)编制机车车辆工作计划的要求

(1)机车车辆工作计划要保证日常运输任务的需要,按列车工作计划供应质量良好的机车车辆,合理安排机车、车辆检修计划。

(2)机车周转图必须根据列车工作计划和规定的技术作业时间、乘务员劳动时间、机车交路进行编制。不准编制反交路,消除对放单机,减少单机走行。如编有紧交路时,必须制定保证实现的组织措施。

(五)编制、下达施工日计划的要求

(1)施工单位于施工前3日将施工计划申请报铁路局主管业务处,经主管业务处审核(盖章)后,于施工前2日9:00前向施工调度室提报施工计划申请。

(2)施工调度室应将主管业务处提报的施工计划申请与月度施工计划进行核对,同时将Ⅰ级施工和繁忙干线铁路总公司管理施工项目的施工计划申请于施工前2日15:00前报铁路总公司运输局调度部;经调度部核准后于施工前2日18:00前反馈施工调度室,施工调度室据此编制施工日计划。

(3)因运输原因不能安排施工计划时,须经铁路局分管运输副局长(总调度长)同意。

(4)编制的施工日计划经铁路局运输处分管调度工作副处长或调度所主任(副主任)审核后,纳入调度日计划。

(5)施工调度室于施工前1日12:00前(其中0:00至4:00执行的施工日计划为前1日8:00前)将施工日计划传(交)主管业务处、列车调度台、计划调度台,有关机务段、车务段(直属站)。主管业务处负责通知施工单位(含配合单位、设备管理单位),车务段(直属站)负责通知相关车站。

(6)Ⅰ级施工和繁忙干线铁路总公司管理施工项目的施工日计划,由铁路局调度所于施工前1日15:00前报铁路总公司运输局调度部。

(7)施工日计划下达后,不得取消施工日计划(项目)。因特殊原因临时取消时,须经铁路局分管运输副局长(总调度长)批准(Ⅰ级施工和繁忙干线铁路总公司管理施工项目还须报铁路总公司运输局调度部调度处批准),并制定确保行车安全的具体办法和措施后,以调度命令办理取消(含取消或重新发布运行揭示调度命令)。

(六)日计划的审批和下达

(1)铁路局日计划,经分管副局长(总调度长)批准后,于17:00前报铁路总公司,17:30前以调度命令下达站段。

(2)18:00至21:00、6:00至9:00的列车工作计划,应分别提前在16:00、4:00前下达有关站段。对车次的考核,仍以正式下达的日(班)计划为依据。

(3)铁路总公司日计划,经调度部主任(副主任)批准后,于17:40前以调度命令下达铁路局。

(4)对上报日计划有调整时,铁路局应按铁路总公司调度命令批准的计划,以调度命令更正,并组织实现。

(5)第二班的调整计划,由调度所值班主任负责,各工种调度人员参加,按铁路总公司批准的日计划进行调整,铁路局于6:00前以调度命令下达有关站段。

六、卸车工作

卸车是运输工作中的一个重要环节,是完成排空和装车计划的重要保证。各级调度都必须把卸车工作放在首位,做到:

(1)切实编制好管内工作车输送计划、中间站甩挂作业计划,加速管内工作车的移动及跨铁路局重车的移交,重点掌握枢纽小运转列车的输送和摘挂列车、管内循环列车的挂运计划。

(2)掌握重点厂矿、港口、国境站及主要卸车站的卸车、搬运能力和物资存量情况。

(3)及时向相邻铁路局、卸车站、卸车单位预报重车到达情况,组织卸车单位准备卸车力量,随到随卸。

(4)加强待卸车分析,对不能按时卸车的货物应查明具体原因,采取有效措施(按十八点待卸大点车报告[运货8]逐日登记,并上报铁路总公司货运调度。)

注:"大点车"系指在站停留超过48小时的待卸车和在站停留超过24小时的待挂车和待装车。

各铁路局要严格按日(班)计划规定的排空车次、车种、车数组织实现。当排空与装车发生矛盾时,应先排后装。

跨铁路局的空车(自备车)直达列车,未经铁路总公司调度命令批准,各铁路局无权使用。

严格按货运轮廓计划审批装车日计划,严格按装车日计划安排装车,严禁弄虚作假。铁路总公司、铁路局指定的临时紧急物资,可临时承认,并保证优先装车和挂运。中间站卸后的零星空车,依据调度命令可安排装车,但要有月度货物运输计划,避免无计划装车。各级调度要按日计划去向、品类组织装车,重点掌握主要用户及重点物资的装车情况。对通过限制口的装车要按日(班)计划组织完成,并严格掌握;遇特殊情况需超装时,须经铁路总公司调度命令批准。铁路局、车站要组织、掌握直达列车和成组装车的货源,及时配送空车,保证装车计划的实现。

相邻铁路局间在分界站列车交接工作上,应保持紧密联系。对出现的问题,双方要主动协商解决。当双方意见不能一致时,应向铁路总公司上报,由铁路总公司解决。一经铁路总公司调度决定,有关人员必须无条件地服从。

要按日(班)计划规定的机车交路及时安排单机接运邻局列车,不准以机车控制邻局交车。应放回的单机必须按时放回,不准扣压拖延。

由于列车晚点、停运影响接运邻局列车时,要及时调整机车交路或放单机等措施,保证按日(班)计划接运邻局列车。

列车、计划、机车调度员要掌握机车运用情况,当需变更日(班)计划机车交路时,列车、计划调度员须通知机车调度员,由机车调度员统一调整,跨铁路局机车要与机车所属局加强协调。各机务段派班室、折返(乘务换乘)点须向机车调度员报告机车乘务员出勤时间,机车调度员要掌握机车乘务员劳动时间,对接近超劳的列车要通知列车、计划调度员优先放行;对超劳列车要安排换乘。

七、阶段计划工作

1. 列车运行调整计划的主要内容

列车调度员须及时铺画和下达 3～4 小时列车运行调整计划。其主要内容:

(1)车站列车到、发时分和列车会让计划(采用计算机下达的为实时调整计划)。

(2)列车在中间站作业计划。

(3)区段装卸车计划。

(4)施工计划。

(5)重点列车注意事项。

2. 列车调整原则和调整顺序

列车调度员要按列车运行图指挥列车运行,当列车不能按列车运行图运行时,除特殊情况外,要按先客后货、先跨局后管内的原则和下列规定等级顺序调整:

(1)最高运行速度为 300～350km/h 动车组旅客(检测)列车(简称动车组,下同)。

(2)最高运行速度为 200～250km/h 动车组。

(3)直达特快旅客列车。

(4)特快行邮列车。

(5)特快旅客列车。

(6)快速旅客列车。

(7)快速行邮列车。

(8)普通旅客快车。

(9)普通旅客慢车。

(10)行包列车。

(11)军用列车。

(12)"五定"班列。

(13)快运货物列车。

(14)2 万吨组合重载货物列车。

(15)1 万吨组合重载货物列车。

(16)单元重载货物列车。

(17)直达货物列车。
(18)直通货物列车。
(19)冷藏列车。
(20)自备车列车。
(21)区段货物列车。
(22)摘挂列车。
(23)超限超重货物列车。
(24)小运转列车。

单机、路用列车应根据用途按指定条件运行。开往事故现场救援、抢修、抢救的列车应优先办理。专运和特殊指定的列车,按指定的等级运行。

3. 列车调整方法

列车调度员进行列车运行调整时,一般可采取如下方法:
(1)组织列车按允许速度运行。
(2)选择合理的会让站。
(3)组织列车在车站进行平行作业。
(4)组织列车反方向行车。
(5)组织列车合并运行。

4. 对有关列车的处理,应提前发布调度命令

列车调度员对下列列车的处理,应提前向有关站段和乘务员发布调度命令:
(1)临时利用空闲运行线运行。
(2)临时合并运行或列车停运及恢复运行。
(3)使用原车次在枢纽区内变更始发或到达的编组站。
(4)管内整列重车或整列空车变更到站。

5. 实现计划、挖掘潜力、提高效率的要求

为确保实现列车工作计划,挖掘运输潜力,提高运输效率,要求做到如下几点:
(1)组织晚点旅客列车恢复正点。
(2)组织货物列车压缩区段旅行时分。
(3)组织有关部门按各项作业时分标准完成作业,压缩中、停时,保证列车正点。
(4)组织单机挂车。
(5)组织机车紧交路。
(6)合理运用机车,加速车辆周转。

列车调度员的作业程序,如表 3-1 所示。

调度员作业程序　　　　　　　　　　表 3-1

时　间	作业项目	作　业　程　序
7:30~7:50 (18:30~18:50)	班前准备	(1)阅读有关命令、文电及领导重点指示; (2)了解军运、重点列车注意事项及超限列车限制条件和挂运车次; (3)了解分界口列车交接情况,车流接续,本台列车运行、编组及摘挂作业情况,中间站存车及股道运用、停运列车分布; (4)了解行车设备使用状态、有关施工和区间路斜卸车及区间限速情况; (5)了解跨班的调度命令发布和交付情况;

续上表

时 间	作业项目	作 业 程 序
7:30~7:50 (18:30~18:50)	班前准备	(6)了解旅客列车接入情况及货物列车车位; (7)了解本辖区内装卸作业和配空计划; (8)了解机车交路情况; (9)了解其他与本岗位有关的事宜
7:50~8:10 (18:50~19:10)	参加接班会	(1)认真听取上一班值班主任对重点事项的交班; (2)汇报本岗位工作情况,针对存在的问题,提出完成任务的方法; (3)听取相关调度台对其他工作调度情况介绍; (4)听取值班主任布置本班的工作任务和有关的重点注意事项; (5)听取领导传达上级文件、电报、命令及完成军运和各项任务的指示要求
8:10~8:20 (19:10~19:20)	接班	(1)按规定程序检查,使用调度管理信息系统; (2)检查备品、表图和卫生; (3)听取交班者的交班事项,情况不明不准接班; (4)在交接本上互相签字
8:00~9:00 (20:00~21:00) 12:30~13:00 (0:30~1:00) 16:30~17:00 (4:30~5:00)	编制阶段计划	(1)收集编制阶段计划的相关资料; (2)编制4h阶段计划: ①根据列车运行图按照先客后货、先跨局后管内和按列车的等级顺序的原则铺画列车运行计划线; ②车站列车到、发时分和列车会让计划; ③列车在中间站作业计划; ④区间天窗综合维修施工计划和装卸计划; ⑤重点列车注意事项
9:00(21:00) 13:00(1:00) 17:00(5:00)	下达阶段计划	(1)对所辖区段的车站、机务段(折返段)、乘务室等有关的行车人员点名; (2)与现场校对钟表; (3)列车到发车次、预计时分、编组内容、机车交路及型号; (4)会让计划、摘挂列车和调小机车外出作业计划; (5)列车停运及恢复运行计划; (6)对重点事项列车调度员通过录音电话口头详细布置给有关站段和人员,并要求有关人员进行复诵
8:20~19:10 (19:20~8:10)	实施阶段计划	(1)列车运行组织 ①充分利用线路容许速度,组织晚点列车恢复正点或赶点; ②选择合理的会让站、越行站,在线路容许速度内加速放行列车; ③组织列车进行快速、平行作业,以缩短列车在站作业时间; ④组织好施工点前、点后的列车运行; ⑤按规定,组织反方向行车及列车合并运行; ⑥对非正常情况的列车运行组织指挥,严格按规定程序和要求作业,不得盲目求快; ⑦及时收取列车在车站运行实绩和作业后的列车编组内容并预报前方作业站 (2)发布调度命令 ①详细了解现场情况(包括电化区段是否影响电力牵引); ②拟写调度命令; ③按规定审核签认; ④发布调度命令(电话发布命令的在复诵核对后再发布命令号码和时间); ⑤按规定落实有关命令是否已经交付

续上表

时 间	作业项目	作 业 程 序
8:20~19:10 (19:20~8:10)	实施阶段计划	(3)施工组织 ①阅读施工电报； ②核对施工计划(包括施工计划,下同)； ③与车站核对施工申请； ④发布限速调度命令(包括施工前、后)； ⑤发布准许天窗维修或施工封锁调度命令； ⑥确认施工完毕； ⑦落实是否具备区间开通的条件； ⑧发布施工完毕开通的调度命令
		(4)区间装卸组织 ①核对区间装(卸)计划； ②落实卸车负责人、劳力是否到位； ③发布准许进入区间作业的命令； ④电气化区段填写电调表； ⑤电力机车牵引的列车,接到列车到位指定卸车地点的报告后,办理停电手续； ⑥接到电调停电号码后,下达准许上车作业的命令； ⑦得到并确认作业完毕后请求送电； ⑧发布有关命令
		(5)其他工作 ①向有关站段通报旅客列车晚点情况； ②加强与司机出勤的联系,根据列车运行情况按时叫班； ③及时、正确、完整地填记各种图表； ④及时完成其他规定内容的工作
14:00~14:30 (2:00~2:30)	提供编制日 (班)计划资料	(1)在途列车编组内容、预计到达编组、区段站的时间； (2)按重车分区向,空车分车种,推定本区段各站18:00(6:00)现在车分布情况
19:10~19:20 (8:10~8:20)	交班	(1)整理有关文电重要事项并填写交班日志本； (2)整理室内卫生； (3)与接班人员按交班日志的内容逐项交班； (4)在交班本上互相签字
19:20~19:30 (8:20~8:30)	参加交班会	(1)汇报本岗位工作情况,总结经验教训； (2)听取值班主任对本班工作的情况总结及存在的问题； (3)听取主任(正班主任助理)对本班工作的总结及存在问题

项目四　调度安全工作

为保持全路铁路运输秩序的平稳有序,铁路总公司调度部、铁路局调度所、车站等全体调度人员必须严格执行统一领导、逐级负责制度。

行车工作必须严格执行单一指挥的原则。铁路总公司和铁路局调度所的列车调度员是一个线路或是调度区段行车的统一指挥者,有关行车人员必须执行列车调度员的命令、指示,不得违反。

任务　调度安全管理工作

任务单

任务名称	调度安全管理工作
知识目标	掌握调度命令的基本要求、发布行车调度命令的规定
能力目标	能根据实际情况确定使用并下达调度命令的类型
任务描述	模拟铁路节假日运输和抢运救灾物资两种情况,根据车流调整的原则进行车流调整
任务要求	(1)熟悉调度安全管理工作的基本要求; (2)熟悉发布调度命令的基本规定; (3)熟悉发布调度命令的基本规定; (4)了解特殊调度命令的下达要求; (5)掌握施工调度命令的下达规定; (6)熟练掌握发布运行揭示调度命令的有关规定

相关知识

一、调度安全管理工作的基本要求

列车调度员应熟悉主要行车人员和机车、车辆、线路、通信信号、桥隧、牵引供电等设备情况,掌握天气变化对行车工作影响的规律,组织行车有关人员协调动作,保证列车按列车运行图正点运行。

为确保列车安全正点和良好的运行秩序,列车调度员应加强与现场行车有关人员联系,及时布置重点工作。发生非正常情况时,现场行车有关人员须立即向列车调度员报告;列车调度员向行车有关人员了解情况时,有关人员须如实汇报。

调度指挥必须坚持安全生产。各级调度人员应做到:

(1)熟悉有关站段及列车的技术设备、作业过程、各项技术作业标准及各站接发列车的有关规定,正确地指挥列车运行。

(2)值班中要精力集中、坚守岗位,严格遵守规章制度,及时正确处理问题。

(3)遇有施工慢行、设备故障、"天窗"施工、区间装卸、天气不良、铁路交通事故等情况和对区间封锁、开通的处理,列车调度员要严格遵守有关规定,值班主任(值班副主任)应加强检查,调度台监控人员要加强监控。

(4)遇有铁路车辆运行安全监控系统报警时,车辆调度员应按预报等级进行处理;列车调度员接到报告后,必须确认车次,并及时安排列车停车检查或甩车处理。

(5)当得到现场关于列车、线路等出现危及行车安全的报告时,应及时指示有关人员立即停车,查明情况,妥善处理。

(6)双线反方向行车,必须确认区间空闲。

(7)超限超重货物车辆的挂运,必须纳入日(班)计划,根据超限超重货物运输批示电报和超限超重车辆挂运通知单规定的运行条件,由列车调度员向有关车站发布调度命令。

(8)装载剧毒品货物车辆的挂运,必须纳入日(班)计划,重点布置、预报、交接,跟踪掌握。

(9)限速机车车辆,须根据限速机车车辆挂运电报及规章制度有关规定挂运。纳入日(班)计划的按日(班)计划挂运、交接。未纳入日(班)计划时,铁路局管内由调度所主任(副主任)准许挂运;跨铁路局交接时,由相邻铁路局计划调度员共同确认有挂运电报及规章制度有关规定,并协商同意后方准挂运、交接。低于列车或线路运行速度时,列车调度员要根据限速条件发布调度命令。

(10)调度所须加强调度安全生产管理工作,健全完善安全管理制度;领导干部对调度室和班组包保包建要全覆盖。调度班组及调度室要落实安全责任,抓好规章制度执行及安全生产的检查、监控、分析考核工作。

中国铁路总公司、铁路局调度在组织指挥日常运输工作中,应及时正确发布与运输有关的调度命令;下级调度以及行车有关人员必须坚决执行。

二、发布调度命令的基本规定

(1)调度命令发布前,应详细了解现场情况,听取有关人员的意见,书写命令内容、受令处所必须正确、完整、清晰。

(2)采用计算机发布调度命令时,必须严格遵守"一拟、二审核(按规定须监控人审核的)、三签(按规定须领导、值班主任签发的)、四发布、五确认签收"的发布程序。受令人必须认真核对命令内容并及时签收。

(3)采用电话发布调度命令时,必须严格遵守"一拟、二审核(按规定须监控人审核的)、三签(按规定须领导、值班主任签发的)、四发布、五复诵核对、六下达命令号码和时间"的发布程序办理。发布、接收调度命令时,应填记《调度命令登记簿》,并记明发收人员姓名及时刻。

(4)采用常用行车调度命令用语拟写的命令,计算机编辑时"用语"中未用到的字句删除,书面拟写时"用语"中未用到的字句圈掉。

(5)调度命令书写不正确时,应重新书写。

(6)已发布的调度命令,遇有错、漏或变化时,必须取消前发命令,重新发布全部内容的调度命令。

(7)使用调度命令无线传送系统、计算机或传真机发布行车调度命令,必须认真执行确认和回执制度。

(8)发布运行揭示调度命令,不准夹带与受令处所无关的内容和命令。

(9)发布有关线路、道岔限速的调度命令,必须注明具体地点(包括站内线别、道岔号码)、起止里程及时间。发布事故救援命令有关线路、道岔必须注明里程。

（10）指定时间段内的维修作业，车站值班员在维修作业完毕销记后应立即报告列车调度员，列车调度员不再发布维修作业结束恢复行车的命令。如需延长作业时间须列车调度员发布调度命令批准。

三、调度命令的发布流程

（1）指挥列车运行的命令和口头指示，只能由列车调度员发布。

（2）铁路局列车调度员发布行车调度命令，要一事一令，不得发布无关内容。一事一令是指对一个独立事件发布一个命令，该独立事件包括单因素事件和多因素事件两类。单因素事件是指不与其他工作发生关联的简单事件；多因素事件是指涉及两项及其以上工作内容，且因此及彼、因果相关、时间相连的复杂事件，可发布一个调度命令。

（3）设有双线双向闭塞设备且作用良好的区间，需要连续反方向行车时，可发布一个调度命令。

（4）交付调度命令的规定：

①具备调度命令无线传送系统的，应使用调度命令无线传送系统向值乘司机发布调度命令。

②在具备良好转接设备和通信记录装置的条件下，符合使用列车调度电话发布、转达调度命令内容的，列车调度员（车站值班员）可使用列车调度电话向列车司机发布（转达）调度命令。

③不具备上述条件时，本区段有停车站，列车调度员指定车站值班员在进入关系地点前的停车站交付调度命令；本区段无停车站或来不及时，在进入关系地点前的车站停车交付调度命令。

（5）交付和核对限速调度命令的规定：

①限速调度命令，须在进入限速地点前发布（转达）、复诵完毕，如来不及，必须在进入限速地点前的车站停车转达调度命令。

②具备使用调度命令无线传输系统或提前在停车站交付调度命令条件的须传输（交付）书面调度命令。

③不具备使用调度命令无线传输系统或提前在停车站传输（交付）书面调度命令，需使用列车调度电话发布（转达）调度命令时，列车调度员除发给限速地点关系站（限速地点在区间内，关系站为区间的两端站；限速地点在车站站内或站内跨区间，关系站为限速地点车站和相邻车站）外，还应发给转达调度命令车站和进入限速地点前的第二个车站，转达调度命令车站应在列车进入限速地点前的第二个车站以前传达、复诵完毕。

④对限速的调度命令，列车进入限速地点前的第一个车站值班员逐列与司机核对限速内容。

⑤限速地点在车站站内，限速车站的车站值班员在列车进入车站前要与司机核对限速内容。

⑥使用列车调度电话发布、转达限速调度命令时，进入限速地点前的第二个车站须与司机核对限速内容。

⑦核对不一致时，司机应在进入限速地点前的车站停车并向车站值班员报告，车站值班员立即向列车调度员报告，列车调度员核实后，发布正确的限速调度命令。

(6)对跨铁路局的列车,接车铁路局列车调度员可委托发车铁路局列车调度员发布调度命令,委托铁路局要将需转发调度命令号码、内容和具体车次发给受委托铁路局;受委托铁路局在时间允许情况下,不得拒绝委托。

(7)使用"常用行车调度命令用语"发布行车调度命令时,涉及限速内容须一并下达(司机事先已有限速调度命令除外)。

四、特殊调度命令的下达要求

(一)使用列车调度电话发布、转达调度命令

(1)临时变更(改按电话闭塞法行车除外)或恢复原行车闭塞法。

(2)设有双线双向闭塞设备且作用良好的区间,双线反方向行车。

(3)有计划封锁施工开通后,指定1,2,3……列限速。

(4)临时限速(指未纳入运行揭示调度命令的限速,下同)。

(5)临时停运列车、加开单机。

(6)旅客列车以外的列车在非到发线上接车或发车。

(7)半自动闭塞区间,超长列车头部越过出站信号机(未压上出站方面的轨道电路)发车。

(8)进站(接车进路)信号机故障的引导接车。

(9)机车信号、列车运行监控记录装置、列尾装置故障。

(10)列控车载设备转入或退出隔离模式。

(11)列控车载设备控车人工转换LKJ方式行车或LKJ方式行车人工转换列控车载设备控车。

(12)动车组在区间被迫停车后,准许返回后方站。

(13)特殊情况下,不能在基本进路上接发动车组旅客(检测)列车。

(14)调度集中区段,由列车调度员办理接、发列车,调度命令用作允许列车运行的行车凭证。

(15)铁路局《行车组织规则》规定可以利用列车调度电话发布、转达的调度命令。

(二)发布列控限速命令

(1)在既有线CTCS-2区段运行的动车组,遇区间或站内正线有限速时,列车调度员必须提前向相关车站发布列控限速调度命令(数据格式)。遇临时产生的限速或施工等实际产生的限速与运行揭示调度命令限速不符时,列车调度员还应通过调度命令无线传送系统向动车组司机发布限速调度命令。所有列控限速调度命令设置及取消,必须经调度台监控人员审核后方可发布。

(2)遇列控中心故障或列控限速调度命令(数据格式)未正确设置时,列车调度员应及时发布调度命令,指示动车组改按LKJ方式行车越过限速地点。

(3)跨铁路局限速调度命令涉及两个铁路局的相邻车站,特别是站内限速调度命令需要同时发送给本站及其相邻的两端车站,由限速地点所在铁路局列车调度台的调度员拟定列控限速调度命令,发布给本局管辖的车站和相邻铁路局的一个站。

(三)不发布行车调度命令的情况

(1)自动闭塞区间,出站(发车进路)信号机故障、停用时发出列车(调度集中区段,由列车调度员办理接发列车时除外)。

(2)在未设出站信号机的正线、到发线上,向自动闭塞区间发出列车。

(3)自动闭塞区间一架通过信号机故障(站间区间仅设一架通过信号机的除外)。

(4)旅客列车在技术停车站(不办理客运业务和技术作业)临时变更通过。

五、施工调度命令的下达规定

施工调度命令是指施工当日由列车调度员发布的准许施工开始、确认施工结束等与实际施工有关的调度命令。

(1)施工调度室负责拟写次日施工调度命令,经一人拟写、另一人核对后,传(交)列车调度台。

(2)列车调度员发布施工调度命令前,须经在调度台的施工监控人员审核。

(3)施工当日,列车调度员根据施工日计划与车站值班员的施工请求(CTC区段无车站值班员的车站,由施工单位负责人请求)核对一致后,方可拟定并下发施工调度命令。

(4)施工完毕后,列车调度员根据车站值班员请求(CTC区段无车站值班员的车站,由施工单位负责人请求),发布施工开通(结束)的调度命令。

(5)封锁施工开通后有第1、2、3……列限速要求的列车,由列车调度员发布调度命令。

(6)因施工提前、延迟或其他原因造成与运行揭示调度命令不符时,列车调度员须在取消前发运行揭示调度命令的同时,向有关车站值班员、司机、施工负责人重新发布全部内容的调度命令;相符时仍按前发运行揭示调度命令执行。

六、发布运行揭示调度命令的有关规定

运行揭示调度命令是指由施工调度室编制的涉及限速、行车方式变化和设备变化的调度命令。

(1)施工调度室须依据施工日计划和主管业务处提报的灾害、故障涉及限速、行车方式变化的申请及"常用运行揭示调度命令基本用语"编制运行揭示调度命令,命令中未用到的字句删除。

(2)中国铁路总公司发布的"常用运行揭示调度命令基本用语"未涉及的项目,由铁路局制定"补充运行揭示调度命令用语"。

(3)运行揭示调度命令内容应包括"时间、地点、因由、速度、行车方式变化、设备变化"六要素。

(4)运行揭示调度命令须一人拟写、另一人核对,施工调度室主任(副主任)、调度所副主任逐级审核(签字备查),于施工前1日12:00前(其中0:00至4:00执行的运行揭示调度命令为前1日8:00前)发布至有关机务段、车务段(直属站)、主管业务处,传(交)列车调度员。车务段(直属站)应根据施工及车机联控要求转发给相关车站;主管业务处转交施工单位。

(5)列车运行途中遇跨越运行揭示调度命令有效时段或其他原因,造成列车运行没有可依据的运行揭示调度命令时,司机须提前向本次乘务出勤派班室和车站值班员报告,车站值班员立即向列车调度员报告,列车调度员安排列车停车交付运行揭示调度命令(可在一个行车调度命令中下达);跨区段(局)运行时,须通知相邻区段(局)列车调度员。

(6)运行揭示调度命令发布的限速条件需转变为LKJ基础线路数据时,除按有关LKJ基础线路数据管理工作规定程序办理外,本着"谁申请(登记)、谁取消"的原则,由申请(登记)部门按LKJ车载固定基础数据文件换装电报的终止时间,向施工调度室、车站申请取消限速;施工调度室须在得到申请(登记)部门取消限速的申请后,方准发布调度命令取消该限速的运

行揭示调度命令。

(7)发生灾害、设备故障等影响行车的突发情况(含施工开通后未达到规定的放行列车条件),列车调度员接到报告后,须立即采取应急处理措施,向有关车站、司机、运转车长发布调度命令;主管业务处可根据设备管理单位的施工申请,审核提报,由施工调度室发布运行揭示调度命令。

(8)涉及铁路局间分界站的施工日计划和运行揭示调度命令,由发布局施工调度台委托相关邻局施工调度台转达;相关邻局施工调度台向本局所属相关车务段(直属站)下达(车务段〔直属站〕负责向相关车站下达),并转交本局相关列车调度员;邻局施工调度台及时向发令局施工调度台反馈施工日计划和运行揭示调度命令的交递情况。

旅客列车的加开、停运、折返、变更径路及车辆甩挂的命令,须经铁路局值班主任同意签字,跨铁路局的还须经中国铁路总公司值班处长同意签字后,方准发布。

中国铁路总公司规定的"常用行车调度命令用语"以外确需发布行车调度命令的事项,由铁路局制定"补充行车调度命令用语"。

调度命令号码的编制应按不同工种分别规定。铁路局行车调度命令按日循环,运行揭示调度命令及其他专业调度命令按月循环;中国铁路总公司各工种的调度命令按月循环(其中中国铁路总公司货运和列车工作日计划命令按年循环)。调度命令日期的划分,以0:00为界。调度命令循环号码的起讫时间,以18:00区分。各级调度命令应保管一年。

中国铁路总公司调度命令号码分为:

(1)货运和列车工作日计划命令号码0001~0366。

(2)车流调整命令号码0401~0499。

(3)行车调度命令号码0501~1499。

(4)客运调度命令号码1501~1999。

(5)动车调度命令号码2001~2299。

(6)货运调度命令号码2301~2499。

(7)行包调度命令号码2501~2599。

(8)机车调度命令号码2601~2899。

(9)车辆调度命令号码2901~2999。

(10)军运调度命令号码3001~3299(其中D型车使用命令号码3001~3199、超限超重车调度命令号码3201~3299)。

(11)特运调度命令号码3301~3599(其中机械冷藏车使用及回送命令号码3301~3399,重点石油装车命令号码3401~3499 铁路总公司所属罐车调整命令号码3501~3599)。

(12)供电调度命令号码3601~3699。

(13)跨铁路局的站对站停、限装及恢复装车命令号码3701~3999。

(14)备用车命令号码4001~4599。

铁路局调度命令号码由各铁路局自定。

项目五　调度基础、分析和设备工作及图表绘制识别

铁路总公司、铁路局、车站调度部门,应分别指定一名领导具体负责调度人员的招聘(选拔)和培训工作。调度人员的基本素质、分析工作能力、设备使用能力及图表绘制能力是铁路行车工作安全的保证。

任务一　调度员的基本要求

 任务单

任务名称	调度员的基本要求
知识目标	掌握调度员的基本要求和调度分析工作
能力目标	能完成调度员的选拔,并对铁路运输企业完成日常分析、定期分析和专题分析工作
任务描述	完成调度员的选拔工作,并模拟铁路局调度员进行日常分析、定期分析和专题分析
任务要求	(1)熟悉调度员的基本要求; (2)掌握调度分析工作

 相关知识

一、调度员的基本要求

各级领导和组织应高度重视调度基础工作,建设一支思想过硬、作风过硬、业务过硬,纪律严明、精干高效、指挥科学的高素质调度队伍。

中国铁路总公司、铁路局、车站调度部门,应分别指定一名领导具体负责调度人员的招聘(选拔)和培训工作。对调度人员招聘(选拔)和培训工作要坚持"逢进必考、资格必审、上岗必训"的原则。

中国铁路总公司、铁路局、车站须充分考虑调度人员工作量、工作质量,业务培训、深入现场、通勤、休假等因素和《劳动法》的有关规定,科学测定调度机构定编,合理设置调度台,配备各岗位人员和预备人员,以满足安全生产和调度工作"精细、高效"的要求。

(一)调度人员招聘(选拔)工作

(1)具有较高的思想政治觉悟和敬业精神,有大局意识和较强的协调组织工作能力。

(2)具有较强的运输专业知识,两年及以上运输专业现场工作经验,技术业务熟练,具有计算机基本操作能力。

(3)中国铁路总公司调度须有大学本科及其以上文化程度;铁路局调度须有运输相关专业中专及其以上文化程度。

(4)招聘调度人员年龄一般应在 35 岁以下,身体健康。

(5)调度人员招聘(选拔)按照公平、公正、公开的原则进行。中国铁路总公司按照公务员公开招聘的要求,从下级调度人员或优秀行车人员中招聘;铁路局列车调度员应从车站值班员、车站调度员或优秀行车人员中招聘,其他专业调度员应从专业对口的优秀人员中招聘;车站调度员应从有实践工作经验和指挥能力的优秀行车人员中选拔。

(二)调度人员培训工作

(1)各级调度必须配备专职技术教育人员,由具备中级技术职称或具有较强业务水平和实践经验的人员负责本单位的技术培训工作。

(2)铁路局新招聘调度人员,应制定培训计划和内容。岗位培训不少于六个月,其中脱产安全、专业理论培训不少于一个月,培训期满进行考试和考核,合格后方准持证上岗。

(3)对转岗、转台调度人员必须经过跟班学习,经考试、考核合格后,方准独立工作。

(4)为不断提高调度人员的业务水平,各级调度可采取脱产与不脱产相结合的方式,轮流对现职运输调度人员进行培训,脱产培训学习每年不得少于 10 天;对新设备投入运用、新规章实施、运行图调整等必须提前进行业务培训,培训率、合格率要达到 100%。

(5)铁路局每年组织一次调度员持证上岗考试、考核,合格者方准持证上岗。

(三)调度基础的主要工作

(1)调度人员的思想政治教育和职业道德教育。

(2)调度人员的招聘(选拔)、业务培训工作。

(3)调度工作质量检查、考核、分析工作。

(4)本单位管理细则、办法的制定。

改善调度人员工作条件,关心调度人员的生活,每年对调度人员安排一次体检,优先安排疗养;优先就近解决好调度人员的住房;对年老、体弱的调度员妥善安置工作,解决好后顾之忧,确保调度人员安心工作。

二、调度分析工作

调度工作分析,是通过日常运输综合分析发现问题、制定措施,不断提高调度工作质量,促进运输生产的有效方法。各级调度必须配备调度分析人员,由具有较强业务水平和实践经验的人员负责本单位的调度分析工作。

调度工作分析,可分为日常分析、定期分析和专题分析。

1. 日常分析工作

(1)列车工作计划兑现情况分析。

(2)分界站列车交接、排空计划兑现情况分析。

(3)运用车分布及车流状况分析。

(4)停运列车分析。

(5)列车等线分析。

(6)运输收入完成情况分析。

(7)货车使用费情况分析。

(8)货车周转(中转、停留、旅行)时间分析。

(9)大点车分析。

(10)换算周转量(货物周转量、旅客周转量)分析。

(11)运量(货物发送吨、旅客发送人、静载重)分析。

(12)旅客列车、货物列车正晚点(惯性晚点)分析。

(13)机车运用情况分析。

(14)机车日车公里分析。

(15)机车平均牵引总重(列车平均总重)分析。

(16)机车日产量(单位功率日产量)分析。

(17)机车乘务员超劳情况分析。

(18)列车违编、欠重、超重情况分析。

(19)列车机外停车分析。

(20)请求车、承运车及承运车自动审批情况分析。

(21)装卸车(夜装夜卸比重、战略装卸点、路企直通、直达、成组、军运、集装箱、超限超重、港口、国境站、停限装)及重点物资装车分析。

(22)行邮、行包列车、"五定"班列、专运列车开行情况分析。

(23)铁路局间分界口能力利用率情况分析(每月按运调18格式逐项填写,于次月5日前电传报中国铁路总公司)。

(24)"天窗"(时间、次数)兑现率的分析。

(25)检修车分布及检修车扣修、回送、检修、修竣计划兑现情况分析。

(26)铁路车辆运行安全监控系统运行情况分析。

(27)篷布使用分析。

(28)临时旅客列车开行、旅客列车甩挂车辆、折返、停运分析。

(29)牵引供电运行情况统计分析。

(30)行车设备故障统计及对运输影响情况分析。

(31)调度工作安全情况分析。

(32)调度工作质量分析。

2. 定期分析工作

根据日常运输及安全工作情况,收集、积累有关资料,按时作出旬、月、季、半年、年度分析,并提出改进日常运输组织工作意见和建议,以便及时采取技术组织措施。

3. 专题分析工作

分析人员要深入实际,调查研究,善于发现问题,及时作出必要的专题分析,并提出改进意见或措施。

4. 日(班)计划考核工作

1)列车工作计划兑现率

列车工作计划兑现率 = [符合日(班)计划规定的车次、时分、编组内容的实际列数 ÷ 日(班)计划列数] × 100%

2)排空计划兑现率

排空计划兑现率 = (实际排空车数 ÷ 日计划排空车数) × 100%

注:(1)按日(班)计划规定的车次并正点出发的列车,其编组内容符合下列要求者均视为兑现:

整列重车——符合编组计划规定的方向号。
整列空车——主型空车不少于日(班)计划所规定的车数。
重空合编列车——重车数或空车数按日(班)计划规定,上、下波动不超过 5 辆。
(2)旬、月兑现率分别按日、列数、车数加总平均计算。

任务二　调度员作业设备运用和列车运行线识别及绘制

任务单

任务名称	调度员作业设备运用和列车运行线识别及绘制
知识目标	掌握调度员工作时的设备要求,并能识别图表的含义
能力目标	能完成调度员工作环境的配置,并识别出调度图表的含义;还要根据列车运行图的实际要求完成图表的基本绘制
任务描述	模拟调度员班前工作时设备的检查和使用,并根据运行图的要求,识别绘制列车运行计划线
任务要求	(1)掌握调度员设备检查与使用; (2)学会调度员列车运行线识别及绘制

 相关知识

一、调度员作业设备运用

(一)调度设备基本要求

为适应调度人员长时间持续繁忙工作的需要,各级调度人员的办公室应具有光线充足、灯光明亮的工作条件和隔音装置。

各级调度应配备先进的通信设备,其功能必须满足各工种调度人员工作和问题分析的需求。铁路局调度还应配置列车调度电话。设备管理部门须加强维护和检查,保持通信设备良好状态。

各级调度人员的办公室均应备有钟表,作为行车指挥和校对站段时刻的依据。钟表的配置、校准、检查、修理办法由铁路局规定。

为保证调度工作的正常进行,各级调度人员办公室夏季应备有空调设备及防暑用品,冬季昼夜应备有取暖设备。

(二)调度设备的检查与使用

列车调度指挥系统应能实时采集列车运行及现场信号设备状态信息。中国铁路总公司、铁路局调度应配置 TDCS 设备、调度集中、列车运行图自动描绘装置、传真复印、通信记录仪等装置。

各级调度应制定设备使用管理办法,由维修部门负责维护。

各级调度人员办公室和运输调度的信息系统中应备有下列规章、资料:

(1)《铁路技术管理规程》、《铁路交通事故调查处理规则》、《铁路交通事故应急救援规则》、《铁路行车设备故障调查处理办法》、《铁路运输调度规则》、《行车组织规则》、《站细》和有关规章、命令、电报、文件。

(2)列车编组计划、列车运行图及有关资料、机车周转图和运输生产经营计划、月度施工计划。

(3)管内各车站平面示意图、线路纵断面示意图、接触网供电及信、联、闭设备有关资料。

(4)救援列车停放地点及各级救援队组成情况。

以上所需资料,铁路局应明确提供单位及更新要求,有关单位须及时修改、提供,各级调度部门应及时清理,保证资料时效性。

二、调度员列车运行线识别及绘制

铁路局调度的基本图表,在铁路运输调度规则统一规定的基础上,可根据铁路局的具体情况,对图表内容作适当增减。所有调度工作图表均统一用草绿色印制。

调度工作图表应指定专人按月整理,妥善保管。其中列车运行图、调度工作总结表的保管应有一年。各类计算机图表、数据需保存一年。

有关列车运行线表示方法、列车运行整理符号,应按表3-2的规定进行填绘。如有其他的要求,各铁路局可自行规定。

列车运行线的表示方法　　　　　　　　　　表3-2

列车种类	表示方法		备注
旅客列车(包括行邮列车、动车组检测车)	红单线	———	以车次区分
临时旅客列车	红单线加红双杠	—‖—‖—	
回送客车底	红单线加红方框	—□—□—	
行包列车	蓝单线加红圈	—〇—〇—	
"五定"班列	蓝单线加蓝圈	—〇—〇—	
快运货物、直达、单元重载货物列车	蓝单线		以车次区分
组合重载货物列车	蓝色断线	------------	2万吨、1万吨组合重载列车以车次区分
直通、自备车、区段、小运转列车	黑单线	———	以车次区分
冷藏列车	黑单线加红圈	—〇—〇—	
军用列车	红色断线	------------	
回送军用列车	红色断线加红方框	····□····□····	
超限超重货物列车	黑单线加黑方框	—□—□—	
摘挂列车	黑单线加"+""|"	—+—|—	
路用列车、试运转列车	黑单线加蓝圈	—〇—〇—	车次区分
单机	黑单线加黑三角	—▷—▷—	
高级专列及先驱列车	红单线加红箭头	——→	
救援和除雪列车	红单线加红"×"	—×—×—	
重型轨道车、轻油动车	黑单线加黑双杠	—‖—‖—	

任务三 列车运行及运行整理符号识别与绘制

 任务单

任务名称	列车运行及运行整理符号识别与绘制
知识目标	识别列车运行及整理符号
能力目标	能说出各种列车运行及整理符号的意义,并根据列车运行需要,绘制运行及整理符号
任务描述	根据调度员的工作需要,对列车运行图中的运行符号进行解读,并按要求绘制列车运行整理符号
任务要求	(1)了解列车始发、终止的基本运行符号的识别和绘制; (2)熟悉列车特殊运行符号的识别和绘制; (3)熟悉线路进行施工时相关符号的识别和绘制; (4)了解文字及其他符号的规定; (5)熟悉车站技术作业图表的填画和表示方法

 相关知识

一、列车始发、终止的基本运行符号

(1) 列车始发,如图 3-1 所示。
(2) 列车终止,如图 3-2 所示。
(3) 列车在中间站临时停运,如图 3-3 所示。
(4) 列车由邻接区段转来,如图 3-4 所示。
(5) 列车开往邻接区段,如图 3-5 所示。

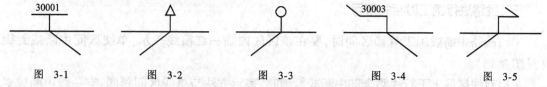

　　图 3-1　　　　图 3-2　　　　图 3-3　　　　图 3-4　　　　图 3-5

列车到开时分记在钝角内。早点用红圈、晚点用蓝圈记于锐角内,圈内注明早、晚点时分。晚点原因可用简明略号注明,如因编组晚点可只写"编"字。

二、列车特殊运行符号

(1) 列车合并运行(在列车运行线上注明某次列车被合并),如图 3-6 所示。
(2) 列车让车,如图 3-7 所示。

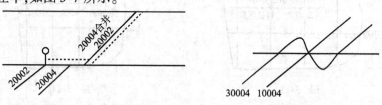

　　　　图 3-6　　　　　　　　　　图 3-7

(3) 列车反方向运行时,在反方向运行区间的运行线上填写车次及(反)字(见图 3-8)。
(4) 列车在区间内分部运行(见图 3-9)。

(5)补机途中折返(见图3-10)。

(6)列车在进站信号机外停车时,用红色笔画"△",并标明停车时分(见图3-11)。

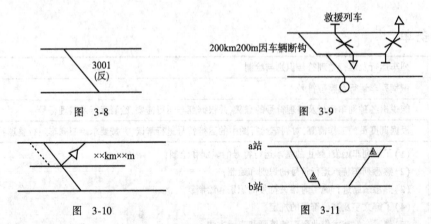

(7)机车交路及机车出(入)库时间的表示方法:机车在本段交路用蓝色笔,在折返段用黑色笔画实线,并在交路上逐列标明出(入)库时间(见图3-12)。

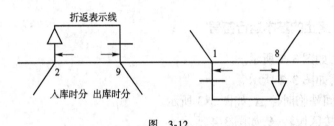

图 3-12

三、线路进行施工时相关符号

(1)线路中断或施工封锁区间时,要在该区间内画一红横线表示,单线区间中断或封锁(见图3-13)。

(2)双线区间上下行线路全部中断或封锁时,表示方法与单线区间相同;有一线中断或封锁时,以在红横线上或下画的蓝断线表示上行线或下行线中断或封锁(见图3-14)。

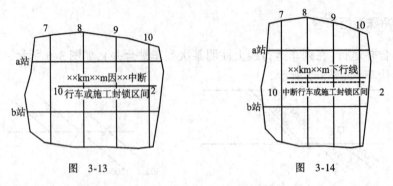

(3)因施工或其他原因区间内需要慢行时,由开始时起至终了时止,用红色笔画断线表示,并标明地点、原因、限制速度(如双线就标明上行线或下行线)(见图3-15)。

(4)列车在区间内有装卸作业时,要标明车次、作业地点、装卸货物品名(见图3-16)。

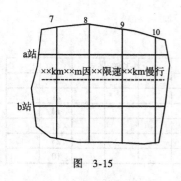

图 3-15

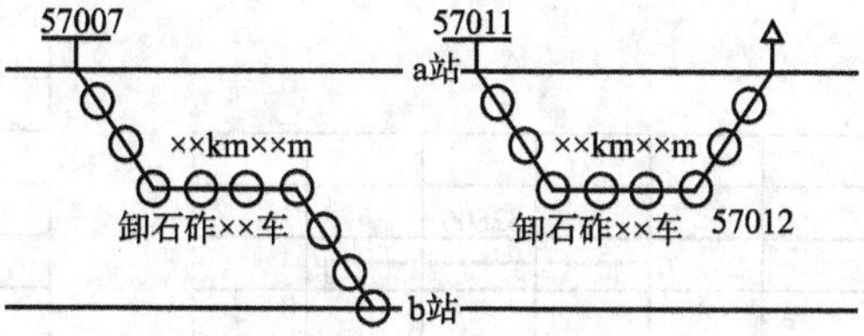

图 3-16

四、文字及其他符号的规定

（1）列车在中间站不摘车作业，用红色笔表示。

$$\frac{6}{9} \quad \text{分子表示装车数} \atop \text{分母表示卸车数}$$

（2）列车在中间站甩挂作业，用蓝色笔表示，"+"表示挂，"-"表示甩。

$$\frac{-3}{+6} \quad \text{分子表示重车} \atop \text{分母表示空车}$$

（3）列车运缓时，在列车运行线上方用蓝色笔标明运缓时分；赶点时在列车运行线上方用红色笔标明赶点时分。

铁路局列车工作计划表按下列规定填记。

①纳入日计划开行的列车，在其车次上用蓝色笔画"√"表示。

②日计划调整开行的列车，在其车次上部用红色笔画"√"表示。

③停运的车次用蓝色笔画"－"表示，并扼要注明停运原因。

④班计划以外临时加开的列车，用红色笔画"＋"表示。

⑤按照列车性质，另行指定车次而利用列车运行图(车次)时刻运行，在编制日计划时，用蓝色笔括上原车次，在原车次上部写指定的新车次；日计划调整时，用红色笔表示，方法同前。

五、车站技术作业图表的填画和表示方法

（1）列车到发，如图 3-17 所示。

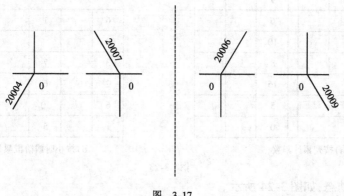

图 3-17

(2)列车技术检查和占用到发线时间,如图 3-18 所示。

(3)列车解体,如图 3-19 所示。

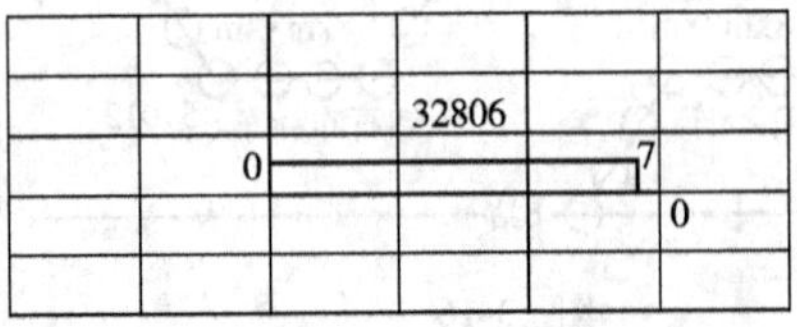

图 3-18

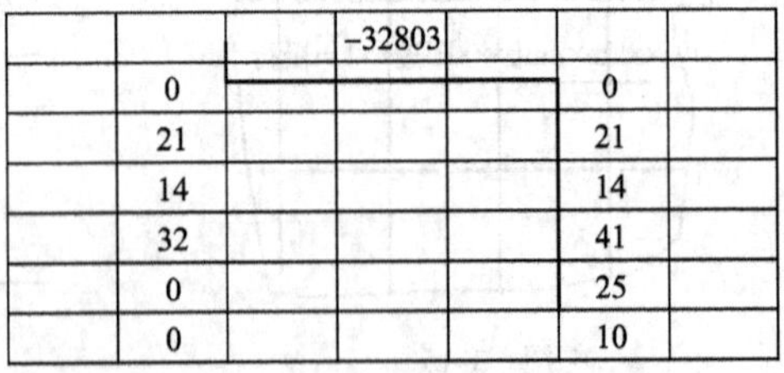

图 3-19

(4)列车编组,如图 3-20 所示。

图 3-20

(5)列车编组内容,如图 3-21 所示。

(6)取送作业,如图 3-22 所示。

(7)调车线栏,如图 3-23 所示。

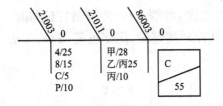

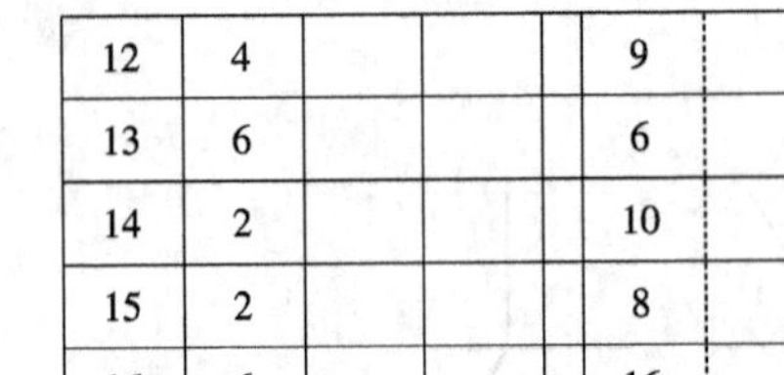

图 3-21

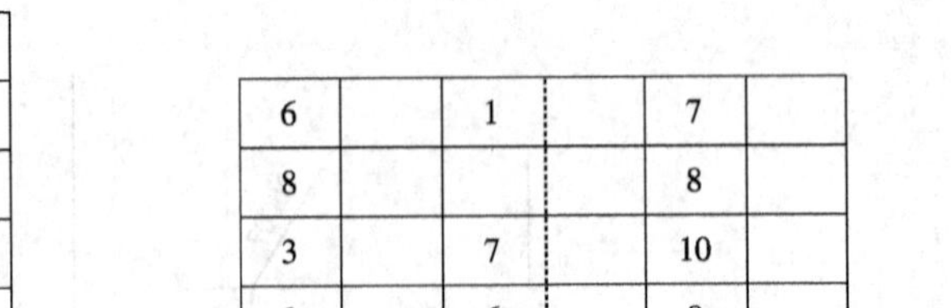

图 3-22

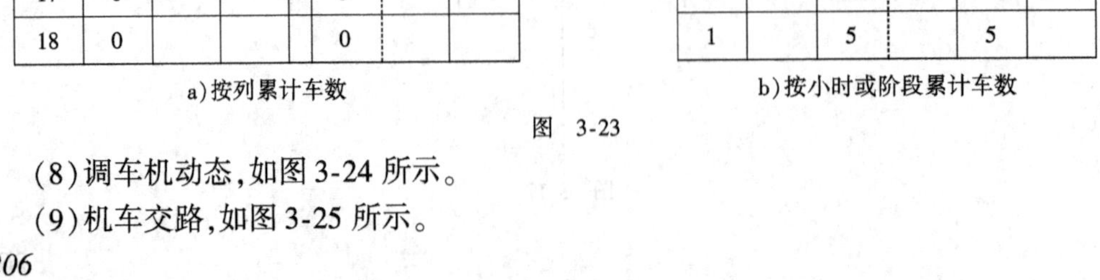

a) 按列累计车数　　　　　　　　　　b) 按小时或阶段累计车数

图 3-23

(8)调车机动态,如图 3-24 所示。

(9)机车交路,如图 3-25 所示。

206

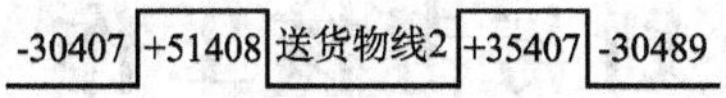

-30407
+51408
送货物线2
+35407
-30489

图　3-24

22407
(机车型号)
22413

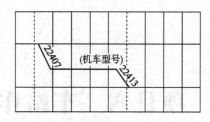

图　3-25

注：

计划：黑线。

实际：到、发旅客列车、出发货物列车为红线。

其他货物列车为蓝线。

列车正点到达、出发为红圈。

列车晚点到达、出发为蓝圈。

调车机作业："计划"为黑直线；"实际"为蓝直线。

调车机交接班、上煤、上水、上油："计划"为黑曲线；"实际"为蓝曲线。

调车机非生产时间："吃饭"为红曲线；"其他"为红直线。

调车机作业动态代号：

交接班(J)，上水(S)，上煤(M)，上油(Y)，机车故障(JG)，信号故障(XG)，吃饭(C)，整备(ZB)，解体(－)，编组(＋)，甩挂(－＋)，取车(QC)，送车(SC)，待命(D)，等信号(DX)，等检(DJ)，等装卸(ZX)，等解体(等)。

项目六 车站作业计划与考核工作

车站作业计划是车站为保证完成铁路局日(班)计划,实现列车运行图、列车编组计划、月度货物运输计划和运输生产经营计划的行动计划。车站必须根据铁路局调度所下达的日(班)计划,正确地编制车站班计划、阶段计划和调车作业计划,并在铁路局调度的指挥下组织实施。

任务 车站作业计划与考核工作

任务单

任务名称	车站作业计划与考核工作
知识目标	掌握调度员的车站作业计划编制和考核工作
能力目标	能完成车站各种作业计划的解读与填写,并根据要求完成考核工作
任务描述	根据生产要求,完成班计划、阶段计划、调车作业计划以及班后分析工作
任务要求	(1)熟悉班计划的基本工作; (2)熟悉阶段计划基本工作; (3)了解调车作业计划; (4)熟悉班后工作

相关知识

一、班计划的基本工作

全路各编组站和作业量大的区段站、货运站、客货运站,均须按照铁路运输调度规则的规定,正确编制和执行车站作业计划。其他配有专用调车机作业的车站,其作业计划的编制与执行,由铁路局按铁路运输调度规则结合具体条件制定补充规定公布实行。

班计划是车站完成一个班运输生产经营任务的作业组织计划。其主要内容包括:

(1)列车到达计划:各方向到达的列车车次(划分车场的车站要有场别)、时分、机车型号、机车号、编组内容(去向别重车数、车种别空车数、到达本站重车数)。

(2)列车出发计划:发往各方向的列车车次(划分车场的车站要有场别)、时分、机车交路及型号、机车号、编组内容(去向别重车数、车种别空车数)、车流来源。

(3)卸车计划:全站卸车数、主要卸车点大宗货物卸车数、卸后空车用途。

(4)装车计划:全站装车数、主要装车点大宗货物品类、车种、去向别的装车数、配空来源、挂运车次。

"五定"班列及直达、成组装车各主要装车点品类、车种、去向别的装车数、配空来源、挂运车次。

(5)客车底取送、摘挂、调转的车次、时间、车种、辆数。

(6)班任务主要包括：

货车出入总数,阶段运用车计划,货车平均中转时间,货车一次货物作业平均停留时间。

全站及各场别的到、发列数,编、解列数,无调直通列数。

各货场和专用线别的装、卸车数。

检修车扣修及取送车计划,站、段、厂修竣车数,货车备用及解除计划。

(7)厂、矿、港交接站和国境站货车交接次数、时间、车种、辆数。

(8)工务、电务、供电施工计划。

(9)其他临时重点任务。

为正确编制班计划,车站调度员、货运调度员和其他有关工种人员,按铁路局规定的内容和时间,向铁路局调度所有关工种调度人员,提供编制日(班)计划资料。

车站值班站长(调度室主任或车站调度员)每天将15:00(3:00)至18:00(6:00)本站出发列车计划和编组内容及预计18:00(6:00)的全站现车数、去向别重车数(其中到本局和邻局管内摘挂车流分到站)、车种别空车数、本站作业车数,按铁路局规定时间报告铁路局调度所(计划调度员),与其核对15:00(3:00)至18:00(6:00)本站到达列车计划,共同确定18:00(6:00)至21:00(9:00)车站到、发列车计划,提出编制班计划的建议。

车站值班站长(调度室主任或车站调度员)每日按规定时间,抄收铁路局调度所下达的班计划。其主要内容包括：

(1)各方向到达的列车车次、时分、编组内容(去向别重车数、车种别空车数、本站作业车数)。

(2)发往各方向的列车车次、时分、机车交路及型号、机车号,编组内容(去向别重车数,车种别空车数,直达、成组车数),编组要求、车流来源、特种车辆及货物的编挂限制。

(3)摘挂列车的装卸、甩挂作业计划。

(4)按发货单位、品名、到站别的装车(包括直达和成组装车)计划及空车来源。

(5)卸车数(整列货物品名、收货人)及排空任务。

(6)施工日计划。

(7)重点任务、指示。

班计划由分管(副)站长(调度室主任或运转主任)亲自编制。车站值班站长或有关人员,每日按车站规定时间,将编制车站班计划所需资料,提供给分管副站长(调度室主任或运转主任),其主要内容包括：

(1)全站18:00(6:00)的现在车数。

(2)到达列车占用线别,待解车次、时间、编组内容。

(3)待发列车占用线别,出发作业准备情况。

(4)第一个阶段计划内到达列车预确报。

(5)装卸车(包括直达、成组、中转零担)待装卸、取送、挂运车数、去向,预计18:00(6:00)装卸车数、挂运车次、空车用途。

(6)场间待交换车数,预计18:00(6:00)的交换车数。

(7)货车扣修及修竣计划。

(8)预计各方向机车台数、型号、交路计划。

(9)调车机作业进度、预计整备时间,分类线运用情况。

(10)设备维修、施工要点、其他临时重点任务及调度命令、指示。

站长(或副站长)负责审批班计划,并部署重点任务和关键事项。其审批重点包括:

(1)各方向到、开列车对数,全站和分场的货车出入总数,编解任务及主要装卸点装卸任务与能力是否适应;核心列车能否保证按计划开行。

(2)推定的中、停时,能否完成月计划;累计不能完成,要向铁路局汇报,连续三天完不成,要找原因,定措施。

(3)各方向、各阶段的流线结合和车流接续情况,是否压流、欠车。

(4)军运、特运车辆及列车的到发、装卸、编解、零星甩挂的安排是否符合规章、命令、指示。

(5)安全及重点注意事项。

(6)施工、运输两不误的计划与措施是否落实。

二、阶段计划基本工作

阶段计划是保证实现班计划的行动计划,其主要内容包括:

(1)各方向到达列车车次、时分、机车型号、机车号、进入场别、占用线别、编组内容、解体顺序和起止时分。

(2)发往各方向的列车车次、时分、机车交路及型号、机车号、编组内容、车流来源、占用发车场别、线别、编组作业起止时分。

(3)各货场及专用线别的卸车数、品名、收货人、送车时间、卸空时间、空车用途。

(4)各货场及专用线别的装车数、车种、品名、到站、空车来源、送入时间、装完时间、挂运车次。

(5)装载重点军用、超限超重、剧毒品等特种货物的车辆加挂车次、辆数、编挂限制。

(6)中转列车成组甩挂车次、时间、辆数、去向。

(7)各场(区)及货场、专用线间的车辆(包括检修、洗刷、倒装等车辆)的交换次数、取送地点、时间、辆数。

(8)客车底取送及摘挂的车次、时间、地点、车种、辆数。

(9)调车机运用和整备计划,驼峰解体、牵出线编组及取送作业的安排。

(10)各列检作业场的扣车计划。

(11)施工和维修计划。

车站调度员(或助理调度员)于每天18:00、0:00、6:00、12:00向铁路局调度所报告,包括重车分去向(其中到本局和邻局管内摘挂车流分到站)、待卸车和空车分车种的现车情况。

阶段计划的编制,须掌握下列资料:

(1)列车到发和占线情况。

(2)现车分布状况。

(3)班计划规定该阶段内到发列车时分、编组内容。

(4)编组、解体、装车、卸车、取送和场间交换作业情况。

(5)到达列车预确报。

(6)调车场分类线使用情况。

(7)调车机运用和整备状况。

(8)机车交路情况。

(9)车辆检修、扣车计划。

(10)施工和维修计划。

铁路局调度于阶段计划开始前一小时,将下阶段的列车运行调整计划(包括到发列车车次、预到时分、编组内容、机车交路及型号、机车号)等有关情况通知车站值班站长(或车站调度员)。

阶段计划中的到发线运用计划,由车站调度员和车站值班员共同负责确定,由车站值班员亲自掌握。车站调度员或车站值班员必须变更到发线使用计划时,须征得对方同意并在技术作业图表中作鲜明标记。

车站调度员和车站值班员在确定和变更列车到发线运用计划互相矛盾时,应由车站值班站长决定。旅客列车到发线应固定使用。变更旅客列车到发线时,应通知客运组织部门;通过的旅客列车由正线变更为到发线接车及特快旅客列车遇特殊情况必须变更基本进路时,须取得铁路局调度员准许后,方能变更。

阶段计划由车站调度员根据班计划和铁路运输调度规则有关规定,按列车编组计划、列车运行图以及《铁路技术管理规程》、《行车组织规则》编组列车的规定,《站细》规定的列车占线程序、各项技术作业的时间标准和调车区的划分、调车机的作业分工,利用车站技术作业图表进行编制,值班站长负责审批。

由车站调度员和车站值班员于阶段计划开始半小时前,将阶段计划和上级有关命令、指示、重点要求分别向有关工种人员布置下达。布置具体专项内容由各铁路局自定。

三、调车作业计划

调车作业计划是保证实现阶段计划的调车作业具体行动计划。由调车领导人负责编制。

调车作业计划的编制,应根据阶段计划和现车分布状况、到达列车编组确报、驼峰(牵出线)利用情况及调车场线路固定用途和存车情况、各装卸点作业进度及调车机工作动态等实际情况,按照《站细》及有关规定进行编制。

调车作业计划由调车领导人用调车作业通知单按《站细》规定,向有关人员下达。

调车长、连接员和制动长接到调车作业通知单后,要及时组织制定具体作业方法,按线、按钩、按人落实。调车作业通知单要及时下达,防止等待计划中断作业。

车站有关人员在完成作业计划过程中,须遵守下列报告、联系制度:

1. 调车领导人(或掌握现车人员)
(1)接班后和每一阶段作业计划完成之后,及时向车站调度员报告现车情况。
(2)列车编组内容确定后或编组作业开始,通知车号员做好列车编组的票据排序和列车编组顺序表的编制工作。
(3)列车编成后,及时通知车站值班员做好发车前的准备工作。
(4)每一调车作业通知单完成后,向车站调度员报告实际作业起止时分和有关情况。
(5)下达取送车作业计划后,要通知货运调度员转告有关作业点的货运员。

2. 车站值班员
(1)每次列车到发后,将到发时分、占用股道、机车型号通知车站调度员。
(2)到达列车邻站报开后,及时通知车号员、货运检查员、列检及有关人员。
(3)每一到达列车技术检查完了后,根据列检值班员的通知,及时告知车站调度员。
(4)出发列车编成后,及时通知列检值班员进行技术检查。

3.货运调度员(或货运值班员)

(1)接班后和每一阶段计划完了后,以及各货场和专用线每批车辆装卸作业完了之后,向车站调度员或调车区长报告作业进度和现车情况(去向别重车,车种别空车,车辆停留线别、顺序)。

(2)接到车站调度员或调车区长的取送车调车作业通知单后,及时通知有关装卸点的货运员。

4.车号员

(1)对出发列车须按规定正确编制列车编组顺序表,保证出发列车确报与实际列车编组内容完全相符。

(2)对到达列车须及时核对现车,发现现车与确报不符,及时向车站调度员或调车领导人报告。

四、班后分析

每班工作结束后,站长(或分管副站长)主持召开班工作总结分析会。调度室主任、运转、货检、货运、装卸主任、车站调度员、车站值班员、货运调度员、调车区长、技术室有关人员和其他必要人员参加,听取交班的值班站长和有关人员汇报一班工作情况,并对下列内容进行重点总结分析:

(1)安全生产情况:事故和违章违纪等不安全因素及责任者,防止事故人员及其主要经验。

(2)出发列车晚点原因及责任者。

(3)列车编组违反《铁路技术管理规程》、《行车组织规则》和列车编组计划、调度命令的情况、原因、责任者。

(4)装卸车计划(包括直达、成组)未完成的原因及责任者。

(5)中、停时指标,未完成计划的原因及责任者。

(6)列车编组晚点和未按规定时间完成车列解体任务的原因及责任者。

(7)调车机故障或整备影响调车作业计划完成的情况。

(8)未完成规定的交班基础条件的原因及责任者。

(9)堵塞、满线、运输不畅通或其他主客观影响正常运输生产的情况、原因、后果及恢复正常的措施。

(10)完成任务的先进经验和工作方法,未完成任务的原因、教训和改进意见。

站长(或分管副站长)在交班会上,要通过班计划表和作业图表检查工作,对值班站长总结分析的有关内容给以指示,由技术室记录于交班记录簿内。

对车站日(班)计划的编制和执行质量,按下列公式进行考核:

1.每列出发列车计划兑现率

$$每列出发列车计划兑现率 = \frac{兑现车数}{计划(或实际)车数} \times 100\%$$

$$日、旬、月兑现率 = \frac{总兑现车数}{总计划(或实际)车数 + 停运、加开车数} \times 100\%$$

2.每列到达列车计划兑现率

$$每列到达列车计划兑现率 = \frac{兑现车数}{计划(或实际)车数} \times 100\%$$

$$日、旬、月兑现率 = \frac{总兑现车数}{总计划(或实际)车数 + 停运、加开车数} \times 100\%$$

3. 装车计划兑现率

$$装车计划兑现率 = \frac{兑现车数}{计划(或实际)车数} \times 100\%$$

$$日、旬、月兑现率 = \frac{总兑现车数}{总计划(或实际)车数 + 计划落空车数 + 计划外总车数} \times 100\%$$

4. 到达本站作业车计划兑现率

$$到达本站作业车计划兑现率 = \frac{兑现车数}{计划(或实际)车数} \times 100\%$$

5. 卸车计划兑现率

$$卸车计划兑现率 = \frac{实际卸车数}{有效卸车数} \times 100\%$$

注意：

①每列计划兑现率，以按日(班)计划规定的车次，正点到、发的列车为前提。晚点列车按全列不兑现计算。

②兑现车数系指实际到、发列车和装车内容，符合原计划内容的去向或到站的重车数、车种别空车数。

③每列计划车数与实际车数两者比较，取数字大者为分母。

④总兑现车数为逐列兑现车数之和。

⑤总计划(或实际)车数，系指每列逐项计划(或实际)车数之和，并应将停运列车的计划车数、加开列车的实际车数、装车的计划落空车数、计划外装车数一并加入。

⑥日班计划的考核，不要求逐日进行，可每旬、月抽查一天作为旬、月考核的依据。

项目七　客运调度工作

任务　客运调度工作

任务单

任务名称	客运调度工作
知识目标	掌握客运调度工作的基本内容
能力目标	能完成客运调度以及相关工作
任务描述	根据客运调度的工作内容,结合铁路运输生产实际情况完成客运调度工作
任务要求	(1)熟悉客运调度主要职责范围; (2)学会客车运用; (3)熟悉客运调度命令发布范围; (4)熟悉并掌握客运调度报告制度

相关知识

一、客运调度主要职责范围

(一)中国铁路总公司客运调度主要职责范围

(1)督促检查各铁路局客运调度工作完成情况。

(2)掌握全路客车配属、跨铁路局旅客列车编组及各铁路局客车运用情况,调用各铁路局的客车,安排路用客车的跨铁路局运用。

(3)掌握全路客流变化情况,有计划地组织大批团体旅客和行包运输,根据需要临时调整运能;确定旅客列车的停运、加开和变更编组方案;掌握各铁路局、主要站客流波动及旅客列车超员和票额利用情况。

(4)掌握国际旅客列车和跨铁路局旅客列车的运行情况,遇有晚点时,组织有关铁路局及相关部门采取措施,恢复列车正点运行,并分析晚点原因。

(5)遇有灾害或事故中断行车时,及时请示汇报,处理跨铁路局旅客列车的停运、加开、折返和变更径路等事宜。

(6)处理跨铁路局旅客列车遇特殊情况需临时停车上下人员、装卸急救物资等应急情况。

(7)组织旅客运输中的有关军事运输工作,安排新老兵运输,重点掌握与其有关的旅客列车安全正点运行情况。

(8)组织和部署专包、中央大型会议及重点任务的乘车计划,并掌握运行情况。

(9)组织指导行包运输工作。

(10)组织、落实中国铁路总公司领导交办的工作。

(二)铁路局客运调度主要职责范围

(1)监督检查站段客运工作完成情况。

(2)编制日班计划并组织实施,有计划地组织大批团体旅客和行包运输,根据客流需要,及时调整列车编组和运能,安排铁路局管内旅客列车的停运、加开,并认真监督检查和落实。

(3)监督掌握旅客列车按列车运行图安全正点运行;遇列车晚点时,加强晚点原因分析,并组织相关部门采取措施,恢复列车正点运行。

(4)遇特殊情况,管内旅客列车需临时停车上下人员、装卸急救物资时,铁路局客运调度员报值班主任批准后,由铁路局列车调度员发布临时停车命令。

(5)组织实施铁路局旅客运输中有关军事运输任务,安排铁路局管内新老兵乘车计划,重点掌握有关旅客列车安全正点情况。

(6)认真掌握本局客车配属及动态情况,调用各段的客车。组织出入厂、段客车的回送,及时收报、核对旅客列车编组、备用客车、检修车及运用客车外出情况。

(7)遇自然灾害或事故中断行车时,铁路局要及时采取措施,并提出有关旅客列车停运、加开、折返和变更径路等方案,并及时发布调度命令(跨铁路局旅客列车报部批准后发布)。

(8)收取站、车有关客运的事故概况,并及时报告中国铁路总公司客运调度和有关领导。

(9)加强与邻局协作,及时沟通信息,准确交换调度命令,认真核对留轴、挂车情况。

(10)及时向站段、客票管理所发布或转发客运调度命令,监督检查站段执行调度命令落实情况,加强与有关业务处室的信息沟通,共同做好旅客运输工作。

(11)向本部门领导汇报专运命令情况,将专运命令及时抄知本局专运办;检查落实专运及重点任务甩、挂车情况。遇有突发情况,要立即向中国铁路总公司报告并及时向专运办通报信息。

(12)组织指导做好行包运输工作。

(13)按规定正确收集客运工作概况,并及时上报;按日、月、年度积累各项统计资料,逐项进行分析。

(14)检查指导管内各站客流组织工作情况,掌握列车超员情况;对严重超员的旅客列车和车站突发的客流要及时通报有关部门,采取有效控制和疏导措施。

(三)客运计划员主要职责(含客票管理所计划员)

(1)认真执行客运调度命令,及时调整票额。

(2)搞好日常、节假日、大批团体及寒暑假学生、春运期间民工等综合客流调查,认真分析研究,根据客流的流量、流向变化情况,及时向有关领导汇报,提出加开、停运或增、减挂车辆的建议。

(3)掌握临客开行和春运、暑运及其他节假日大批团体旅客的运输;掌握入(退)伍新(老)兵及其他有关军事运输工作。

(4)认真核实各次旅客列车编组及上车人数,并将上车人数通知列车长。加强站车联系,及时了解重点旅客列车客流波动情况,虚心听取列车有关人员的意见,不断改进旅客运输组织工作。

(5)汇总旅客运输的有关资料,及时向铁路局客运调度汇报;建立健全日、旬、月,分车次、区段和节假日客流资料台账。

(6)及时收取上报临时发生的有关客运情况。

车务段(直属站)调度、客运段派班的职责,可参照客运计划员的职责执行。

二、客车运用

全路客车实行固定配属管理。运营客车,根据分级管理的原则,由客运调度员统一掌握、调动和使用。各级客运调度必须加强运营客车管理,认真掌握运用状态,经济合理地安排使用。

对于运营客车,铁路局无权作为非运营车使用。由于特殊情况作为非运营使用时,必须报中国铁路总公司批准,发现违章使用的,要追查处理。

铁路技术专用客车的使用原则:

(1)铁路技术专用客车(公务车、试验车、维修车、轨检车等)必须专车专用,不得作为其他用途,发现违章、无票、乘坐闲人或装运其他物品,发站可拒绝挂运,中途或到站要按章补费,并及时向中国铁路总公司报告。

(2)旅客列车加挂铁路技术专用客车时,必须事先提出挂运计划,中国铁路总公司配属的技术专用客车由中国铁路总公司主管的业务部门负责,经运输部同意,以运输部电报部署,铁路局客运调度协助安排;铁路局配属的技术专用客车,由铁路局主管业务部门负责,并经铁路局客运调度主任同意后(跨铁路局挂运时,须经中国铁路总公司批准),发布客运调度命令。

军用列车加挂的客车,由铁路局批准并派客运和车辆乘务员值乘,任务结束后,列车终到的铁路局军用调度要及时与客运调度沟通情况,尽快安排客车回送计划。

外属客车、新造车、出入厂客车,须及时向所属铁路局、厂、段回送。

凡回送客车顺路利用时,须经配属局确认客车技术状态良好,并由使用铁路局派乘务员值乘,但不得超过所属铁路局、段所在站。特殊情况需越过所属铁路局时,须经中国铁路总公司批准。

回送客车须经铁路局以客运调度命令准许,回送客车应在旅客列车上加挂;当旅客列车满轴或不符合编挂旅客列车条件时,可以编挂于货物列车上,同时要求始发铁路局通知终到铁路局。

整列回送客车底或同一方向的回送客车具备整列开行时,经中国铁路总公司客运调度命令准许,可加开回送空车底列车。

自备客车(邮政车除外)一律不得加挂于旅客列车,因特殊情况加挂时,须经中国铁路总公司批准,方可挂运。动车组禁止与其他列车混编。

旅客列车始发站及客车甩挂站应及时抄收旅客列车编组,并向铁路局客运调度员报告,客运调度员收报后,要认真与列车编组表核对。

旅客列车临时加挂的客车,由始发站挂到终到站时,应与列车中同一车种编挂在一起;中途加挂或甩车时,应挂于列车尾部;中途调向的旅客列车的加挂位置,由挂车所属铁路局与甩车所属铁路局商定。空调旅客列车加挂客车,途中要甩挂时,必须使用独立供电空调车或非空调车。

跨铁路局的客车借用,经中国铁路总公司批准,按调度命令执行。

客车在途中因故障甩车时,列车长和车辆乘务长应向所在车站的车辆段(列检所)办理交接手续;无车辆段(列检所)时,可与车站办理交接手续,必要时由列车长派人看车,在有条件的车站必须补挂。

跨铁路局旅客列车中的运营车辆检修到期需要入厂,又无备用车辆替换时,车辆所属铁路局必须提前20天向中国铁路总公司提报甩车计划。

客车车辆段应每日向铁路局车辆、客运调度上报《客车十八点报告》。铁路局客运调度要及时向车辆调度了解车辆运用情况,需要调动时,与车辆调度协商后安排。

三、客运调度命令发布范围

各级客运调度员发布旅客列车变更编组、加开、停运、折返及甩挂、回送检修车辆的调度命令时,应抄送给同级车辆调度;需要进行技术状态确认时,应与同级车辆调度会签。车辆调度督促铁路局、车辆段按标准整备车辆。

(一)中国铁路总公司客运调度命令发布范围

(1)旅客列车加挂中国铁路总公司所属客车;铁路局和工程局所属公务车(出入厂除外)及运营客车作为路用跨铁路局加挂。

(2)跨铁路局旅客列车加挂软卧(空车除外)和重点旅客使用的其他车辆。

(3)国际联运旅客列车临时变更编组。

(4)因特殊任务跨铁路局旅客列车临时变更编组顺序。

(5)旅客列车加挂健康快车等特殊车辆。

(6)因灾害或事故影响跨铁路局旅客列车停运、折返或变更径路。

(7)跨铁路局旅客列车的加开、停运。

(8)跨铁路局旅客列车甩挂行李车、邮政车。

(9)跨铁路局旅客列车加挂货车。

(10)调用铁路局客车和临时调用票额。

(11)根据领导的指示,需要重点部署的事项。

(12)跨铁路局动车组列车临时加开、停运和调整车底使用(定员发生变化时)一个月以内的调度命令由中国铁路总公司动车调度发布。

(二)铁路局客运调度命令发布范围

(1)转发中国铁路总公司命令,接收、转发、传递有关铁路局的命令。

(2)跨铁路局旅客列车调整编组(含临时甩、挂客车,但不得超过图定编组辆数)一个月以内(软卧车除外)及铁路局管内旅客列车临时变更编组。

(3)因灾害或事故影响,铁路局管内旅客列车的停运、折返或变更径路。

(4)铁路局管内旅客列车加开、停运。

(5)铁路局管内调用客车。

(6)铁路局管内旅客列车加挂货车。

(7)铁路局管内票额需要临时调用。

(8)准许装运超重包裹或行李车内预留货位。

(9)货物列车加挂客车。

(10)领导交办的任务和铁路局管内客运工作需要重点部署的事项。

四、客运调度报告制度

为准确掌握客运工作情况,及时处理发生的问题,车站客运计划员、客运段派班、车务段(直属站)调度、铁路局客运调度必须严格执行报告制度,除按规定上报的有关资料外,凡发生下列情况之一时必须逐级向上级客运调度报告。

(1)发生自然灾害或发生事故中断行车。

(2)发生旅客、路内客运职工伤、亡事故,由于站车设备损坏或其他原因造成人员伤亡。

(3)车站和旅客列车发生火情、火灾。

(4)旅客列车因机车、车辆发生事故造成甩车或长时间修理造成列车晚点。

(5)售票系统发生故障不能正常售票。

(6)车站和列车票款、票据被抢、被盗。

(7)进京上访人员乘车或发生群体性拦截旅客列车。

(8)站、车之间发生纠纷或其他原因影响旅客列车晚点。

(9)站、车发生意外情况,工作人员不能正常作业。

(10)因特殊原因,临时造成旅客积压,不能及时输送。

(11)因误售车票出现旅客误乘、漏乘。

(12)因错、漏传调度命令,错挂或漏挂车辆,造成旅客不能正常乘车。

(13)有关客运工作中出现好人好事的典型事例。

(14)其他需要及时上报的有关客运工作事项。

以上凡与相邻铁路局有关的命令均应抄知相邻铁路局。

项目八　调度命令的编制与下达

任务　调度命令的编制与下达

任务单

任务名称	调度命令的编制与下达
知识目标	掌握调度命令的使用情况和编制格式
能力目标	能根据调度命令的基本要求,根据运输生产情况完成调度命令的编制和下达
任务描述	根据运输生产情况,按规定编制正确的调度命令并下达
任务要求	(1)了解需要发布调度命令的情况; (2)熟知调度命令格式及发布要求; (3)学会调度命令编制

相关知识

一、需要发布调度命令的情况

指挥列车运行的命令和口头指示,只能由列车调度员发布。列车调度员在发布命令之前,应详细了解现场情况,并听取有关人员意见。遇表3-3所列情况,须发布调度命令。

命令项目及受令者　　　　　　　　　　表3-3

顺序	命 令 项 目	受令者	
		司机	车站值班员
1	封锁、开通区间		○
2	向封锁区间开行救援列车、路用列车	○	○
3	临时变更或恢复原行车闭塞法	○	○
4	双线反方向行车、由双线改为单线或恢复双线行车	○	○
5	变更列车径路	○	○
6	发出在区间内停车或由区间返回的列车	○	○
7	开往区间内岔线的列车	○	○
8	发出临时由区间内返回后部补机的列车	○	○
9	列车需临时降弓运行	○	○
10	因行车设备故障、灾害或施工,以及列车中挂有限速的机车车辆等,需要使列车临时限速运行(纳入运行揭示调度命令或本务机车、动车组自身设备原因限速时除外)	○	○
11	动车组列车空调失效需打开部分车门限速运行	○	○
12	车站使用故障按钮、总辅助按钮		○
13	超长列车或列车挂有装载超限货物的车辆	○	○
14	单机附挂车辆	○	○

续上表

顺序	命令项目	受令者	
		司机	车站值班员
15	半自动闭塞区间,超长列车头部越过出站信号机(未压上出站方面的轨道电路)发车	○	○
16	在非到发线上接发列车	○	○
17	调度日(班)计划以外,临时加开或停运列车(单机除外)	○	○
18	双线区间在区间内进行跨线装卸作业时,对开入其邻线的列车	○	○
19	双线区间在区间内有除雪机、起重机工作时,对开入其邻线的列车	○	○
20	双线区间在区间内发生冲突、脱轨、火灾、爆炸事故,对开入其邻线的列车	○	○
21	列尾装置故障(丢失)的货物列车继续运行	○	○
22	改按天气恶劣难以辨认信号的办法行车或恢复正常行车	○	○
23	动车组列车转入或退出隔离模式(被救援时除外)	○	○
24	动车组列车在列控车载设备控车和列车运行监控装置控车之间人工转换	○	○
25	临时利用本务机车调车作业	○	○
26	利用天窗施工、维修作业	○	○
27	施工、维修作业较指定时间延迟结束	○	○
28	运行揭示调度命令与实际限速、行车方式或设备不符时	○	○
29	正线、到发线接触网停电或送电(接触网倒闸、跳闸后试送电、向中性区送电或弓网故障排查除外)		○
30	正线、到发线接触网停电后准许登顶作业	○	○
31	双管供风旅客列车运行途中改为单管供风	○	○
32	列车调度员认为有必要记录的上述以外的命令	有关人员	

注:1.划○者为受令人员。
  2.天窗维修作业在指定的时间内完成并销记后,列车调度员不再发布维修作业结束恢复行车的调度命令。
  3.动车组列车改按列车运行监控装置方式运行需将列控车载设备隔离时,列车调度员仅发布改按列车运行监控装置方式行车的调度命令。
  4.因调车作业动车组控车模式转换,不发布调度命令。自动站间闭塞法行车转为半自动闭塞法行车及转回的调度命令,可不发给司机。

上述调度命令,如涉及其他单位和人员时,应同时发给。

列车调度员向司机发布调度命令时,应发给有关站段(所、室),由受令站段(所、室)负责转达。当乘务人员已出乘时,应发给列车始发站或进入关系区间前的停车站由其交付,如来不及而必须在进入关系区间前交付时,通过列车应停车交付。

对跨局的列车,接车铁路局列车调度员可委托发车铁路局列车调度员发布调度命令。更换机车或变更限速条件时,应由有关铁路局列车调度员重新发给机车所担当全区段的调度命令。途中乘务人员换班时,应将调度命令内容交接清楚。

发收调度命令时,应填记《调度命令登记簿》,指定受令人员中一人复诵,并记明发收人员姓名及时刻。使用计算机、传真机、无线传送系统发布调度命令时,命令接受人员确认无误后应及时反馈回执。在具备良好转接设备和通信记录装置的条件下,可根据中国铁路总公司有关规定,使用列车无线调度通信设备向司机发布、转达调度命令或口头指示。

二、调度命令格式及发布要求

调度命令的书面形式,如表3-4所示。

某铁路局调度所各工种调度命令号码如表3-5所示,其相关规定如下:

调 度 命 令　　　　　　　　　　　表 3-4
年　月　日　时　分　　　　　　　　第　号

受令处所		调度员姓名	
内容			

　　　　　　　　　　　　　　　受令车站　　　　　车站值班员

注：规格 110mm×160mm。

某铁路局调度所各工种调度命令号码　　　　表 3-5

命　令	命令号码	命　令	命令号码
局令	3000～3499	预留	9760～9799
违编	3600～3699	备用车	3500～3599
施工二台	3850～3999	施工一台	3700～3849
机调二台	6500～6599	机调一台	6400～6499
货调停限装	7130～7279	动车台	7100～7129
货调日计划	7530～7579	货调变更	7280～7529
客调台日计划、专运	7580～7879	客调台行包	7880～8179
特调台篷布	8180～8579	特调台自备车	8580～8679
特调台军用	8680～8999	特调台扩货	9100～9179
特调台冷藏车	9180～9279	特调台罐车	9280～9379
辆调	9380～9479	电调	9480～9579
辆调红外线	9580～9629	工务调度	9630～9679
电务调度	9680～9729	计划调度	9730～9759
集装箱调度	9800～9899	专运命令	9900～9999

1. 调度命令循环、日期、保管时限的规定

(1) 列调台、计划台、特调台篷布命令号码按日循环,如遇命令号码不够用时,在本台命令号码前加"0";其他各工种按月按分配号码循环使用。

(2) 调度命令日期的划分,以 0:00 为界。调度命令循环号码的起讫时间,以 18:00 区分。

(3) 各工种调度命令保管一年。

2. 行车调度命令卡控制度

列车调度员发布调度命令要严格按照"一拟、二审核、三把关、四发布、五回执、六复核"的程序发布。

"一拟":由列车调度员草拟。

"二审核":执行一人两次审核(CTC 调度台由列车调度员进行审核)。

"三把关":由值班主任到调度台把关并签字。

"四发布":使用计算机或电话进行发布(CTC 调度台由列车调度员进行发布)。

"五回执":计算机发布时,列车调度员要紧盯受令单位是否全部签收;电话发布时,记录收令人姓名。

"六复核":受令单位全部签收完毕后,列车调度员要使用调度电话呼出所有受令单位并指定其中一个单位复诵,复核无误后执行。

需要值班主任把关的调度命令如下所述:

(1) 动车组不能在规定的股道及基本进路上接发;

(2)旅客列车反方向运行;

(3)旅客列车变更径路;

(4)旅客列车的加开、停运、折返及车辆甩挂的命令;

(5)列车临时限速时(临时限速是指机车乘务员出乘后产生的限速);

(6)CTCS-2区段列控设置限速;

(7)改变行车办法的施工;

(8)超限货物列车运行。

三、调度命令编制

(1)封锁及开通区间,其调度命令见表3-6。

调度命令　　　　　　　　　　　表3-6

年　月　日　时　分　　　　　　　　　第　号

受令处所		调度员姓名	
内容	1.封锁区间 ＿＿＿站至＿＿＿站间＿＿＿行线因＿＿＿，自接令时(＿＿＿次列车到＿＿＿站)起(至＿＿＿时＿＿＿分止),区间封锁。 2.开通封锁区间 根据＿＿＿站报告,＿＿＿站至＿＿＿站间＿＿＿行线＿＿＿完毕,区间已空闲,自接令时起区间开通。		

受令车站＿＿＿＿　车站值班员＿＿＿＿

注:使用项内不用字句划掉,不用项圈掉该项号码。

(2)向封锁区间开行救援列车,其调度命令见表3-7。

调度命令　　　　　　　　　　　表3-7

年　月　日　时　分　　　　　　　　　第　号

受令处所		调度员姓名	
内容	3.救援列车(救援队)出动 因＿＿＿站至＿＿＿站间＿＿＿行线(＿＿＿站)发生事故,＿＿＿救援列车(救援队)立即出动。 4.救援列车开行 ＿＿＿站至＿＿＿站间加开＿＿＿次列车,＿＿＿站＿＿＿时＿＿＿分时开,按现时分办理。 5.向封锁区间开行救援列车 准许＿＿＿站开＿＿＿次列车,进入＿＿＿站至＿＿＿站间＿＿＿行线封锁区间＿＿＿km＿＿＿m处进行事故救援,将＿＿＿次列车推进(返回开＿＿＿次列车)至＿＿＿站(按事故救援指挥人的指挥办理)。 6.救援单机开行 自接令时起,＿＿＿站至＿＿＿站间＿＿＿行线区间封锁。准许＿＿＿站利用＿＿＿机车开行＿＿＿次列车进入＿＿＿km＿＿＿m处救援,将＿＿＿次列车推进(返回开＿＿＿次列车)至＿＿＿站。 7.列车分部运行 根据＿＿＿站报告,＿＿＿次列车因＿＿＿,自接令时起＿＿＿站至＿＿＿站间＿＿＿行线区间封锁。准许＿＿＿站利用＿＿＿机车开行＿＿＿次列车进入封锁区间＿＿＿km＿＿＿m处挂取遗留车辆,将＿＿＿次列车推进(返回开＿＿＿次列车)至＿＿＿站(区间限速＿＿＿km/h)。		

受令车站＿＿＿＿　车站值班员＿＿＿＿

注:使用项内不用字句划掉,不用项圈掉该项号码。

（3）临时变更行车闭塞法或恢复原行车闭塞法,其调度命令见表3-8。

调 度 命 令　　　　　　　　　表3-8
年　月　日　时　分　　　　　　第　号

受令处所		调度员姓名	
内容	8. 停用基本闭塞法,改用电话闭塞法 　　因＿＿＿,自接令时(＿＿＿次列车到＿＿＿站)起,＿＿＿站至＿＿＿站间＿＿＿行线停用基本闭塞法,改用电话闭塞法行车。 9. 恢复原行车闭塞法 　　自接令时(＿＿＿次列车到＿＿＿站)起,＿＿＿站至＿＿＿站间＿＿＿行线,恢复基本闭塞法行车。 10. 双线反方向行车(未设双线双向闭塞设备或双线双向闭塞设备故障) 　　自接令时(＿＿＿次列车到＿＿＿站)起,＿＿＿站至＿＿＿站间＿＿＿行线停用基本闭塞法,改用电话闭塞法行车。准许＿＿＿次列车在＿＿＿站至＿＿＿站间利用＿＿＿行线反方向运行,＿＿＿次列车到＿＿＿站后,恢复＿＿＿行线基本闭塞法行车。 11. 双线改单线行车(未设双线双向闭塞设备或双线双向闭塞设备故障) 　　因＿＿＿,自接令时(＿＿＿次列车到＿＿＿站)起,＿＿＿站至＿＿＿站间＿＿＿行线停用基本闭塞法,改用电话闭塞法,按单线行车。 12. 恢复双线行车(未设双线双向闭塞设备或双线双向闭塞设备故障) 　　自接令时(＿＿＿次列车到＿＿＿站后)起,恢复＿＿＿站至＿＿＿站＿＿＿行线基本闭塞法,＿＿＿站至＿＿＿站间恢复双线行车。 13. 列车反方向进入区间并运行至前方站(未设双线双向闭塞设备或双线双向闭塞设备故障)或自动、半自动闭塞发出由区间返回的列车自接令时(＿＿＿次列车到＿＿＿站)起,＿＿＿站至＿＿＿站间＿＿＿行线停用基本闭塞法,改用电话闭塞法行车。准许＿＿＿站开＿＿＿次列车(反方向)进入区间＿＿＿km＿＿＿m至＿＿＿km＿＿＿m处＿＿＿,(返回开＿＿＿次列车)限＿＿＿时＿＿＿分时前到＿＿＿站,本列到达后恢复基本闭塞法。		

受令车站＿＿＿　车站值班员＿＿＿

注:使用项内不用字句划掉,不用项圈掉该项号码。

（4）双线反方向行车或双线改单线(设有双线双向闭塞设备)和恢复双线行车,其调度命令见表3-9。

调 度 命 令　　　　　　　　　表3-9
年　月　日　时　分　　　　　　第　号

受令处所		调度员姓名	
内容	14. 双线反方向行车 　　自接令时(＿＿＿次到＿＿＿站)起,准许＿＿＿次、＿＿＿次……列车在＿＿＿站至＿＿＿站间利用＿＿＿行线反方向运行。 15. 双线改单线行车 　　因＿＿＿,自接令时(＿＿＿次列车到＿＿＿站)起,＿＿＿站至＿＿＿站间＿＿＿行线改按单线行车。 16. 恢复双线行车 　　自接令时(＿＿＿次列车到＿＿＿站后)起,恢复＿＿＿站至＿＿＿站间双线行车。		

受令车站＿＿＿　车站值班员＿＿＿

注:使用项内不用字句划掉,不用项圈掉该项号码。

(5)变更列车径路,其调度命令见表3-10。

调 度 命 令　　　　　　　　表3-10
年　　月　　日　　时　　分　　　　　　　第　号

受令处所		调度员姓名	
内容	17.准许_____次列车由原_____径路,改经_____运行,各站按现时分办理。		

受令车站_____　车站值班员_____

注:使用项内不用字句划掉,不用项圈掉该项号码。

(6)列车在区间内停车并运行至前方站(使用基本闭塞法),其调度命令见表3-11。

调 度 命 令　　　　　　　　表3-11
年　　月　　日　　时　　分　　　　　　　第　号

受令处所		调度员姓名	
内容	18.列车正方向进入区间内停车并运行至前方站 　　准许_____站开_____次列车进入_____站至_____站间_____行线_____km_____m至_____km_____m处_____,限____时____分时前到_____站(本列到达_____站后,_____站方准放续行列车)。 19.列车反方向进入区间内运行至前方站(设有双线双向闭塞设备) 　　自接令时(_____次列车到_____站)起,准许_____站开_____次入_____站至_____站间_____行线_____km_____m至_____km_____m处_____限____分前到_____站。		

受令车站_____　车站值班员_____

注:使用项内不用字句划掉,不用项圈掉该项号码。

(7)临时指定列车运行速度,其调度命令见表3-12。

调 度 命 令　　　　　　　　表3-12
年　　月　　日　　时　　分　　　　　　　第　号

受令处所		调度员姓名	
内容	20.线路临时限速 　　自接令时(____时____分,_____次列车到达_____站)起至另有命令时(____时____分)止,_____站至_____站间_____行线_____km_____m至_____km_____m处限速_____km/h。 　　_____次列车运行至_____站至_____站间_____行线_____km_____m至_____km_____m处限速_____km/h。 21.列车中挂有限速的机车、车辆 　　_____次列车在_____站挂有_____辆(台),_____站至_____站间限速_____km/h运行。 22.动车组、旅客列车车辆故障、动车组安装过渡车钩限速运行 　　根据_____报告_____次列车因空气弹簧故障(密接式车钩因故更换为15号车钩、动车组安装过渡车钩、动车组车窗破损导致车厢密封失效),限速 km/h运行。 23.自接令时(____时____分,_____次列车到达_____站)起,_____站至_____站间_____行线_____km/m至_____km/m处,恢复正常速度。		

受令车站_____　车站值班员_____

注:使用项内不用字句划掉,不用项圈掉该项号码。

(8)半自动闭塞区段使用故障按钮或自动闭塞区间使用总辅助按钮,其调度命令见表3-13。

调 度 命 令　　　　　　　　　　　　表3-13
年　　月　　日　　时　　分　　　　　　　　　　第　号

受令处所		调度员姓名	
内容	24.半自动闭塞区段使用故障按钮 　　根据＿＿＿站请求,现查明＿＿＿站至＿＿＿站间＿＿＿行线区间空闲,准许＿＿＿站使用故障按钮办理闭塞机复原。 25.自动闭塞区间使用总辅助按钮 　　根据＿＿＿站请求,现查明＿＿＿站至＿＿＿站间＿＿＿行线区间空闲,准许＿＿＿站使用总辅助按钮改变闭塞方向。		

　　　　　　　　　　　　　　　　　　　　　　　　　受令车站＿＿＿＿　车站值班员＿＿＿＿

注:使用项内不用字句划掉,不用项圈掉该项号码。

(9)列车挂有装载超限超重货物的车辆,其调度命令见表3-14。

调 度 命 令　　　　　　　　　　　　表3-14
年　　月　　日　　时　　分　　　　　　　　　　第　号

受令处所		调度员姓名	
内容	26.＿＿＿次列车挂有超限超重货物＿＿＿辆,＿＿＿站至＿＿＿站间运行条件如下: (1)限速＿＿＿km/h; (2)行经300m及其以下半径曲线,限速＿＿＿km/h; (3)进出站经侧向道岔限速＿＿＿km/h,禁止通过＿＿＿号道岔; (4)＿＿＿站至＿＿＿站间区间会车限速＿＿＿km/h,……; (5)＿＿＿站至＿＿＿站间……禁止在区间会车; (6)＿＿＿站至＿＿＿站间……禁止在区间会特快旅客列车和特快行邮列车; (7)CTCS-2区段在区间禁止与动车组、动车组检测车交会; (8)禁止接(进)入有高站台的线路; (9)各站按《站细》规定的线路接发; (10)其他要求。		

　　　　　　　　　　　　　　　　　　　　　　　　　受令车站＿＿＿＿　车站值班员＿＿＿＿

注:使用项内不用字句划掉,不用项圈掉该项号码。

(10)单机附挂车辆,其调度命令见表3-15。

调 度 命 令　　　　　　　　　　　　表3-15
年　　月　　日　　时　　分　　　　　　　　　　第　号

受令处所		调度员姓名	
内容	27.准许＿＿＿次列车在＿＿＿站挂车＿＿＿辆到＿＿＿站,尾部车辆车号＿＿＿。		

　　　　　　　　　　　　　　　　　　　　　　　　　受令车站＿＿＿＿　车站值班员＿＿＿＿

注:使用项内不用字句划掉,不用项圈掉该项号码。

(11)半自动闭塞区段,超长列车头部越过出站信号机(未压上出站方面的轨道电路)发车,其调度命令见表3-16。

（12）在非到发线上接发列车，其调度命令见表 3-17。

（13）临时加开或停运列车，其调度命令见表 3-18。

调 度 命 令　　　　　　　　　表 3-16
年　　月　　日　　时　　分　　　　　　　第　　号

受令处所		调度员姓名	
内容	28.准许_____次列车在_____站_____道_____行出站信号机开放情况下越过出站信号机发车。		

受令车站_____　车站值班员_____

注：使用项内不用字句划掉，不用项圈掉该项号码。

调 度 命 令　　　　　　　　　表 3-17
年　　月　　日　　时　　分　　　　　　　第　　号

受令处所		调度员姓名	
内容	29.在非到发线上接车 　　准许_____次列车接入_____站非到发线_____道。 30.半自动闭塞区间在非到发线上发车 　　自接令时(_____次列车到_____站)起，_____站至_____站间_____行线停用基本闭塞法，改用电话闭塞法行车，准许_____次列车在_____站非到发线_____道发车，本列到_____站后恢复基本闭塞法行车。 31.自动闭塞区间在非到发线上发车 　　准许_____次列车在_____站非到发线_____道发车。		

受令车站_____　车站值班员_____

注：使用项内不用字句划掉，不用项圈掉该项号码。

调 度 命 令　　　　　　　　　表 3-18
年　　月　　日　　时　　分　　　　　　　第　　号

受令处所		调度员姓名	
内容	32.临时停运列车 　　准许_____次列车在_____站停运，_____站至_____站间加开_____次列车，按现时分运行。 33.临时加开列车 　　准许_____站至_____站间加开_____次、_____次……列车，_____站至_____站间加开_____次、_____次……列车，按现时分运行。		

受令车站_____　车站值班员_____

注：使用项内不用字句划掉，不用项圈掉该项号码。

（14）货物列车超长、欠轴、违反列车编组计划，其调度命令见表 3-19。

调 度 命 令　　　　　　　　　表 3-19
年　　月　　日　　时　　分　　　　　　　第　　号

受令处所		调度员姓名	
内容	34.货物列车超长 　　_____次列车换长_____，准许在_____站至_____站间超长运行。 35.货物列车欠轴 　　(根据部令_____号,)准许_____次列车欠轴开车(___分时界站交车)。 36.货物列车违反列车编组计划 　　(根据部令_____号,)准许_____次列车挂有_____辆，违反编组计划开车(___分时界站交车)。		

受令车站_____　车站值班员_____

注：使用项内不用字句划掉，不用项圈掉该项号码。

(15)双线区间内进行跨线装卸作业,区间有除雪机、起重机工作,区间内发生特别重大、重大、较大事故,对开入其邻线的列车,其调度命令见表3-20。

调 度 命 令　　　　　　表3-20
年　月　日　时　分　　　　　　第　号

受令处所		调度员姓名	
内容	37.因____站至____站间____行线____km____m至____km____m处____,____次列车注意运行。		

受令车站_____　车站值班员_____

注:使用项内不用字句划掉,不用项圈掉该项号码。

(16)临时利用本务机车调车作业,其调度命令见表3-21。

调 度 命 令　　　　　　表3-21
年　月　日　时　分　　　　　　第　号

受令处所		调度员姓名	
内容	38.指定____次列车本务机车在____站进行调车作业。		

受令车站_____　车站值班员_____

注:使用项内不用字句划掉,不用项圈掉该项号码。

(17)单线半自动闭塞或双线反方向越出站界调车,其调度命令见表3-22。

调 度 命 令　　　　　　表3-22
年　月　日　时　分　　　　　　第　号

受令处所		调度员姓名	
内容	39.自接令时(____次列车到____站)起,____站至____站间____行线停用基本闭塞法,改用电话闭塞法。准许____站利用该区间越出站界调车,限____时____分前完毕,作业完毕后恢复基本闭塞法。		

受令车站_____　车站值班员_____

注:使用项内不用字句划掉,不用项圈掉该项号码。

(18)接触网停、送电,其调度命令见表3-23。

调 度 命 令　　　　　　表3-23
年　月　日　时　分　　　　　　第　号

受令处所		调度员姓名	
内容	40.接触网有计划停电 　　根据供电调度____号申请,自接令时(____次列车到____站)起,准许____站(含)至____站(含)间____行线(____km____m到____站至____站间____km____m)接触网停电。 41.接触网故障停电 　　根据供电调度____号通知,自接令时起,____站(含)至____站(含)间____行线(____km____m到____站至____站间____km____m)接触网已停电,准许进行____作业。 42.接触网送电 　　根据供电调度____号通知,____站(含)至____站(含)间____行线(____km____m到____站至____站间____km____m)接触网已恢复供电。		

续上表

受令处所		调度员姓名
内容	43.接触网故障及电力机车降弓运行 　　根据供电调度_____号通知,因接触网故障,自接令时起,_____站至_____站间_____行线(站内_____道)_____km_____m至_____km_____m处,电力机车降弓运行。 44.接触网故障修复 　　根据供电调度_____号通知,_____站至_____站间_____行线(站内_____道)_____km_____m至_____km_____m处,接触网故障修复,恢复正常运行。	

　　　　　　　　　　　　　　　　　　　　　　　　　　受令车站_____　车站值班员_____

注:使用项内不用字句划掉,不用项圈掉该项号码。

(19)施工和维修工作,其调度命令见表3-24。

调　度　命　令　　　　　　　　　　表3-24
　　年　　月　　日　　时　　分　　　　　　　　　　第　　号

受令处所		调度员姓名
内容	45.封锁区间并向封锁区间开行路用列车(适用于每端各进一列) 　　因_____站至_____站间_____行线施工,自____时____分(_____次列车到_____站)起区间封锁,限____时____分时施工完毕。 　　(1)准许工务部门在_____km_____m至_____km_____m处施工。 　　(2)准许供电部门在_____km_____m至_____km_____m处施工。 　　(3)准许_____部门在_____km_____m至_____km_____m处施工。 　　准许_____站开_____次列车,进入封锁区间_____km_____m防护点处停车,按施工负责人的指示进行作业(返回开_____次列车),限____时____分前到达_____站。 　　准许_____站开_____次列车,进入封锁区间_____km_____m防护点处停车,按施工负责人的指示进行作业,(返回开_____次列车,)限____时____分前到达_____站。 46.自动闭塞区间路用列车追踪进入区间后封锁施工 　　准许_____站开_____次列车跟随_____次列车按自动闭塞方式进入_____站至_____站间_____行线,在_____km_____m防护点处停车。_____次列车到达_____站后区间封锁。准许_____部门在_____km_____m至_____km_____m处施工,限____时____分施工完毕。_____次列车按施工负责人的指示进行作业(返回开_____次列车),限____时____分前到达_____站。 47.施工较规定时间推迟开始(提前完毕) 　　根据_____站请求,_____站(含_____道、_____号道岔)至_____站(含_____道、_____号道岔)间_____行线施工(封锁)推迟(提前)至____时____分开始(完毕)。_____次列车前发_____号运行揭示调度命令取消,运行条件如下: 　　(1)_____站(含_____道、_____号道岔)至_____站(含_____道、_____号道岔)间_____行线_____km_____m至_____km_____m限速_____km/h。 　　(2)_____站至_____站间_____行线按基本闭塞法行车。 　　(3)施工结束后设备变化情况…… 48.较规定时间施工延迟结束(提前开始) 　　根据_____站请求,准许_____站(含_____道、_____号道岔)至_____站(含_____道、_____号道岔)间_____行线施工(封锁)延迟(提前)至____时____分时结束(开始)。_____次列车前发_____号运行揭示调度命令取消,运行条件如下: 　　(1)_____站(含_____道、_____号道岔)至_____站(含_____道、_____号道岔)间_____行线_____km_____m至_____km_____m限速_____km/h。	

续上表

受令处所		调度员姓名	
内容	(2)_____站_____行进站(_____接车进路)信号停用,改按引导(手)信号接车。 (3)_____站_____道_____行出站(_____发车进路)信号停用。 (4)_____站至_____站间_____行线按_____闭塞法行车。 49.单个区间和车站维修作业 　　自_____次列车_____站出站(到达)起,准许_____站(含_____道、_____号道岔)至_____站(含_____道、_____号道岔)_____行线进行____分钟维修作业。 50.双线维修"V形天窗"作业(连续多个区间和车站) 　　_____站(含_____道、_____号道岔)至_____站(含_____道、_____号道岔)间_____行线自_____次列车各站出站或到达起,准许各站及后方区间进行____分钟维修作业。 51.维修"垂直天窗"作业 　　自接令时(_____次列车到达_____站、_____次列车到达_____站、_____次列车到达_____站……)起,_____站(含_____道、_____号道岔)至_____站(含_____道、_____号道岔)间_____行线准许各区间及站内进行____分钟维修作业。		
		受令车站_____	车站值班员_____

注:使用项内不用字句划掉,不用项圈掉该项号码。

(20)信联闭施工(采用施工特定行车),其调度命令见表3-25。

调 度 命 令　　　　　　　　　　　表3-25

年　　月　　日　　时　　分　　　　　　　　　　　第　　号

受令处所		调度员姓名	
内容	52.信联闭施工(采用施工特定行车) 　　自____时____分时(_____次列车到达_____站)起,准许_____站至_____站间_____行线_____部门施工,限____时____分施工完毕,施工期间: 　　(1)_____站_____行进站(_____接车进路)信号停用,改按引导(手)信号接车。 　　(2)_____站_____道_____行出站(_____发车进路)信号停用。 　　(3)自____时____分(_____次列车到达_____站)起_____站至_____站间_____行线停用基本闭塞法,改用电话闭塞法行车。 　　(4)有关行车凭证的交付和正线通过列车的引导按"施工特定行车"规定办理。		
		受令车站_____	车站值班员_____

注:使用项内不用字句划掉,不用项圈掉该项号码。

(21)行车设备故障,其调度命令见表3-26。

调 度 命 令　　　　　　　　　　　表3-26

年　　月　　日　　时　　分　　　　　　　　　　　第　　号

受令处所		调度员姓名	
内容	53.进站(接车进路)信号机故障时的引导接车 　　根据_____站报告,因_____站_____进站(接车进路)信号机故障,自接令时(____时____分)起,_____次(_____行)列车凭引导(手)信号运行。 54.根据_____站报告,_____站_____进站(接车进路)信号机故障已修复,自接令时起,恢复信号机原显示方式行车。 55.列车调度电话故障 　　根据_____站(_____次列车司机)报告,_____次列车本务机车列车调度电话故障(同时列尾装置停止使用),沿途各站加强监视。		

229

续上表

受令处所		调度员姓名	
内容	56.列尾装置故障或列尾主机丢失 　　根据_____站报告，_____次列车列尾装置故障（列尾主机丢失），（_____站负责吊起尾部风管），准运行至_____站，各站注意接车。 57.列尾主机回送 　　指定_____次列车携带列尾主机_____台（回送）到_____站。		

受令车站_____ 车站值班员_____

注：使用项内不用字句划掉，不用项圈掉该项号码。

（22）动车组列车列控模式转换，其调度命令见表3-27。

调　度　命　令　　　　　　　　　表3-27
年　月　日　时　分　　　　　　　第　号

受令处所		调度员姓名	
内容	58.列车将列控车载设备人工转入隔离模式 　　准许_____次列车将列控车载设备人工转入隔离模式。 59.列控车载设备由隔离模式退出，人工转换为列控车载设备方式行车 　　准许_____次列车将隔离模式退出，人工转换为列控车载设备方式行车。 60.CTCS-2级区段，列控车载设备故障（停用）转入隔离模式后，能够提供机车信号，人工转换为LKJ方式行车；CTCS-2级区段向CTCS-0/1级自动转换失败，人工转换为LKJ方式行车准许_____次列车由列控车载设备人工转换为LKJ方式行车。 61.CTCS-2级区段，列控地面设备故障，列控车载设备方式行车人工转换为LKJ方式行车 　　因_____站（_____站至_____站_____行线）列控地面设备故障，准许_____次列车在_____站_____行线进（出）站信号机前，由列控车载设备方式行车转为LKJ方式行车，列车运行到_____站_____行线进站信号机（_____行线反向进站信号机）后，由LKJ方式行车转为列控车载设备方式行车。 62.CTCS-2级区段，施工限速，列控车载设备方式行车人工转换为LKJ方式行车 　　因_____站（_____站至_____站_____行线区间）施工，准许_____次列车在_____站_____行线进（出）站信号机前，由列控车载设备方式行车转为LKJ方式行车，列车运行到_____站_____行线进站信号机（_____行线反向进站信号机）后，由LKJ方式行车转为列控车载设备方式行车。 63.由LKJ方式行车人工转换为列控车载设备行车 　　准许_____次列车由LKJ方式行车人工转换按列控车载设备方式行车。		

受令车站_____ 车站值班员_____

注：使用项内不用字句划掉，不用项圈掉该项号码。

（23）特殊情况下，不能在基本进路上接发动车组列车，其调度命令见表3-28。

调　度　命　令　　　　　　　　　表3-28
年　月　日　时　分　　　　　　　第　号

受令处所		调度员姓名	
内容	64.准许_____次列车_____站变更进路进入_____道。 65.准许_____次列车_____站变更进入_____道。		

受令车站_____ 车站值班员_____

注：使用项内不用字句划掉，不用项圈掉该项号码。

(24) 动车组列车在区间被迫停车后,准许返回后方站,其调度命令见表3-29。

调度命令　　　　　　　　　　表3-29
年　月　日　时　分　　　　　　　　第　号

受令处所		调度员姓名	
内容	66.准许＿＿＿＿次列车返回＿＿＿＿站,返回开行＿＿＿＿次列车,并将列控车载设备转入隔离模式,区间限速20km/h,按车站进站信号机显示的允许信号(引导〔手〕信号)进入＿＿＿＿站。		

　　　　　　　　　　　　　　　　　　　　　　　受令车站＿＿＿＿　车站值班员＿＿＿＿

注:使用项内不用字句划掉,不用项圈掉该项号码。

(25) 调度集中区段,由列车调度员办理接发列车,调度命令用作允许列车运行的行车凭证,其调度命令见表3-30。

调度命令　　　　　　　　　　表3-30
年　月　日　时　分　　　　　　　　第　号

受令处所		调度员姓名	
内容	67.调度集中区段,由列车调度员办理发车,调度命令用作允许列车运行的行车凭证 　(1)因＿＿＿＿站至＿＿＿＿站间＿＿＿＿行线停用基本闭塞法,现查明＿＿＿＿站至＿＿＿＿站间＿＿＿＿行线区间空闲,准许＿＿＿＿次列车由＿＿＿＿站发往＿＿＿＿站。 　(2)在＿＿＿＿站＿＿＿＿道出站(＿＿＿＿发车进路)信号机故障(未设出站信号机、列车头部越过出站〔＿＿＿＿发车进路〕信号机)的情况下,准许＿＿＿＿次列车由＿＿＿＿道发车。 　(3)在＿＿＿＿站＿＿＿＿道出站信号机显示黄色灯光的状态下,准许＿＿＿＿次列车由＿＿＿＿道通过。 68.调度集中区段,由列车调度员办理接车,调度命令用作允许列车运行的行车凭证 　因＿＿＿＿站＿＿＿＿行进站(＿＿＿＿接车进路)信号机故障,准许＿＿＿＿次列车以不超过20km/h速度越过＿＿＿＿站＿＿＿＿行进站(＿＿＿＿接车进路)信号机进入＿＿＿＿站＿＿＿＿道。		

　　　　　　　　　　　　　　　　　　　　　　　受令车站＿＿＿＿　车站值班员＿＿＿＿

注:使用项内不用字句划掉,不用项圈掉该项号码。

(26) 其他,其调度命令见表3-31。

调度命令　　　　　　　　　　表3-31
年　月　日　时　分　　　　　　　　第　号

受令处所		调度员姓名	
内容	69.改按天气恶劣难以辨认信号的办法行车 　根据＿＿＿＿报告,＿＿＿＿站至＿＿＿＿站间信号显示距离不足200m,自接令时起,改按天气恶劣难以辨认信号的办法行车。 70.TDCS系统故障停用 　因TDCS系统故障停用,＿＿＿＿站至＿＿＿＿站间自接令时起,改按人工方式办理。 71.TDCS设备恢复命令 　自接令时起,＿＿＿＿站至＿＿＿＿站间,TDCS系统恢复使用。		

　　　　　　　　　　　　　　　　　　　　　　　受令车站＿＿＿＿　车站值班员＿＿＿＿

注:使用项内不用字句划掉,不用项圈掉该项号码。

项目九　高速铁路调度工作

为确保高速铁路(以下简称"高铁")行车安全,提高运营品质,规范调度指挥工作制度和作业程序,依据《铁路技术管理规程》等有关规章规定,制定了高速铁路调度暂行规则。

高速铁路调度暂行规则适用于200km/h及以上区段高铁(不含既有线提速区段)的调度指挥工作。

高速铁路调度暂行规则明确了高铁调度组织机构、岗位设置、职责范围,规定了高铁调度日常工作必须遵循的基本原则、作业程序和相互关系,明确了高铁调度人员选拔、业务素质、教育培训、资格认证的基本条件和要求。

高速铁路调度暂行规则是高铁调度管理的基本规则和工作标准,有关部门、单位制定的涉及高铁调度的规则、细则、标准和办法,不得与高速铁路调度暂行规则相抵触。

涉及高铁运输有关部门要严格按照高速铁路调度暂行规则的规定和列车运行图要求抓好本部门工作,组织列车按图行车、安全正点。

任务一　高速铁路调度基本工作

任务单

任务名称	高速铁路调度基本工作
知识目标	掌握高速铁路调度机构设置和岗位要求
能力目标	能说明高速铁路调度机构组织结构和各个岗位的作用
任务描述	根据高速铁路运输情况,明确各个岗位的作用
任务要求	(1)组织机构及岗位设置; (2)中国铁路总公司调度指挥中心高铁调度主要职责范围; (3)高铁调度所高铁调度职责范围。

相关知识

一、组织机构及岗位设置

高铁调度按照分级管理、集中统一指挥的原则,由中国铁路总公司调度指挥中心和高速铁路调度所(以下简称"高铁调度所")构成。

中国铁路总公司调度指挥中心高铁调度设值班副处长、计划、行车、动车、客运、供电、综合维修调度台。高铁调度所高铁调度设值班副主任、计划、列车、动车、客运、供电、综合维修调度台。

高铁调度所高铁调度台按照精干、高效的原则,综合考虑调度区段的车站数量、大型客站数量、列车密度、动车基地(所)、综合维修基地数量、装备水平、供电设施布点、系统信息化程度等因素划分。

中国铁路总公司调度指挥中心、高铁调度所各工种倒班调度实行四班制。在人员配备上,除满足正常工作需要外,应有一定的预备率,以满足脱产培训、下现场、应急盯控、休假等需要。

二、中国铁路总公司调度指挥中心高铁调度的主要职责范围

中国铁路总公司调度指挥中心负责全国高铁的运输调度指挥和行车组织工作。参与高铁列车运行图的编制工作;参与全路高铁运力资源的统一安排和调配,落实跨调度所的列车开行方案调整及动车组调用工作;协调处理铁路局间、调度所间运输工作出现的问题;审批高铁动车组列车跨高铁调度所加开、停运、回送等计划,督促检查日计划实施情况;审批中国铁路总公司管理的施工日计划,组织各高铁调度所兑现施工日计划;掌握全路高铁列车安全正点情况,收集、分析晚点原因,组织有关单位(人员)恢复运行秩序;掌握全路高铁固定设备、移动设备的运用状态,及时收取、掌握铁路交通事故、自然灾害等突发事件信息,启动应急预案,通报信息、组织救援、调整运输;对高铁调度安全指挥进行监督管理和监督检查工作,维护调度纪律,正确发布调度命令,检查各有关单位执行中国铁路总公司调度命令和规章制度的情况,对造成不良后果的单位和人员进行通报批评并提出处理意见;负责全国高铁日常运输工作完成情况和调度安全监督检查情况的分析工作,抓好典型,及时总结、推广调度工作先进经验;参与高铁各工种调度规章制度的制定,检查指导全国高铁调度基础管理和技术培训工作,组织技术业务培训,不断加强和规范调度管理和队伍建设;负责高铁调度信息化统一规划,积极采用、推广先进技术和设备,促进调度指挥工作现代化;作为各高铁调度所的备用中心,必要时接管指定高铁调度所的调度指挥权,直接负责高铁的调度指挥。

(一)值班副处长的主要职责范围

(1)在值班处长的领导下,负责高铁运输生产的集中统一指挥,组织、协调、处理高铁运输生产、安全指挥工作。

(2)掌握全国高铁运输生产和重点列车运行情况,组织各工种调度,认真落实重点任务和工作。督促、检查各铁路局按方案组织运输、按列车运行图行车,协调处理运输组织中出现的问题。

(3)负责审核高铁动车组列车跨调度所加开、停运、回送等计划。

(4)组织制定并实施突发情况下高铁站车滞留旅客疏导方案,及时处置高铁站车发生的与客运服务相关的突发事件。

(5)监督检查各工种调度工作情况,及时处理发生的问题,组织完成全路高铁日常总结和分析工作。

(6)掌握全路救援列车、热备动车组列车的分布、编组等情况,负责救援列车、救援用动车组列车跨调度所调用。

(7)检查、通报全路高铁的安全情况,及时了解、掌握、通报铁路交通事故、自然灾害等情况。根据现场请求或需要,及时做出跨调度所救援列车(救援队)、救援用动车组列车出动的指示。组织、协调相关部门和单位落实应急指挥中心确定的救援和处置方案。

(8)严格执行各项规章制度,维护调度纪律,监督检查执行中国铁路总公司调度命令和有关规章制度的情况,并对违令、违章情况进行通报。对违反调度纪律,造成不良后果的,提出处理意见;完成领导临时交办的工作和任务。

（二）计划调度的主要职责范围

(1)加强与各工种调度联劳协作,组织各铁路局、高铁调度所全面完成任务。

(2)参与高铁列车运行图编制、分析工作,掌握客流变化情况,落实动车组列车开行方案。

(3)根据运输需要和高铁调度所的申请,征得客运营销部门同意后发布跨高铁调度所动车组列车临时加开、停运、途中折返、变更客运业务停站、变更定员和应急情况下的票额调整等调度命令。

(4)掌握全路动车组配属、备用及运用情况。

(5)掌握高铁各线动车组开行情况,接收各高铁调度所上报的次日列车开行计划,审核、下达跨高铁调度所日计划。

(6)遇有自然灾害及事故影响行车时,根据需要调整高铁动车组开行计划。

(7)收取各高铁调度所客运的有关资料、站车典型事例和旅客运输安全等情况。

(8)组织高铁有关军事运输工作,与客运部门共同安排新老兵运输计划。

(9)组织和部署专包、中央大型会议及重点任务的乘车计划,并掌握相关动车组运行情况。

(10)完成领导临时交办的工作和任务。

（三）行车调度的主要职责范围

(1)加强与邻台及各工种调度联劳协作,组织管辖高铁调度所、铁路局全面完成运输生产任务。

(2)及时传达贯彻上级领导指示,监督检查管辖高铁调度所、铁路局执行中国铁路总公司调度命令和规章制度情况,及时果断地处理出现的问题,严肃调度纪律,坚持集中统一指挥,维护正常运输秩序。

(3)组织并督促管辖高铁调度所、铁路局按图行车,检查、监视管辖范围内列车的运行情况,重点组织跨高铁调度所列车的安全正点,按阶段掌握动车组列车正晚点情况,实时掌握重点列车正晚点情况,分析晚点原因,对晚点列车积极组织有关单位采取措施恢复正点,提高列车正点率。

(4)掌握管辖范围内的自然灾害、气候变化、综合维修等情况,及时将安全注意事项布置有关高铁调度所。遇发生铁路交通事故、行车设备故障及自然灾害影响列车运行时,按规定及时通报有关调度台并逐级上报,积极组织救援,尽快恢复运行秩序。

(5)遇发生铁路交通事故,需跨高铁调度所出动救援列车、救援用动车组列车时,发布救援列车出动的命令,并掌握救援方案和进度。

(6)动车组需要跨高铁调度所回送、试验时,根据有关电报和高铁调度所的申请发布相关调度命令。

(7)动车组综合检测车因故临时调整运行计划时,根据高铁调度所或有关部门申请发布调度命令。

(8)完成领导临时交办的工作和任务。

（四）动车调度的主要职责范围

(1)加强与各工种调度联劳协作,组织各铁路局、高铁调度所全面完成任务。

(2)掌握全路动车组的配属、转属、借用等情况;监督检查全路动车组运用、检修、备用、热备、试运、回送等情况;及时发布相关调度命令。

(3)掌握动车组随车机械师和司机乘务信息,遇列车运行计划调整时,及时组织调整跨高铁调度所动车组随车机械师和司机乘务计划。

(4)监控全路高铁动车组运行状态,及时掌握、报告并反馈动车组运行安全信息。

(5)组织指挥对动车组运行故障进行应急处理,掌握故障处理进度,因动车组故障或其他原因影响跨高铁调度所车底正常交路时,指挥协调相关高铁调度所进行动车组车底交路调整组织工作。组织跨高铁调度所异地检修工作。

(6)动车组车底交路调整时,发布跨高铁调度所变更车底调度命令。

(7)督促相关高铁调度所对动车组运行途中故障进行入库修复、原因分析,及时收取分析报告。

(8)掌握全路各动车运用所运用检修能力及每日运用检修基本情况,检查督促各高铁调度所合理制定运用检修计划,保证动车组科学合理的检备。

(9)掌握全路动车组三、四、五级修程的检修计划,掌握全路动车组定期检修能力,督促高铁调度所按计划及时组织入、出厂(段、基地),并协调组织回送工作。

(10)掌握在厂(段、基地)动车组检修进度,对厂(段、基地)超修时检修情况进行通报,督促相关厂或铁路局进行分析、整改,根据检修能力及检修进度提出检修计划调整建议。

(11)掌握重点动车组列车的整备和始发情况,监控重点动车组列车的运行状态。

(12)负责定期对动车组各项运用检修指标进行汇总、统计、分析。

(13)完成领导临时交办的工作和任务。

(五)客运调度的主要职责范围

(1)加强与各工种调度联劳协作,组织各铁路局、高铁调度所全面完成客运任务。

(2)掌握全路动车组配属、备用、运用情况,解决各高铁调度所上报的与旅客服务相关的各类事宜,组织客运部门有计划地、均衡地输送旅客,了解主要客运站客流波动、动车组列车客票发售情况及跨高铁调度所动车组列车的运行情况。

(3)遇有灾害、事故中断行车或发生设备故障等原因造成动车组不能继续运行时,会同相关工种调度,根据相关动车组列车客票发售、动车组备用及邻近客车客流等情况,指导制定跨高铁调度所的动车组列车旅客疏导方案,协调相关单位做好列车上水、吸污、折返保洁、备品交接、餐饮供应、退票改签、旅程接续、重点旅客安排等客运服务工作。

(4)指导下级客运调度及时处置站车发生的与客运服务相关的突发事件。

(5)遇有动车组列车晚点时,通知相关工种调度,组织各部门加强协作,采取有效措施,减少晚点影响。

(6)掌握动车组列车客运乘务人员信息及动车组库内保洁计划,遇列车运行计划调整时,及时组织调整跨高铁调度所动车组列车客运乘务人员乘务计划;会同动车调度,及时组织调整动车组库内保洁计划。

(7)向各高铁调度所或直接向站车发布晚点原因、线路中断等客服信息;收取各高铁调度所客运服务相关信息。

(8)落实有关军事运输、新老兵运输、专包及中央大型会议等重点任务的乘车计划,重点掌握与其有关的动车组列车安全正点运行情况;完成领导临时交办的工作和任务。

(六)供电调度的主要职责范围

(1)加强与各工种调度联劳协作,组织各铁路局、高铁调度所全面完成运输生产任务。

(2)掌握管辖范围内牵引供电、电力设备分布及运行状况。

(3)掌握影响行车的牵引供电、电力故障和跳闸情况,督促有关部门尽快查明原因,积极组织抢修恢复。

(4)协调各高铁调度所之间的有关供电调度工作,处理有关供电信息,及时向相关部门反馈。

(5)发布跨高铁调度所、铁路局调用电力发电车(机)、变压器的调度命令,并监督实施。

(6)指导跨高铁调度所的牵引供电、电力设备故障抢修。特殊情况下调用救援力量组织跨调度所抢修。协调跨调度所的越区供电。

(7)对牵引供电、电力设备故障进行分析、总结,提出改进措施,并监督实施。

(8)完成领导临时交办的工作和任务。

(七)综合维修调度的主要职责范围

(1)加强与各工种调度联劳协作,组织各铁路局、高铁调度所全面完成任务。

(2)参与审批中国铁路总公司管理的高铁月度综合维修计划。

(3)接收、审批高铁调度所提报的中国铁路总公司管理的综合维修日计划。

(4)组织协调维修资源的调配,参与管辖范围内各高铁调度所间路用车辆运送计划的编制及实施。

(5)参与审批中国铁路总公司管理施工项目的安全技术方案(或措施)。

(6)掌握高铁重点设备维修、大修进度及改造工程的完成情况和存在问题。

(7)掌握管辖范围内基础设施维修基地设备状态及分布情况。

(8)完成领导临时交办的工作和任务。

三、高铁调度所高铁调度职责范围

在中国铁路总公司调度指挥中心的集中统一指挥下,负责对调度管辖范围内的高铁进行集中调度指挥和行车组织工作。严格执行各项规章制度和安全卡控措施,遵守和维护调度纪律,正确发布调度命令,及时处理影响行车安全的有关情况,确保调度指挥安全;负责组织管辖范围内日常运输生产,按列车运行图组织行车,加强与相邻调度所的工作联系,合理利用资源,提高铁路运输效率、效益;参与管辖范围内列车运行图编制工作,掌握客流变化情况,落实动车组列车开行方案;负责编制和下达高铁调度所调度日计划,并组织有关单位完成运输生产任务;掌握管辖范围内动车组配属、转属、借用、调动、运用、检修情况,负责管辖范围内动车组列车的临时加开、停运、途中折返、变更客运业务停站、变更定员和应急情况下的票额调整;负责编制、下达综合维修日计划,发布运行揭示调度命令、综合维修作业命令,协调组织综合维修按计划进行;负责有关客服信息的发布,制定突发情况下的客服方案并组织落实;掌握调度管辖范围内固定设备、移动设备的运用状态,检查、通报各站段安全生产情况,及时收取、上报铁路交通事故、自然灾害等突发事件信息,启动应急预案,通报信息、组织救援、调整运输;负责高铁调度所管辖范围内救援用动车组列车的出动及向中国铁路总公司调度提出跨高铁调度所救援用动车组列车、跨局救援列车出动的申请;及时收取、上报调度工作报告;检查各站段执行调度命令和规章制度的情况;对违令、违章的单位或人员,进行通报批评并提出处理意见;负责高铁调度所调度基础管理和技术培训,指导下级调度工作,不断加强和规范调度管理和队伍建设;负责配合有关部门实施高铁调度所调度信息化建设规划,积极采用、推广先进设备和技术,促进调度指挥工作现代化;负责高铁调度所日常运输工作完成情况及调度安全工作情况分析,抓好典型,及时总结、推广运输生产先进经验。

(一) 值班副主任的主要职责范围

(1) 在调度所值班主任的领导下,负责管辖范围内高铁运输生产的集中统一指挥,协调高铁各线间、高铁与既有线间的运输工作,加强与相邻高铁调度所间的工作联系,并向中国铁路总公司调度指挥中心高铁调度汇报有关工作。

(2) 严格执行各项规章、文件、电报、命令和安全管理制度。

(3) 掌握高铁列车安全正点情况,对高铁非正常行车组织、应急处置等事宜进行安全盯控。

(4) 负责审核管辖范围内高铁动车组列车加开、停运、回送等计划。

(5) 组织制定并实施管辖范围内高铁站车滞留旅客疏导方案,及时处置高铁站车发生的与客服相关的突发事件。

(6) 负责管辖范围内救援用动车组列车的调用。需要跨局调动救援列车时,向中国铁路总公司调度申请。

(7) 组织实施应急指挥中心确定的救援和处置方案;协调相关单位实施救援、抢修、抢救。

(8) 负责高铁安全信息的收集、通报。

(9) 负责中国铁路总公司调度命令申请单的审核,并督促有关工种调度转发中国铁路总公司调度命令。

(10) 审核、确定客运、动车、综合维修、计划等调度台编制的重点揭示。

(11) 根据文件、电报、有关单位申请,审核管辖范围内动车组试验运行计划。

(12) 完成领导临时交办的工作和任务。

(二) 计划调度的主要职责范围

(1) 严格执行各项规章、文件、电报、命令和安全管理制度。

(2) 参与管辖范围内列车运行图编制工作,了解客流变化,掌握管辖范围内动车组配属、备用、运用情况,落实动车组列车开行方案。

(3) 掌握相关区段综合维修计划、试验列车开行、动车组回送情况。

(4) 汇总、编制调度日计划,及时上报,接收中国铁路总公司审批下达的日计划。

(5) 与相邻高铁、既有线调度所交换日计划及有关资料。

(6) 发布动车组列车临时加开、停运、途中折返、定员变化、变更客运业务停站和应急情况下的票额调整等调度命令。跨高铁调度所时,向中国铁路总公司高铁调度提出调度命令申请。

(7) 遇非正常情况,会同相关调度调整列车开行计划(含客运业务停站股道运用计划)、动车组车底运用计划。

(8) 组织管辖范围内高铁运输中有关军事运输工作,安排新老兵乘车计划,重点掌握有关高铁动车组安全正点情况。

(9) 完成领导临时交办的工作和任务。

(三) 列车调度员(列车调度岗位)**的主要职责范围**

(1) 严格执行各项规章、文件、电报、命令和安全管理制度。

(2) 接收调度日计划,负责本调度区段行车指挥工作,编制和下达列车运行调整计划,组织并监控列车运行,调整列车运行计划和到发线使用。

(3) 负责与相邻台交换列车运行计划。

(4) 掌握管辖范围内站、段及列车的技术设备和作业过程,监视列车的运行情况、掌握重点列车运行信息,正确及时地发布与行车指挥有关的调度命令、行车凭证和口头指示。

(5) 需人工办理进路时,负责布置进路,并听取助理调度进路准备妥当的汇报,确认进路正确。

(6)转为非常站控时,负责向车站应急值守人员下达列车运行调整计划(包括车次、股道、方向、到开时刻)、布置进路并听取进路准备妥当的汇报,调度集中控制(CTC)终端能够正常显示时须与助理调度共同确认进路正确;收取列车到发时刻(能通过计算机报点的除外)。

(7)遇发生铁路交通事故、设备故障、自然灾害、防灾安全监控系统报警及列车报告异常信息等情况时,正确及时处理,通报信息,并按规定填写安监报1。

(8)掌握救援列车的分布情况,根据值班(副)主任的指示,及时发布救援列车运行的调度命令。

(9)对列控限速调度命令(数据格式)与助理调度执行"二人确认制度"。

(10)完成领导临时交办的工作和任务。

(四)列车调度员(助理调度岗位)的主要职责范围

(1)严格执行各项规章、文件、电报、命令和安全管理制度。

(2)接受列车调度员(列车调度岗位)的领导。

(3)掌握管辖范围内站、段及列车的技术设备和作业过程,监视列车的运行情况和有关安全监控设备工作情况,监控管辖各站列车进路和调车进路的排列情况。如需人工办理进路和开放信号时,根据列车调度员的指示人工办理。

(4)负责进行控制模式转换、列控限速设置、接触网有(无)电状态、线路(道岔)封锁等操作。

(5)分散自律模式下,担任调车领导人,及时编制调车作业计划,向调车指挥人和司机下达调车作业计划,并负责办理调车进路。

(6)遇使用无线传送系统发送调度命令不成功时,按照列车调度的指示使用列车调度电话向司机发布调度命令。

(7)负责列控限速调度命令(数据格式)的设置、取消及人工排列的进路,与列车调度执行"二人确认制度"。

(8)转为非常站控时,在CTC终端能够正常显示的情况下与列车调度共同确认进路正确。

(9)按列车调度的指示,负责办理综合维修、设备故障登、销记和接触网停送电签认手续,及时拟定并发布综合维修、抢修作业的调度命令。

(10)完成领导临时交办的工作和任务。

(五)动车调度的主要职责范围

(1)严格执行各项规章、文件、电报、命令和安全管理制度。

(2)掌握管辖范围内动车组的配属、转属、借用及车底到位等情况;掌握管辖范围内当日动车组运用、检修、备用、热备、试运、回送计划。

(3)根据列车开行方案编制次日动车组车底运用计划和动车司机乘务、接车地点计划,组织管辖范围内有关单位落实日计划。

(4)掌握日常动车组随车机械师和司机乘务信息,遇列车运行计划变更时,相应调整随车机械师和司机乘务计划。

(5)监控管辖范围内高铁动车组运行状态,及时掌握、报告并反馈动车组运行安全信息。

(6)动车组发生运行故障时,组织指挥随车机械师及其他有关人员对动车组故障的应急处理,掌握故障处理进度。督促管辖范围内有关单位对动车组运行故障进行入库修复、原因分析,及时收取分析报告。

(7)因动车组故障或其他原因影响管辖范围内车底正常交路时,组织车底交路调整、热备启用工作。

(8)动车组出、入库晚点时,负责组织车底运用、检修的调整工作。

(9)动车组临时需要异地检修时,指挥协调有关单位实施,需跨高铁调度所检修时,上报中国铁路总公司动车调度。

(10)审核动车基地(段)提报的动车组变更车底、回送申请。发布管辖范围内更换动车组车底调度命令,跨高铁调度所时,负责向中国铁路总公司动车调度申请调度命令。

(11)掌握管辖范围内各动车运用所运用检修能力及每日运用检修基本情况,检查督促管辖范围内有关单位制定运用检修计划,保证动车组科学合理检备。

(12)参与编制并落实动车组三、四、五级修程的检修计划,掌握动车组检修进度,协调组织回送工作。

(13)督促相关铁路局有关单位对重点动车组列车进行整备,掌握出库、始发情况,并监控动车组列车的运行状态。

(14)负责对管辖范围内动车组运用检修情况进行定期汇总、统计、分析,并及时上报。

(15)完成领导临时交办的工作和任务。

(六)客运调度的主要职责范围

(1)严格执行各项规章、文件、电报命令和安全管理制度。

(2)掌握管辖范围内动车组配属、备用、运用情况,解决站车上报的与旅客服务相关的各类事宜,组织站车有计划地、均衡地输送旅客,了解管辖范围内高铁客票发售情况、主要客运站客流波动、动车组列车席位利用及动车组列车的运行情况。

(3)遇有灾害、事故中断行车或发生设备故障等原因造成动车组不能继续运行时,会同相关工种调度,根据相关动车组列车客票发售、动车组备用及邻近客车车内人数等情况,制定旅客疏导方案、发布客服调度命令,指导相关单位做好列车上水吸污、折返保洁、备品交接、餐饮供应、退票改签、旅程接续、重点旅客安排等客运服务工作。

(4)及时处置高铁站车发生的与客运服务相关的突发事件。

(5)遇有动车组列车晚点时,加强与相关工种调度的联系,组织各部门加强协作,采取有效措施,减少晚点影响。

(6)及时告知站车列车晚点原因、线路中断等客服信息,收取各站段客运服务相关信息。

(7)掌握动车组列车客运乘务人员信息及动车组库内保洁计划,遇列车运行计划调整时,及时组织制定客运乘务计划,会同动车调度,及时组织调整动车组库内保洁计划。

(8)落实有关军事运输、新老兵运输及中央大型会议等重点任务的乘车计划,重点掌握与其有关的动车组列车安全正点运行情况。

(9)掌握高铁重点运输情况,协助列车调度员做好列车运行组织和调整。遇有突发情况,立即向中国铁路总公司报告。

(10)向本部门领导汇报专运命令情况,将专运命令及时抄知相关专运办;检查落实专运及重点任务准备情况。

(11)负责动车组列车正晚点统计、分析和上报工作;及时记录收集、整理分析客服方面存在的各类问题,提出改进意见。

(12)完成领导临时交办的工作和任务。

(七)供电调度的主要职责范围

(1)严格执行各项规章、文件、电报、命令和安全管理制度。

(2)掌握管辖范围内牵引供电、电力设备分布情况;掌握主要设备技术状态和变(配)电所电源及负荷情况;掌握管辖范围内涉及牵引供电、电力设备的综合维修作业情况;了解管辖范围内列车运行情况。

(3)监测牵引供电、电力系统的运行情况,根据需要及时调整供电方案,合理组织供电系统运行。

(4)负责供电系统远动开关的操作,正确下达倒闸和作业命令,批准在供电设备上的停、送电作业。

(5)按规定与列车调度员办理停、送电签认手续。

(6)掌握管辖范围内各有关单位、班组的值班情况、交通机具状态。

(7)掌握供电设备大修、维修、更新改造进度及完成情况,参与牵引供电、电力远动系统联调联试和验收,审核相关的施工方案,提高综合维修计划的兑现率。

(8)核对与牵引供电、电力设备检修和停、送电等有关日计划,并按批准的计划组织实施。

(9)参与有关调度协议的签订。接受地方电力公司的停、送电命令。当外部电源非正常时,迅速与电力部门联系处理。

(10)发生牵引供电、电力设备故障时,应立即启动抢修预案、通报信息,组织抢修。

(11)正确处置安全监控系统的报警信息。

(12)完成供电检修天窗的各种统计及运行报表的分析工作。协助列车调度员完成供电设备非正常状态下的指挥工作。

(13)完成领导临时交办的工作和任务。

(八)综合维修调度的主要职责范围

(1)严格执行各项规章、文件、电报、命令和安全管理制度。

(2)参与审批月度综合维修计划和有关施工项目的安全技术方案。

(3)负责合理安排高铁工务、电务、供电等固定设施、设备的综合维修作业计划。

(4)掌握综合维修系统的基础信息,接收综合维修计划和路用列车开行申请,协调各设备管理单位合理利用综合维修天窗,编制、上报、下达高铁综合维修日计划和运行揭示命令,提前拟写综合维修作业调度命令。

(5)加强与各工种调度及作业单位的联系,了解各单位作业前准备情况,掌握综合维修作业进度,协调处理综合维修作业结合部存在的问题,做好综合维修作业及动车组确认列车检查信息的收集工作。

(6)完成领导临时交办的工作和任务。

任务二　高速铁路调度日常工作

 任务单

任务名称	高速铁路调度日常工作
知识目标	掌握调度日计划内容和日常运输组织工作
能力目标	能按照规章要求完成调度日计划和日常运输组织工作
任务描述	根据运输生产情况,按规定完成调度日计划和日常运输组织工作
任务要求	(1)调度日计划工作; (2)日常运输组织工作

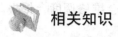相关知识

一、调度日计划工作

指挥列车运行的命令和口头指示,只能由列车调度员发布。列车调度员在发布命令之前,应详细了解现场情况,并听取有关人员意见。

(一)调度日计划

调度日计划是高铁日常运输组织工作的基础,包括列车开行计划和综合维修计划。日计划是0:00~24:00一日内的运输工作计划。

调度日计划编制的主要依据如下:

(1)基本列车运行图(包括分号列车运行图)。

(2)有关文件、电报、调度命令。

(3)动车组运用(车型、组数)、检修计划及回送申请。

(4)月度施工计划(含临时文电批复的)及主管业务处提报的施工计划、路用列车开行、设备维修作业计划申请。

(二)列车开行计划的编制

1. 主要内容

(1)各站列车开行车次。

(2)临时定点列车始发站、终到站及沿途客运业务停站发、到时分,股道运用计划。

(3)开行列车所对应的车组(型号、重联)、动车组车底运用方案及库内保洁计划,路用列车开行计划。

(4)重点事项。

2. 编制流程

(1)计划调度员每日9:00前根据基本运行图(包括分号列车运行图)及相关文件、电报、调度命令确定次日动车组开行方案,转交动车调度员、相关调度所和相关机务段、动车基地(段)、客运段。

(2)动车调度员12:00前将已落实司乘计划的动车组车底运用方案(含热备车)及重点事项,转交计划调度员。

(3)综合维修调度员12:00前将路用列车运行计划,转交计划调度员纳入日计划。

(4)计划调度员13:00前与相关调度所交换动车组开行计划。

(5)14:00前形成全日列车开行计划及重点事项。

(三)施工计划编制内容、流程

1. 施工计划内容

(1)施工编号、等级、项目。

(2)施工日期、作业内容、地点(含线别、区间、车站、行别、里程)和时间。

(3)施工限速、行车方式变化及设备变化。

(4)施工单位(含配合单位)、施工负责人。

(5)路用列车进出区间方案。

(6)区间及站内装卸路料计划。

2. 施工计划编制和下达流程

(1)施工单位于施工前3日将施工计划申请报所在铁路局主管业务处,经所在铁路局主

管业务处审核(盖章)后,于施工前 2 日 9:00 前向调度管辖权的调度所综合维修调度台提报施工日计划申请。

(2)综合维修调度台将施工日计划申请与月度施工计划进行核对,同时将Ⅰ级施工和中国铁路总公司管理施工项目的施工计划申请于施工前 2 日 15:00 前报中国铁路总公司调度指挥中心。中国铁路总公司核准后于施工前 2 日 18:00 前反馈调度所,综合维修调度台据此编制施工日计划。

(3)因运输原因不能安排施工计划时,须经调度管辖权的铁路局主管运输副局长(总调度长)同意。

(4)编制的施工日计划经调度管辖权的调度所主任(副主任)审核后,纳入调度日计划。

(5)综合维修调度员于施工前 1 日 12:00 前将施工日计划传(交)计划调度台、列车调度台、供电调度台及设备管辖局主管业务处,有关机务段、车务段(直属站)。设备管辖局主管业务处负责通知施工单位(含配合单位、设备管理单位),车务段(直属站)负责通知相关车站。

(6)Ⅰ级施工和中国铁路总公司管理施工项目的施工日计划,综合维修调度台于施工前 1 日 15:00 前报中国铁路总公司调度指挥中心。

(7)施工日计划下达后,不得随意取消施工日计划(项目)。因特殊原因临时取消时,须经高铁调度所管辖铁路局主管运输副局长(总调度长)批准(Ⅰ级施工和中国铁路总公司管理施工项目还须报中国铁路总公司批准),并制定确保行车安全的具体办法和措施后,以调度命令办理取消(含取消或重新发布运行揭示调度命令)。

3. 维修计划编制内容、流程

(1)维修计划内容:作业项目、地点、时间、配合作业单位、影响范围、路用列车进出区间方案等。

(2)维修计划编制流程:

设备管理单位于综合维修作业前 2 日向本局主管业务处申报计划,主管业务处审核后于综合维修作业前 1 日 9:00 前报有调度管辖权的调度所综合维修调度台,综合维修调度台负责编制维修作业日计划。

综合维修调度台于维修作业前 1 日 12:00 前将维修计划传(交)计划调度台、列车调度台、供电调度台及设备管辖局主管业务处、车务段(直属站)。设备管辖局主管业务处负责通知作业单位(含配合单位),车务段(直属站)负责通知相关车站。

维修日计划下达后,不得随意取消维修日计划(项目)。因特殊原因临时取消时,须经高铁调度所管辖铁路局主管运输副局长(总调度长)批准,以调度命令办理取消。

因特殊原因需临时增加维修作业时,由设备管理单位申报、主管业务处审核,经高铁调度所管辖铁路局主管运输副局长(总调度长)批准后,交调度管辖权的调度所临时纳入维修作业计划,并组织实施。

(四)日计划的下达和执行

(1)计划调度于 14:00 前将日计划报高铁调度所主任(副主任)。调度所主任(副主任)审核并报中国铁路总公司审批后,于 15:00 前下达给有关单位、调度台。

(2)各单位接到日计划后,根据计划认真组织好本部门的工作,确保计划的兑现。

(3)综合维修日计划的编制、下达按《高速铁路调度暂行规则》规定执行。

二、日常运输组织工作

高铁与既有线间的联络线的行车调度指挥纳入高铁调度指挥。

(一)影响高铁列车安全和正常运行的信息报告

1.基层单位向高铁调度所的信息报告

集控站有关行车工作由列车调度台负责,相关人员直接向列车调度员报告有关行车工作。列车运行途中,随车机械师、列车长遇影响列车运行的有关事项,通过司机向列车调度员汇报。

高铁发生铁路交通事故、设备故障及其他影响行车安全的突发情况时,有关单位(人员)应立即向有调度指挥权的高铁调度所列车调度台汇报。

当综合维修作业不能按计划结束时,作业负责人应提前30min向列车调度员汇报。

发生影响旅客服务的突发情况,车站由站长、客运值班员及综控室值班员,列车由列车长及时向客运调度员汇报。

客运段每3小时向客运调度汇报客运乘务计划和库内保洁计划落实情况,发生变化,及时汇报。

动车基地(段)、动车所、机务段调度员每3小时向动车调度员汇报车底运用、备用、检修、乘务计划落实情况,发生变化,及时汇报。

2.高铁调度所向中国铁路总公司调度指挥中心信息报告

每日9:00(21:00)前,值班(副)主任报告接班后的管辖范围内运输情况,日计划开行列车对数、重点事项。

高铁调度所各工种调度每3小时向中国铁路总公司调度指挥中心所属各工种调度上报各项规定的内容。

动车组列车需临时停车上下人员应立即上报。

安全情况和重要事项应随时报告。

注:当上级调度向下级调度和站段了解有关运输情况时,有关人员应及时认真汇报。

(二)动车组列车调整

1.临时有计划加开、停运、定员变化或变更客运业务停站时

(1)有关铁路局客运、车辆、机务部门确定方案,于客票预售期前2日(加开或对已发售客票不影响时,需在列车开行前2日)向高铁调度所计划调度台提出申请。

(2)高铁调度所计划调度台审核后,向有关单位发布调度命令,并抄送相关铁路局客运处(客票管理所)、客货统计所、调度台;跨高铁调度所时,须经中国铁路总公司高铁计划调度台与客营部门协商同意后以调度命令批准。

2.遇突发情况需临时加开、停运、定员变化、途中折返、变更客运业务停站时

(1)高铁调度所根据运输需要,商相关部门确定方案,由计划调度台向相关铁路局客运处(客票管理所)和客运段发布调度命令,并抄送动车、客运调度台,客货统计所。

(2)动车调度台依据计划调度台的调度命令向相关动车基地(段)、机务段发布动车组车底运用调度命令。

(3)涉及反编组、席别顺位变化等影响旅客乘降组织的,客运调度台还应转发至相关车站。

(4)跨高铁调度所时,须经中国铁路总公司高铁计划调度台以调度命令批准。

3.变更车底

(1)动车基地(段)向高铁调度所动车调度台提出申请。

(2)动车调度台审核并与计划调度台协商后,向动车基地(段)、机务段等单位发布调度命令,并抄送客运调度台;客运调度台负责转发至相关客运段和客票管理所,涉及反编组、席别顺位变化等影响旅客乘降组织的,客运调度台还应转发至相关车站。

(3)跨高铁调度所或使用外属动车组担当交路时,须经中国铁路总公司动车调度台批准。

4. 动车组列车的回送

(1)动车组回送经路、运行条件有特定要求时,相关专业部门以电文形式明确。

(2)高铁调度所动车调度台根据动车基地(段)、造修单位提交的书面回送申请,依据相关电文、检修计划、运用交路调整及检修方案,审核后提交值班副主任批准(跨高铁调度所回送时向中国铁路总公司申请),计划调度台负责纳入日计划。

(3)调度管辖权管理的动车组在担当区段内运用交路调整、检修(故障时)调整产生的空载运行来不及纳入日计划时,经动车调度台确认、值班副主任审核后,由列车调度台发布调度命令。

(4)跨高铁调度所时,动车调度台向中国铁路总公司动车调度台申请,中国铁路总公司动车调度台审核(无动力回送时须经机车调度台会签),交中国铁路总公司行车调度台发布调度命令。沿途各调度所值班(副)主任根据中国铁路总公司调度命令组织相关工种调度纳入日计划交接。

5. 试验列车的开行

(1)试验单位根据有关文电,会同相关部门确定方案,向高铁调度所值班副主任提出申请,涉及跨高铁调度所试验列车开行时,由高铁调度所值班副主任向中国铁路总公司行车调度台提出申请。

(2)中国铁路总公司行车调度台根据试验单位或高铁调度所提报申请,经领导批准后,发布跨高铁调度所试验列车运行命令。

(3)高铁调度所管辖范围内开行试验列车时,高铁调度所值班副主任根据有关文电及试验单位提报的申请,报调度所副主任批准后,交计划调度台纳入日计划。

6. 遇特殊情况,需临时调整动车组综合检测车运行时

(1)动车组综合检测车主管单位确定方案,向中国铁路总公司调度指挥中心提出书面申请。

(2)中国铁路总公司行车调度台根据领导批示,发布动车组综合检测车运行调整(2日内)的调度命令。

(3)动车组综合检测车主管单位及时发布动车组综合检测车后续开行调整方案的电报。

任务三 高速铁路调度的人员要求与安全工作

任务单

任务名称	高速铁路调度的人员要求与安全工作
知识目标	掌握调度人员规定和调度安全原则
能力目标	能进行调度人员的选拔,并按照安全规定完成调度工作
任务描述	根据运输生产情况,选择合适的调度人员,并组织相关人员安全规定完成调度工作
任务要求	(1)高速铁路调度的人员要求; (2)高速铁路调度安全工作

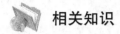 **相关知识**

一、高速铁路调度的人员要求

(一)高铁调度员基本素质要求

(1)学历要求:高铁调度所调度员须有大专(第一学历为全日制中专及以上)及以上文化程度;中国铁路总公司调度指挥中心调度员须有全日制本科及以上文化程度。

(2)专业要求:高铁调度所列车调度员由运输、机务相关专业毕业,定职后现场工作满2年;其他相关专业毕业的须在运输、机务工作岗位定职后现场工作满3年。其他工种调度员由相关专业毕业,定职后现场工作满2年。

(3)年龄要求:列车调度员初任年龄一般在35岁以下。其他调度员初任年龄一般在40岁以下。

(4)工作经历:高铁调度所列车调度员从事既有线列车调度员或高铁动车组司机工作不少于2年;动车调度员从事动车组检修、运用现场工作或动车组司机工作不少于2年;客运调度员从事高铁列车长、客运值班员、客运计划员或既有线调度员工作不少于2年;其他调度员应从事既有线调度员工作不少于2年。

(5)任职资格:取得高铁调度员合格证。

(6)职业道德:遵章守纪、爱岗敬业、服从指挥、团结协作。

(二)列车调度台调度员基本技能要求

(1)掌握列车运行图的有关规定。

①掌握列车运行图技术标准。

②熟知本区段列车种类、车次、时分。

(2)掌握有关规章制度。

①熟知《铁路技术管理规程》、《铁路交通事故调查处理规则》及客运专线规章的有关规定。

②熟知本岗位的作业内容、标准及职责、权限。

③熟知本区段有关规定、作业限制、联系制度。

④占用正线、到发线及越出站界调车、越区转场作业的规定。

⑤停止调车作业、开放信号的时机和取消进路的规定。

⑥禁止机车车辆停留地点及特殊车辆停留的规定。

⑦设备检修、施工的有关规定。

⑧铁路交通事故分类及内容,事故通报方法,事故救援的有关规定。

(3)掌握计算机操作的有关知识。

①熟知本调度台CTC系统和有关计算机系统操作方法。

②熟知本调度台有关计算机应用软件的使用方法。

(4)掌握本区段固定设备和移动设备的情况。

(5)核对、录入与修改列车信息,编制和调整列车运行计划。

(6)通过CTC系统熟练操纵信号、道岔等行车设备。

(7)办理行车闭塞和列车预告的有关规定。

(8)临时限速的设置及取消。

(9)掌握正常情况下接发列车、调车作业流程。
(10)按规定组织、监控列车安全、正点运行。
(11)熟知防灾安全监控系统报警、预警时的处理流程和方法。
(12)掌握非正常情况下接发列车的有关规定。
(13)按规定组织事故救援、灾害抢险。
(14)熟知交接班制度及内容,并正确执行。

(三)培训考核要求

(1)既有线列车调度员转高铁列车调度员培训不少于3个月,其中安全、专业理论脱产培训不少于1个月,跟班学习不少于2个月;其他新选拔的高铁调度员培训时间不少于6个月,其中安全、专业理论脱产培训不少于1个月,跟班学习不少于5个月。

(2)在岗高铁调度员每年须按规定参加脱产适应性培训,每年脱产培训时间不少于15天。对新技术、新设备、新方法、新规章培训应随时进行。

(3)每次培训后须按规定组织考试考核,合格者方能继续上岗。

(4)新职高铁调度员(含转岗)由中国铁路总公司人事和调度部门组织培训、考试、考核,取得中国铁路总公司颁发的高铁调度员合格证后方准上岗。

(5)在岗高铁调度员每年由人事和调度部门组织持证上岗考试、考核,合格者方能继续上岗。

为提高调度人员组织指挥水平,加强高铁各级调度之间、调度与站段之间有关人员的工作联系,各级调度人员每季度深入现场应不少于一次,熟悉设备、人员情况,交换工作意见,改进工作作风,解决好日常运输安全生产中存在的问题。

深入现场前要有计划,返回要有报告。深入现场的活动可采取添(登)乘机车(动车组)、召开座谈会、联劳会、同班会、跟班劳动,专题调查研究等多种形式。

调度人员持机车(动车组)添(登)乘证,添(登)乘机车、动车组,并准许在乘务员公寓食宿。

中国铁路总公司、高铁调度所所在地铁路局应分别建立培训基地,培训基地应建立健全培训设施,满足高铁调度员培训需求。

高铁调度员实行等级制度,每年组织一次等级认证。

高铁调度所及相关铁路局应建立完善高铁检查、分析、考核、责任追究制度。

二、高速铁路调度安全工作

行车工作必须严格执行单一指挥的原则。列车调度员是一个调度区段行车的统一指挥者,有关行车人员必须执行列车调度员的命令、指示,不得违反。

列车调度员应熟悉主要行车人员和动车组、机车、车辆、线路、桥隧、通信信号、牵引供电等设备情况,掌握天气变化对行车工作影响的规律,组织行车有关人员协调动作,保证列车按列车运行图正点运行。

(一)调度指挥必须坚持安全生产,各级调度人员应做好以下工作

(1)熟悉有关站段及列车的技术设备、作业过程、各项技术作业标准及各站接发列车的有关规定,正确地指挥列车运行。

(2)值班中要精力集中、坚守岗位、严格遵守规章制度,及时正确处理问题。

(3)遇有临时限速、设备故障、综合维修作业、铁路交通事故等情况的处理,列车调度员要严格遵守有关规定,值班(副)主任应加强检查。

(4)当得到现场关于列车、线路等出现危及行车安全的报告时,应及时指示有关人员立即停车,查明情况,妥善处理。

(5)中国铁路总公司调度指挥中心、高铁调度所高铁调度在组织指挥日常运输工作中,应及时正确发布与运输有关的调度命令,下级调度以及行车有关人员必须坚决执行。

(二)发布调度命令的基本规定

(1)调度命令发布前,应详细了解现场情况,听取有关人员的意见,书写命令内容、受令处所必须正确、完整、清晰。

(2)采用计算机发布调度命令时,必须严格遵守"一拟、二审核(按规定须监控人审核的)、三签(按规定须领导、值班副主任签发的)、四发布、五确认签收"的发布程序,受令人必须认真核对命令内容并及时签收。

(3)采用电话发布调度命令时,必须严格遵守"一拟、二审核(按规定须监控人审核的)、三签(按规定须领导、值班副主任签发的)、四发布、五复诵核对、六下达命令号码和时间"的发布程序办理。发布、接收调度命令时,应填记《调度命令登记簿》,并记明发收人员姓名及时刻。

(4)中国铁路总公司规定的"常用行车调度命令基本用语"以外确需发布行车调度命令的事项,由铁路局(跨高铁调度所由相关铁路局联合发文)制定"补充行车调度命令用语"。

(5)采用常用行车调度命令用语拟写的命令,计算机编辑时"用语"中未用到的字句删除,书面拟写时"用语"中未用到的字句圈掉。

(6)调度命令书写不正确时,应重新书写。

(7)已发布的调度命令,遇有错、漏或变化时,必须取消前发命令,重新发布全部内容的调度命令。

(8)使用调度命令无线传送系统向司机发布书面调度命令时,司机应及时签认接收。确认签收后,对内容无疑问时,司机不再与列车调度员核对,但对其内容有疑问时,须立即向列车调度员询问。

(9)发布运行揭示调度命令,不准夹带与受令处所无关的内容和命令。

(10)发布有关线路、道岔限速的调度命令,必须注明具体地点(包括站内线别、道岔号码)、起止里程及时间。发布事故救援命令中有关线路、道岔必须注明里程。

(11)指定时间段内的综合维修作业,在综合维修作业完毕销记后,列车调度员不再发布综合维修作业结束恢复行车的命令。如需延长作业时间须列车调度员发布调度命令批准。

(三)发布行车调度命令的规定

(1)指挥列车运行的命令和口头指示,只能由列车调度台发布。

(2)发布行车调度命令,要一事一令,不得发布无关内容。一事一令是指对一个独立事件发布一个命令,该独立事件包括单因素事件和多因素事件两类。单因素事件是指不与其他工作发生关联的简单事件;多因素事件是指涉及两项及其以上工作内容,且因此及彼、因果相关、时间相连的复杂事件,可发布一个调度命令。

(3)交付调度命令的规定:具备调度命令无线传送系统的,应使用调度命令无线传送系统向值乘司机发布调度命令。在无线传送系统故障的条件下,可使用列车调度电话向列车司机发布调度命令,司机接到命令后,须与列车调度员核对。

(4)使用"常用行车调度命令用语"发布行车调度命令时,涉及限速内容须一并下达(司机事先已有限速调度命令除外)。

(5)遇大风,列车调度员按防灾安全监控系统报警提示发布限速调度命令,遇某一时段风速不稳或某一地段多处风速报警,造成频繁发布限速调度命令和设置、取消列控限速时,经值班(副)主任批准,列车调度员在某一时段或地段按最低限速值发布限速调度命令,并及时设置列控限速。

(6)在同一处所(地段),当多个部门、防灾安全监控系统提出的限速要求不一致时,列车调度员按最低限速值发布限速调度命令、设置列控限速。

(7)来不及发布限速调度命令、设置列控限速时,发布口头指示通知司机限速,司机按列车调度员通知的限速要求运行。

(四)发布综合维修作业调度命令的规定

(1)综合维修作业调度命令是指作业当日由列车调度台发布的准许综合维修作业开始等与实际综合维修作业有关的调度命令。

(2)综合维修调度台负责拟写次日综合维修作业调度命令,经一人拟写、另一人核对后,传(交)列车调度台。

(3)列车调度台根据综合维修作业日计划及开始作业的请求,发布准许进行综合维修作业调度命令。

(4)综合维修作业完毕后,列车调度台根据作业完毕的签认,确认放行列车条件,恢复办理行车工作。

(5)施工开通后有第1、2、3……列限速要求的列车,由列车调度台发布调度命令。

(6)因施工延迟或其他原因造成与运行揭示调度命令不符时,列车调度员须在取消前发运行揭示调度命令的同时,向有关司机、施工负责人重新发布全部内容的调度命令;相符时仍按前发运行揭示调度命令执行。

(五)发布运行揭示调度命令的规定

(1)运行揭示调度命令是指由综合维修调度台编制的涉及限速、行车方式变化和设备变化的调度命令。

(2)综合维修调度台依据施工日计划和主管业务处提报的灾害、故障涉及限速、行车方式变化的申请及"常用运行揭示调度命令基本用语"编制运行揭示调度命令,命令中未用到的字句删除。

(3)中国铁路总公司发布的"常用运行揭示调度命令基本用语"未涉及的项目,铁路局(跨高铁调度所由相关铁路局联合发文)制定"补充运行揭示调度命令用语"。

(4)运行揭示调度命令内容应包括"时间、地点、因由、速度、行车方式变化、设备变化"六要素。

(5)运行揭示调度命令须一人拟写、另一人核对,施工调度室主任(副主任)、调度所副主任逐级审核签字,于施工前1日12:00前发布至有关机务段、主管业务处,传(交)列车调度台。主管业务处转交施工单位。

(六)发布供电调度命令的有关规定

(1)供电调度员发布命令后,受令人应复诵,供电调度员确认无误后,方可给予命令编号、批准时间。

(2)供电调度员向一个受令人同时只能发布一个命令,该命令完成后方可发布第二个命令。

(七)临时限速调度命令的管理

(1)发生灾害、设备故障等影响行车的突发情况(含施工开通后未达到规定的放行列车条件),列车调度员应立即采取应急处置措施,发布限速调度命令,设置列控限速,通知综合维修调度台,并向值班副主任汇报。

(2)登记限速单位对于当日天窗结束未取消或登记限速单位不能答复预计取消(变更限速条件)时间的临时限速,应向主管业务处提报限速申请,主管业务处审核后提报给综合维修调度台,综合维修调度台发布运行揭示调度命令。

(3)列车调度员确认在途司机均已收到运行揭示调度命令后,方可不再向司机发布限速调度命令。

(4)经整治需要变更已纳入运行揭示管理的限速时,设备管理部门应及时登记,同时向本铁路局主管业务处提出新的限速条件(或恢复常速)申请,综合维修调度台根据主管业务处提出的申请,重新发布运行揭示调度命令。列车调度员确认司机仍持有原限速运行揭示调度命令后,向在途列车发布取消原运行揭示调度命令、按新的限速条件(或恢复常速)运行的调度命令。

(八)下列调度命令须经值班(副)主任批准

(1)列车反方向运行。

(2)临时抢修作业。

(3)出动轨道车临时处理故障。

(4)动车组列车因特殊情况需在不停车站或在区间(抢险、抢修)临时停车上下人员。

(5)在非固定到发线接发办理客运业务的动车组列车。

(6)启用热备动车组。

对跨调度所(调度台)的列车,接车调度所(调度台)列车调度员可委托邻所(调度台)列车调度员发布调度命令,委托调度所(调度台)要将需转发调度命令号码和内容发给邻所(调度台),受委托调度所(调度台)将受令情况向委托调度所(调度台)列车调度员通报。

遇调度命令需跨高铁调度所(台)执行时,发布调度命令的列车调度员须发布给列车担当全区段的调度命令,需要列车运行前方各调度指挥区段掌握和执行的调度命令,还应将调度命令抄知相关调度台。

(九)遇下列情况,高铁列车调度员不发布调度命令

(1)列车控制系统第三级(CTCS-3级)方式人工转换为列车控制系统第二级(CTCS-2级)方式行车时。

(2)对司机报告或司机转报的因动车组自身车辆设备故障需限速时。

(3)在分散自律模式下,不涉及衔接既有线车站及区间的封锁、开通线路。

(4)综合维修作业结束。

(5)旅客列车在技术停车站(不办理客运业务和技术作业)临时变更通过。

(十)高铁调度命令号码

高铁调度命令号码的编制应按不同工种分别规定。高铁调度所行车调度命令按日循环,运行揭示调度命令及其他专业调度命令按月循环;中国铁路总公司高铁各工种的调度命令按月循环(其中中国铁路总公司高铁日计划命令按年循环)。调度命令日期的划分,以0:00为界。调度命令循环号码的起止时间,以0:00区分;各级调度命令应保管一年。

中国铁路总公司高铁调度命令号码分为:

(1)日计划命令号码5001~5399。

(2)行车调度命令号码 5401～6499。
(3)计划调度命令号码 6501～7499。
(4)客运调度命令号码 7501～7799。
(5)动车调度命令号码 7801～8799。
(6)综合维修调度命令号码 8801～8899。
(7)供电调度命令号码 8901～8999。
(8)军运调度命令号码 9001～9099。
高铁调度所的高铁调度命令号码根据实际情况自行确定。

(十一)其他规定

既有线车站与高铁车站间接触网需要停电时,供电调度台与既有线列车调度台、高铁列车调度台分别互相签认后,方准办理停电操作,既有线、高铁列车调度台应加强联系,相互确认。

凡涉及接触网停电的作业,必须有供电调度台发布的作业命令,方准进行作业。送电时,供电调度员在确认所有作业组已消除作业命令,方可恢复送电。

遇接触网故障停电时,供电调度员应立即确认接触网停电范围并通知列车调度员。列车调度员立即关闭相关信号,不得再向停电区域放行列车。

当动车组(电力机车)处理故障需接触网停电配合时,列车调度员及时调整列车运行,向供电调度员提出停电申请并办理签认手续。供电调度员完成停电操作后,由列车调度员向司机发布准许登顶作业的调度命令。

应急处置及事故救援必须坚持集中领导、统一指挥的原则,调度指挥权所属高铁调度所为救援指挥中心,在应急处置及救援过程中,属地铁路局有关部门和单位均应服从救援指挥中心指挥。现场组织指挥工作由属地铁路局负责,并制定救援、抢修方案,交调度指挥权所属高铁调度所组织实施。

高铁调度所负责对调度指挥管辖范围内发生的铁路交通事故、设备故障组织救援和处置,发布调度命令,调用调度指挥管辖范围内救援力量;需出动其他救援力量时,高铁调度所应及时通知相关高铁调度所和铁路局,并向中国铁路总公司调度申请;中国铁路总公司调度发布救援列车、救援队跨铁路局出动的调度命令(中国铁路总公司已批准的除外)。

凡发生影响正常行车的交通事故、行车设备故障等情况,列车调度台接到报告后及时填写安监报1,传(交)值班(副)主任。值班(副)主任及时报告本局及相关铁路局安监室,并上报中国铁路总公司调度。调度部门建立与安监部门的安监报1相互签认和定期核对制度。

任务四　高铁调度命令的编制与下达

任务单

任务名称	高铁调度命令的编制与下达
知识目标	掌握高铁调度命令的使用情况和编制格式
能力目标	能根据高铁调度命令的基本要求,完成调度命令的编制和下达
任务描述	根据运输生产情况,按规定编制正确的调度命令并下达
任务要求	高铁调度命令的编写

相关知识

高铁调度命令的编制与下达,有如下多种情况:
(1)动车组列车停车人工转入、退出隔离模式(LKJ),其调度命令见表3-32。

调度命令　　　　　　　　　　　　　　　表3-32
　　　　年　　月　　日　　时　　分　　　　　　　第　　号

受令处所		调度员姓名	
内容	1.列车将列控车载设备人工转入隔离模式。 　　准许_____次列车将列控车载设备人工转入隔离模式。 2.列控车载设备由隔离模式退出,人工转换为列控车载设备方式行车。 　　准许_____次列车将隔离模式退出,人工转换为列控车载设备方式行车。 3.CTCS-2级区段,列控车载设备故障(停用)后,能够提供机车信号,人工转换为LKJ方式行车;CTCS-2级区段向CTCS-0/1级自动转换失败,人工转换为LKJ方式行车。 　　准许_____次列车由列控车载设备人工转换为LKJ方式行车。 4.CTCS-2级区段,列控地面设备故障,列控车载设备方式行车人工转换为LKJ方式行车。 　　因_____站(_____站至_____站_____线)列控地面设备故障,准许_____次列车在_____站_____行线进(出)站信号机前,由列控车载设备方式行车转为LKJ方式行车,列车运行到_____站_____行线进站信号机(_____行线反方向进站信号机)后,由LKJ方式行车转为列控车载设备方式行车。 5.CTCS-2级区段,施工限速,列控车载设备方式行车人工转换为LKJ方式行车。 　　因_____站(_____站至_____站_____线区间)施工,准许_____次列车在_____站_____行线进(出)站信号机前,由列控车载设备方式行车转为LKJ方式行车,列车运行到_____站_____行线进站信号机(_____行线反方向进站信号机)后,由LKJ方式行车转为列控车载设备方式行车。 6.由LKJ方式行车人工转换为列控车载设备行车。 　　准许_____次列车由LKJ方式行车人工转换为列控车载设备行车。		

　　　　　　　　　　　　　　　　　　　　　　受令车站_____　车站值班员_____

注:使用项内不用字句划掉,不用项圈掉该项号码。

(2)在非固定到发线接发办理客运业务的动车组列车,其调度命令见表3-33。

调度命令　　　　　　　　　　　　　　　表3-33
　　　　年　　月　　日　　时　　分　　　　　　　第　　号

受令处所		调度员姓名	
内容	7._____次列车_____站变更_____道(接车、发车)。		

　　　　　　　　　　　　　　　　　　　　　　受令车站_____　车站值班员_____

注:使用项内不用字句划掉,不用项圈掉该项号码。

(3)动车组在区间被迫停车后返回(退行)至后方站,其调度命令见表3-34。
(4)列车反方向运行,其调度命令见表3-35。
(5)变更列车径路,其调度命令见表3-36。
(6)临时限速,其调度命令见表3-37。
(7)列车需临时降弓运行,其调度命令见表3-38。

251

	调 度 命 令	表3-34
	年 月 日 时 分 第 号	

受令处所		调度员姓名	
内容	8.动车组在区间被迫停车后,返回后方站。 准许_____次列车返回_____站。返回开行_____次列车,并将列控车载设备转入隔离模式,按进站信号机显示(引导信号)进入_____站。 9.动车组在区间被迫停车后,退行至后方站。 准许_____次列车退行至_____站,并将列控车载设备转入隔离模式,区间限速15km/h,按进站信号机显示(引导信号)进入_____站。		

受令车站_____ 车站值班员_____

注:使用项内不用字句划掉,不用项圈掉该项号码。

	调 度 命 令	表3-35
	年 月 日 时 分 第 号	

受令处所		调度员姓名	
内容	10.准许_____次列车在_____站至_____站间利用_____行线反方向运行(运行至_____km_____m至_____km_____m处限速_____km/h)。		

受令车站_____ 车站值班员_____

注:使用项内不用字句划掉,不用项圈掉该项号码。

	调 度 命 令	表3-36
	年 月 日 时 分 第 号	

受令处所		调度员姓名	
内容	11.准许_____次列车由原_____径路,改经_____运行,各站按现时分办理。		

受令车站_____ 车站值班员_____

注:使用项内不用字句划掉,不用项圈掉该项号码。

	调 度 命 令	表3-37
	年 月 日 时 分 第 号	

受令处所		调度员姓名	
内容	12.站内或区间临时限速。 _____站(_____道、_____号道岔)至_____站(_____道、_____号道岔)间_____行线_____km_____m至_____km_____m处限速_____km/h。 13.列车临时限速。 _____次列车因_____,(_____站至_____站间)限速_____km/h运行。		

受令车站_____ 车站值班员_____

注:使用项内不用字句划掉,不用项圈掉该项号码。

	调 度 命 令	表3-38
	年 月 日 时 分 第 号	

受令处所		调度员姓名	
内容	14.根据供电调度_____号通知,因接触网故障,自接令时起,_____站至_____站间_____行线(站内_____道)_____km_____m至_____km_____m处,降弓运行。		

受令车站_____ 车站值班员_____

注:使用项内不用字句划掉,不用项圈掉该项号码。

(8)进(出)站信号、线路所通过信号机故障时接发列车(引导信号能够开放时除外),其调度命令见表3-39。

调度命令　　　　　　　　　　　　　　　表3-39
年　月　日　时　分　　　　　　　　　第　号

受令处所		调度员姓名	
内容	15.调度命令作为列车进站的行车凭证。 　　准许_____次列车以40km/h(20km/h)速度越过_____站_____行进站信号机进入_____站_____道。 16.调度命令作为列车由车站进入闭塞分区的行车凭证。 　　准许_____次列车由_____站_____道发车。 17.调度命令作为列车越过线路所通过信号机的行车凭证。 　　准许_____次列车以不超过40km/h(20km/h)速度越过_____线路所_____行通过信号机。		

受令车站_____　车站值班员_____

注:使用项内不用字句划掉,不用项圈掉该项号码。

(9)向区间发出停车作业的救援、路用列车,其调度命令见表3-40。

调度命令　　　　　　　　　　　　　　　表3-40
年　月　日　时　分　　　　　　　　　第　号

受令处所		调度员姓名	
内容	18.向区间发出停车作业的路用列车。 　　准许_____站开_____次列车,进入_____站至_____站间_____行线区间_____km_____m防护点处停车,按作业负责人的指示进行作业(返回开_____次列车),限___时___分时前到达_____站。 19.向区间发出停车作业的救援列车。 　　准许_____站开_____次列车,进入_____站至_____站间_____行线区间_____km_____m处进行事故救援,将_____次列车推进(返回开_____次列车)至_____站(按救援指挥人的指挥办理)。 20.利用动车组从前部对区间故障动车组进行救援。 　　因_____次故障,准_____次将列控车载设备转入隔离模式,进入_____站至_____站间_____行线_____km_____m处将_____次拉回_____站,返回开_____次时恢复列控车载设备方式行车。 21.利用动车组从尾部对区间故障动车组进行救援。 　　因_____次故障,指定_____次运至行车许可终点停车后,按目视行车模式进入前方闭塞分区_____km_____m处与_____次连挂,将_____次拉回_____站,返回开_____次时将列控车载设备转入隔离模式(到_____站后恢复列控车载设备控车)。		

受令车站_____　车站值班员_____

注:使用项内不用字句划掉,不用项圈掉该项号码。

(10)列车在区间内停车(含反方向),其调度命令见表3-41。

(11)封锁及开通区间,其调度命令见表3-42。

(12)较规定时间延迟综合维修作业,其调度命令见表3-43。

(13)出动救援列车(救援队),其调度命令见表3-44。

(14)越出站界调车,其调度命令见表3-45。

(15)列车临时加开或停运,其调度命令见表3-46。

调 度 命 令　　　　　　　　表 3-41
　　　年　　月　　日　　时　　分　　　　　　　第　　号

受令处所		调度员姓名	
内容	22.自接令时(＿＿＿次列车到＿＿＿站)起,准许＿＿＿站开＿＿＿次列车(反方向)进入＿＿＿站至＿＿＿站间＿＿＿行线＿＿＿km＿＿＿m 至＿＿＿km＿＿＿m 处＿＿＿,限＿＿时＿＿分时前到＿＿＿站。		

　　　　　　　　　　　　　　　　　　　　　　受令车站＿＿＿＿　车站值班员＿＿＿＿

注:使用项内不用字句划掉,不用项圈掉该项号码。

调 度 命 令　　　　　　　　表 3-42
　　　年　　月　　日　　时　　分　　　　　　　第　　号

受令处所		调度员姓名	
内容	23.综合维修作业。 ＿＿＿站(含)至＿＿＿站(含)间＿＿＿行线自接令时(＿＿时＿＿分)起,准许各站及区间进行＿＿＿min 综合维修作业。 24.单个区间和车站维修作业。 自＿＿＿次列车＿＿＿站出站(到达)(＿＿时＿＿分)起,准许＿＿＿站(含＿＿＿道、＿＿＿号道岔)至＿＿＿站(含＿＿＿道、＿＿＿号道岔)＿＿＿行线进行＿＿＿min 综合维修作业。		

　　　　　　　　　　　　　　　　　　　　　　受令车站＿＿＿＿　车站值班员＿＿＿＿

注:使用项内不用字句划掉,不用项圈掉该项号码。

调 度 命 令　　　　　　　　表 3-43
　　　年　　月　　日　　时　　分　　　　　　　第　　号

受令处所		调度员姓名	
内容	25.根据＿＿＿请求,准许＿＿＿站(含＿＿＿道、＿＿＿号道岔)至＿＿＿站(含＿＿＿道、＿＿＿号道岔)间＿＿＿行线综合维修作业延迟至＿＿＿时＿＿＿分结束。		

　　　　　　　　　　　　　　　　　　　　　　受令车站＿＿＿＿　车站值班员＿＿＿＿

注:使用项内不用字句划掉,不用项圈掉该项号码。

调 度 命 令　　　　　　　　表 3-44
　　　年　　月　　日　　时　　分　　　　　　　第　　号

受令处所		调度员姓名	
内容	26.因＿＿＿站至＿＿＿站间＿＿＿行线(＿＿＿站)发生事故,＿＿＿救援列车(救援队)立即出动。		

　　　　　　　　　　　　　　　　　　　　　　受令车站＿＿＿＿　车站值班员＿＿＿＿

注:使用项内不用字句划掉,不用项圈掉该项号码。

调 度 命 令　　　　　　　　表 3-45
　　　年　　月　　日　　时　　分　　　　　　　第　　号

受令处所		调度员姓名	
内容	27.自接令时(＿＿＿次列车到＿＿＿站)起,准许＿＿＿次列车(＿＿＿号机车、轨道车)在＿＿＿站至＿＿＿站间＿＿＿行线利用该区间越出站界调车,限＿＿＿时＿＿＿分前完毕。		

　　　　　　　　　　　　　　　　　　　　　　受令车站＿＿＿＿　车站值班员＿＿＿＿

注:使用项内不用字句划掉,不用项圈掉该项号码。

调度命令		表3-46
年 月 日 时 分		第 号
受令处所		调度员姓名	
内容	28.准许_____次列车在_____站停运,_____站至_____站间加开_____次列车,按现时分运行。 29.准许_____站至_____站间加开_____次、_____次……列车,_____站至_____站间加开_____次、_____次……列车,按现时分运行。		

　　　　　　　　　　　　　　　　　　　　　　受令车站_____ 车站值班员_____

注:使用项内不用字句划掉,不用项圈掉该项号码。

(16)基本闭塞法停用时办理发车(仅适用于CTCS-2级区段),其调度命令见表3-47。

调度命令		表3-47
年 月 日 时 分		第 号
受令处所		调度员姓名	
内容	30.因_____站至_____站间(_____行)停用基本闭塞法,现查明_____站至_____站间_____行区间空闲,准许_____次列车由_____站发往_____站。		

　　　　　　　　　　　　　　　　　　　　　　受令车站_____ 车站值班员_____

注:使用项内不用字句划掉,不用项圈掉该项号码。

(17)其他情况,其调度命令见表3-48。

调度命令		表3-48
年 月 日 时 分		第 号
受令处所		调度员姓名	
内容	31.自接令时起取消(____月____日)前发_____号命令。		

　　　　　　　　　　　　　　　　　　　　　　受令车站_____ 车站值班员_____

注:使用项内不用字句划掉,不用项圈掉该项号码。

思 考 题

1. 铁路调度系统的组织机构是如何设置的?
2. 车流调整的主要内容有哪些?
3. 调度员的作业程序是如何规定的?
4. 发布行车调度命令有哪些规定?
5. 调度分析工作主要包括哪些内容?
6. 班计划、阶段计划、调车作业计划的基本内容有哪些?
7. 客运调度主要职责范围有哪些?
8. 遇哪些情况需发布调度命令?
9. 高速铁路与常速铁路调度工作的区别有哪些?

参 考 文 献

[1] 中华人民共和国铁道部.铁路技术管理规程[S].10版.北京:中国铁道出版社,2013.
[2] 中华人民共和国铁道部.铁路运输调度规则[S].7版.北京:中国铁道出版社,2013.
[3] 中华人民共和国铁道部.高速铁路调度暂行规则[S].北京:中国铁道出版社,2012.
[4] 中华人民共和国铁道部.铁路货车统计规则[S].2版.北京:中国铁道出版社,2013.
[5] 王慈光.铁路运输统计与分析[M].北京:中国铁道出版社,2010.
[6] 郭进.铁路信号基础[M].北京:中国铁道出版社,2010.
[7] 《铁路技术管理规程》条文说明编写组.《铁路技术管理规程》条文说明[M].北京:中国铁道出版社,2013.
[8] 贾毓杰.铁路信号与通信设备[M].北京:中国铁道出版社,2007.
[9] 佟立本.交通运输设备[M].北京:中国铁道出版社,2007.
[10] 彭乾炼,石瑛.铁路行车组织[M].成都:西南交通大学出版社,2006.
[11] 王珏.车站作业计划与工作统计[M].成都:西南交通大学出版社,2006.